Martha Schad

Frauen, die die Welt bewegten

GABRIELLE·EMILIE·DE·BRETEVIL·MARQVISE·DV·CHASTELET·LORRAIN

Martha Schad

Frauen, die die Welt bewegten

Geniale Frauen,
der Vergangenheit entrissen ...

Pattloch

Danksagung

Mein Dank gilt dem Verlagsleiter Bernhard Meuser für die Aufnahme
meines Buches in sein Programm. Ich bedanke mich bei Ernst Krammer-Keck
für seinen Einsatz bei der Bildbeschaffung und bei der Herstellerin Ruth Bost
für ihre Geduld und ihr Verständnis bei der Zusammenarbeit.

Martha Schad

Meinem Sohn Albert Nadler gewidmet

Die Deutsche Bibliothek – CIP-Einheitsaufnahme

Schad, Martha:
Frauen, die die Welt bewegten : Künstlerinnen,
Philosophinnen, Wissenschaftlerinnen, Königinnen,
Kämpferinnen, Heilige / Martha Schad. – Augsburg :
Pattloch, 1997
  ISBN 3-629-00092-4

Gedruckt auf chlorfrei gebleichtem Papier.

Pattloch Verlag, Augsburg
© 1998 Weltbild Verlag GmbH
Einbandgestaltung: Steinkämper/Lohmann, Igling
Satz und Layout: Ruth Bost, Pattloch Verlag, Augsburg
Gesetzt aus Berkeley Old Style
Reproduktion: Repro Ludwig, A–Zell a. See
Druck und Bindung: Offizin Andersen Nexö, Leipzig
Printed in Germany

ISBN 3-629-00092-4

Inhalt

Bildnachweis

Bildtafeln 1, 21, 32, 34 des Rupertsberger „Scivias"-Kodex, Abtei St. Hildegard, Rüdesheim-Eibingen, S. 104–107; Amt der Burgenländischen Landesregierung, S. 49; Archiv für Kunst und Geschichte, Berlin, S. 20, 30, 40, 46, 76, 118, 134, 142, 146, 170, 176, 177, 178, 186, 188, 214, 216; Archiv Weltbild Verlag, S. 13, 21, 169, 189; Artothek, Archiv J. Hinrichs, Peissenberg, S. 42, 43, 70, 185, 224; Jane Austen, Leben und Werk in Texten und Bildern, Insel Verlag, Frankfurt am Main 1995, S. 18, 19; Nicole Barry, Pauline Viardot, S. 210, 211; Bayerische Verwaltung der Staatlichen Schlösser, Gärten und Seen, München, S. 154, 155, 226, 227; Gabriel de Broglie, Madame de Genlis, Perrin Verlag, Paris 1985, S. 90, 91; The Burlington Magazine, London 1952, S. 184; Chronik der Deutschen, Weltbild Verlag, Augsburg 1996, S. 114, 217, 218, 219; Chronik der Frauen, Chronik Verlag, Dortmund 1992, S. 12, 14, 15, 23, 25, 33, 44, 61, 68, 89, 93, 103, 123, 152, 173, 229, 230; Chronik der Menschheit, Chronik Verlag, München 1984, S. 47, 181, 193, 203, 229; Chronik des 19. Jahrhunderts, Weltbild Verlag, Augsburg 1997, S. 27, 63; Civitates orbis Terrarum, 1572–1618, S. 81; Henriette Davidis, Praktisches Kochbuch, Bechtermünz Verlag, Augsburg 1996, S. 59; Georges Duby/Michelle Perrot, Geschichte der Frauen im Bild, Campus Verlag, Frankfurt/New York/Paris 1992, S. 66; Enzyklopädie der Philosophie, Weltbild Verlag, Augsburg 1992, S. 183; Sigmund Freud-Gesellschaft, England „Mit Genehmigung der Sigmund Freud Copyrights/S-F-G", S. 82, 84; Fürst Thurn und Taxis Hofbibliothek, Zentralarchiv, Regensburg, S. 143; Les Grands Événements de l'Histoire des Femmes, Larousse, Paris 1993, S. 95, 193; Historisches Archiv P. Cantabria, Santander, S. 29; Historisches Museum der Pfalz, Speyer, Fotograf: Kurt Diehl, S. 136; Gisela Horn, Romantische Frauen, Hain Verlag, Rudolstadt 1996, S. 162; Foto Killian, Rüdesheim, S. 17; Illustrierte Geschichte des Christentums, Weltbild Bücherdienst, Augsburg 1983, S. 67; Illustrierte Geschichte der Medizin, Weltbild Bücherdienst, Augsburg 1983, S. 27, 32, 33; Paul Imhof (Hrsg.), Frauen des Glaubens, Echter Verlag, Würzburg 1985, S. 158; Institutum Beatae Mariae Virginis, Augsburg-München, S. 220, 221; Interfoto-Pressebild-Agentur, München, S. 24, 41, 167; Utta Keppler, Katharina Keplerin, Stieglitz Verlag, Mühlacker, S. 121, 122; Charlotte Kerner, Lise Meitner, Beltz Verlag 1988, S. 160, 161; Königliche Sammlung, Kensington Palace, London, S. 92; Käthe Kruse Museum, Donauwörth, S. 130, 131; Kunsthistorisches Museum, Wien, S. 78, 151; Der Louvre, Paris 1983, S. 79; Georg Markus, Sigmund Freud, Weltbild Verlag, Augsburg 1989, S. 83, 84, 85; André Maurois, Lord Byron, Nymphenburger Verlagsbuchhandlung, München 1979, S. 139; Maximilianmuseum Augsburg, S. 86, 87; Internationale Stiftung Mozarteum, Salzburg 1990, S. 168, 169; Nationalarchiv der Richard-Wagner-Stiftung, Bayreuth, S. 217, 218; National Portrait Gallery, London, S. 34, 212; Nymphenburger Verlagsbuchhandlung, München, S. 133; Österreichische Nationalbibliothek, Bildarchiv, Wien, S. 48, 75, 115, 174, 175; Österreich in alten Ansichten, Pinguin Verlag, Innsbruck 1964, S. 223; Alan Palmer, Russia in war and peace, The Macmillan Company, New York 1972, S. 114; Reine-Marie Paris, Camille Claudel, S. Fischer Verlag, Frankfurt 1989, S. 50, 51; Personenlexikon, Chronik Verlag, Dortmund 1983, S. 47; Bildarchiv Preussischer Kulturbesitz, Berlin, S. 117, 163; Sammlung Thyssen, Lugano, S. 182; Dr. Martha Schad, S. 31, 35, 101, 109, 171, 205; Michael Schindler, S. 8, 9, 16, 22, 55, 57, 71, 72, 73, 96, 97, 110, 11, 112, 116, 124, 125, 126, 132, 143, 144, 149, 156, 157, 181, 187, 192, 194, 195, 199, 202, 208, 209, 228; Staatsarchiv Mantua, S. 79; Städtisches Museum, Paris, S. 94, 204; Stadtmuseum Darmstadt, Ausstellungskatalog, S. 38, 39; Staatsgalerie, Stuttgart, S. 41; Richard Stoneman, Palmyra and its empire, University of Michigan Press 1992, S. 228; Süddeutscher Verlag, Bilderdienst, München, S. 10, 28, 52, 80, 88, 108, 138, 172, 222; Provinzarchiv des Teresianischen Karmel, München, S. 198; Ullstein Bilderdienst, Berlin, S. 54, 58, 60, 62, 64, 74, 99, 100, 102, 119, 140, 164, 166, 190, 196; Verband der Freunde des Klosters Helfta, Lutherstadt Eisleben, S. 159; Wachsfigurenkabinett Madame Tussaud's, London, S. 206, 207; Wallace Collection, London, S. 179; Friedrich Weissensteiner, Die rote Erzherzogin, München 1993, S. 75.

Der Verlag bedankt sich für die Abdruckrechte. Trotz intensiver Recherchen ist es uns nicht in jedem Falle gelungen, die originäre Bildquelle zu ermitteln. Rechtsinhaber mögen sich an den Verlag wenden.
Eine Nachhonorierung wird in jedem Falle erfolgen.

Vorwort

Hinter Büchern stehen immer Menschen – Menschen mit ihren Gefühlen, ihrer Biographie, ihrer Vision. Hinter diesem prachtvollen Bildband mit Porträts großer Frauen aus der Geschichte, steht ebenfalls ein lebendiger Mensch mit seiner ganz eigenen Geschichte. Sie ist in jede Zeile des vorliegenden Werkes eingeflossen. Und doch kann sie – weil es eine sehr private Geschichte ist – an dieser Stelle nicht dargebreitet werden. Nur soviel sei gesagt: Die Frau, die hier gegen das Vergessen großer Frauen in der landläufigen Geschichtsschreibung anschreibt, weiß, wovon sie spricht. Die Intensität ihres Fragens entspringt der Lebenserfahrung einer Frau, die spät erst zur historischen Wissenschaft gefunden hat, weil die Familie lange Jahre an erster Stelle stand. Umso reifer und radikaler konnte sie die Scheinobjektivität einer auf die „großen Männer" fixierten Geschichtsschreibung hinterfragen und neues Licht auf die Vergangenheit werfen.

Die Rede ist von Dr. Martha Schad, einer Frau, die sich innerhalb weniger Jahre durch ebenso glanzvolle wie allgemeinverständliche Darstellungen zur Frauengeschichte in die erste Reihe der Historikerinnen im deutschsprachigen Raum geschrieben hat. „Bayerns Königinnen" war ein Wurf, von der Kritik hochgelobt, zudem ein veritabler Bestseller. Andere erfolgreiche Bücher folgten, etwa ihre aufsehenerregende Edition des Briefwechsels zwischen König Ludwig II. von Bayern und Cosima Wagner. Martha Schad versteht es, die stupende Intellektualität mit Leidenschaft und Wärme zu verbinden und weiß, historische Nüchternheit mit weiblicher Intuition zu vereinen. Martha Schad schreibt nicht für den elfenbeinernen Turm. Sie schreibt für Menschen, denen Geschichte wichtig ist, weil es um die humane Gestalt unserer heutigen Gesellschaft geht – und hier im Besonderen um die Stellung der Frau. „Im öffentlichen Geschichtsbewußtsein setzt sich langsam die Erkenntnis durch, daß ohne die Beachtung der Frau in der Geschichte unsere Geschichtssicht einseitig, eng und verzerrt bleibt", so schreibt die von Martha Schad verehrte bedeutende Frauenforscherin Prof. Dr. Annette Kuhn. Martha Schad möchte Frauen ihre Würde und ihren Stolz zurückgeben, indem sie den bestens belegten Nachweis erbringt, daß Frauen eine Geschichte haben, die nicht weniger groß, nicht weniger ereignisbestimmend, oft aber menschlicher war, als die ihrer männlichen Zeitgenossen. Die aber steht in den Geschichtsbüchern. Die der Frauen nicht.

Martha Schad begeht in „Frauen, die die Welt bewegten" nun aber nicht den Fehler in Spiegelung der klassischen Männergeschichtsschreibung nur jene Frauen zur Darstellung zu bringen, die als Staatenlenkerinnen oder Politikerinnen die Geschicke ihrer Völker bestimmten. Geschichte ist Alltag, ist Familie, Kunst, Kultur, Religion, Wissenschaft. Und so finden sich in diesem Kaleidoskop großer Frauen auch Künstlerinnen, Philosophinnen, Wissenschaftlerinnen, Kämpferinnen, Heilige, Hexen und auch Mütter, Töchter, Schwestern, die im Leben „berühmter Männer" eine eminente Rolle zu spielen wußten.

Wie sehr diese Frauen in Vergessenheit geraten sind, mag man allein an der Tatsache ablesen, daß es eine wahre Sisyphos-Arbeit war, in den Archiven der Welt die Bildnisse der dargestellten Frauen aufzutreiben.

Nun liegt dieses Werk so großer Akribie, so vieler Mühen und so großer Liebe zur Sache vor. Es ist ihm zu wünschen, daß viele Frauen daraus neuen Mut schöpfen und Männer daraus ihr Bild der Geschichte verändern. Es hilft ihnen ja doch nichts, wo schon der kluge Jean-Jacques Rousseau die List der Verhältnisse erkannte: „Die Herrschaft der Frau ist die Herrschaft der Sanftmut, der Geschicklichkeit, der Gefälligkeit; ihre Anordnungen sind Schmeicheleien, ihre Drohungen sind Tränen. Sie soll im Haus regieren wie ein Staatsminister, indem sie sich befehlen läßt, was sie tun will."

Der Verlag

Kaiserin Adelheid

931 in Burgund † 999 in Selz (Elsaß)

Kaiserin des Heiligen Römischen Reiches Deutscher Nation
Einflußreiche Ratgeberin ihres Sohnes Otto II.
1097 heiliggesprochene Förderin des Kirchenwesens

*Kaiserin Adelheid.
Meißner Dom*

Es läßt sich immer wieder feststellen, daß im Hohen Mittelalter Ehefrauen, Töchter und Mütter in königlichen Familien die Stelle der in Kriegen oder Kreuzzügen abwesenden Regenten übernahmen oder als Vormund ihrer Söhne auftraten. Sie nahmen dann die Machtbefugnis eines Kriegs- und Grundherrn wahr, verteidigten Besitztum und Rang der Familie und wurden – wenn sie Erfolg hatten – als „Männer" geehrt. Ein Musterbeispiel dafür ist die Kaiserin Adelheid: In ihrem Leben spiegeln sich eine ganz Europa umfassende Ehepolitik, Gewalt und Intrigen.

Im 10. Jahrhundert regierten Adelheid und ihre Schwiegertochter Theophano als Kaiserinnen des Heiligen Römischen Reiches Deutscher Nation zusammen mit ihren Söhnen und behaupteten deren Machtansprüche. Kaiserin Adelheid ging zudem als große Förderin des Kirchenwesens in die Geschichte ein.

Adelheid, die Tochter von König Rudolf II. von Hochburgund und Bertha von Schwaben, war schon im Alter von sechs Jahren mit Lothar von Italien verlobt und mit sechzehn Jahren (947) verheiratet worden. Das Eheglück dauerte nur drei Jahre. Der König starb und hinterließ eine Tochter mit Namen Emma. Nach dem Tod ihres Vaters fiel Adelheid ein großes Erbe zu: die Provence und Burgund, das Königreich Arles. Lothars Nachfolger auf dem Thron, Berengar II. von Ivrea, nahm der jungen Witwe Reich und Krone und forderte von ihr, seinen Sohn Albert zu heiraten. Da sie sich weigerte, ließ Berengar sie in Como in den Kerker werfen. Mit Hilfe ihres Kaplans konnte sie mit ihrem Töchterchen fliehen, und zwar auf die Burg Canossa. Insgeheim sandte sie eine Nachricht an den mächtigen deutschen Herrscher König Otto I. Als er von ihrem Schicksal erfuhr, kam er ihr zu Hilfe. Nach seinem Sieg über Berengar bei Pavia erhielt die junge Königin von ihm ihre Krone zurück.

Zwischen dem verwitweten König und der 20jährigen Witwe begann eine zauberhafte Liebesromanze. Schon kurz nach seiner Krönung zum König von Italien in Pavia heiratete er Adelheid am Weihnachtstag 951. Damit kam es zu der Verbindung von Deutschland und Oberitalien, die das gesamte Mittelalter prägte. Adelheids Einfluß war sehr groß, und die Verwandten des Königs rebellierten schließlich gegen sie. Der Aufstand konnte jedoch niedergeschlagen werden.

Adelheid gelangte auf den Gipfel ihrer Macht, als der Papst sie im Jahr 962 neben Otto zur Kaiserin krönte. Zu diesem Zeitpunkt war sie 31 Jahre alt. Sie wurde an der Seite ihres Mannes die bedeutende „consors regni"; somit war sie eine Herrscherin, die die königlichen Güter sowie das königliche Finanzwesen leiten durfte und den König bei Regierungs- und Staatsgeschäften vertreten konnte. Diese besondere Stellung einer Kaiserin blieb bis in die Salierzeit bestehen. Nachdem Otto I. 973 gestorben war, beriet Adelheid ihren gerade 18 Jahre alten Sohn Otto II. Er bezog sie in seine königlichen Erlasse mit ein und formulierte, er sei mit dem Rat seiner frommen Herrin und liebsten Mutter zu seinen Entschlüssen gekommen. Als letzte ehrgeizige Tat hatte König Otto der Große, der mächtigste Herrscher der Christenheit, seinen Sohn mit einer byzantinischen Prinzessin, der Tochter des Kaisers Romanos II., Theophano, verheiratet, die sich, obwohl erst 16 Jahr alt, als sehr machtgierig, aber auch als besonders klug erwies.

Adelheid entzweite sich immer wieder mit ihrem Sohn und der Schwiegertochter. So verließ sie 978 den Hof und hielt sich vor allem in Oberitalien und Burgund auf. Sie ließ zahlreiche Klöster gründen und förderte in der Folgezeit die Klosterreform von Cluny.

Als Otto II. bereits 983 starb, befreiten Adelheid, ihre Schwiegertochter Theophano und Mathilde, Adelheids Tochter, durch ihr entschlossenes Auftreten Otto III. aus der Hand seines Widersachers Heinrich. Gemeinsam führten sie die Regierung. Doch dann starb völlig unerwartet 991 Theophano, erst 35 Jahre alt. Nun übernahm Adelheid von 991 bis 994 zusammen mit Erzbischof Willigis von Mainz die Regentschaft für den unmündigen Enkel, den späteren König Otto III. Als König Otto III. nach Italien zog, übertrug man seiner Tante Mathilde, der Äbtissin des Klosters Quedlinburg, die Reichsregierung. Adelheid mußte den frühen Tod dieser Tochter am 7. Februar 999 noch miterleben; sie selbst verschied nur zehn Monate später (am 16. Dezember) in einem für die damalige Zeit ungewöhnlich hohen Alter von 68 Jahren. Der Ort ihres Todes war das von ihr gegründete Kloster Selz im Elsaß.

Zum Grab der im Jahre 1097 von Papst Urban II. in den Kreis der Heiligen aufgenommenen Kaiserin entwickelte sich eine rege Wallfahrt, die in der Reformation erlosch. Die Adelheid-Reliquien sind seit dieser Zeit verschollen. Große Verehrung wird der Kaiserin und Heiligen im Elsaß, in Einsiedeln in der Schweiz und im gesamten Frankreich zuteil.

*Kaiserin Adelheid
Meißner Dom*

Maria Gaetana Agnesi

1718 in Mailand † 1799 in Mailand

Wunderkind
Erste Mathematikerin
Namensgeberin für die von ihr entdeckte
mathematische Formel der „Agnesischen Hexe"

Maria Gaetana Agnesi, Stich von 1836

Maria Gaetana Agnesi war ein Wunderkind. Sie hielt mit neun Jahren Vorlesungen auf Latein und beherrschte schon als junges Mädchen sieben Sprachen. Ihr Vater war Professor für Mathematik an der Universität Bologna. Er stellte für seine Tochter angesehene Professoren als Privatlehrer an und rief in seinem Haus einen Salon ins Leben. Somit wurde seiner Tochter die Möglichkeit geboten, die verschiedensten Thesen vorzutragen und zu verteidigen.

Schon 1738 verfaßte Maria Gaetana Agnesi als bereits anerkannte Mathematikerin ihre „Propositiones Philosophicae".

Zehn Jahre später wurde sie im Erscheinungsjahr ihrer „Analytischen Gesetze" in die Akademie der Wissenschaften zu Bologna gewählt.

Agnesis Arbeit zu den analytischen Gesetzen war eine wichtige Grundlage für die Integralrechnung. Dieses zweibändige Lehrbuch der mathematischen Analyse wurde ins Französische und Englische übersetzt. Sie widmete das Buch der österreichischen Erzherzogin Maria Theresia. Im Vorwort der Schrift heißt es: „Nichts hat mich mehr ermutigt als die Tatsache ihres Geschlechts, das durch eine glückliche Fügung auch meines ist. Es ist meine feste Überzeugung, daß in diesem Zeitalter, das durch ihre Herrschaft ausgezeichnet sein wird bis in die fernsten Generationen, sich jede Frau bis an die Grenzen ihrer Kraft anstrengen muß, um den Ruhm ihres Geschlechts zu fördern."

Große Aufmerksamkeit zollte man ihr wegen ihrer Formel für die „kubische Kurve", die unter dem Namen „Agnesische Hexe"

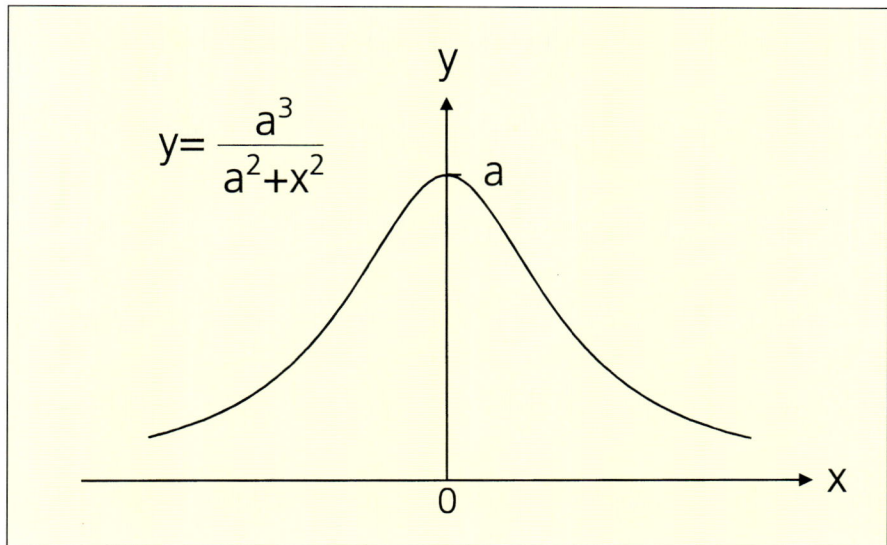

$$y = \frac{a^3}{a^2 + x^2}$$

Geschichte machte. Papst Benedikt XIV. erhielt Kopien ihrer Arbeiten zugesandt. Er gratulierte der 30jährigen Wissenschaftlerin herzlich und bot ihr den Lehrstuhl für Mathematik und Naturphilosophie an der Universität von Bologna an. Er schrieb ihr ausführlich und betonte, daß von alters her die Stadt Bologna öffentliche Ämter „mit Personen Ihres Geschlechts besetzt. Es scheint mir angemessen, diese ehrwürdige Tradition fortzusetzen."

Italien stellte mit der Berufung von Frauen auf Lehrstühle eine große Ausnahme in Europa dar. Obwohl die Schriften von Maria Agnesi unter der Schirmherrschaft der Académie Royale des Sciences ins Französische übersetzt worden waren, wurde sie nicht eingeladen, sich der Pariser Akademie anzuschließen. Agnesi nahm die Berufung nach Bologna zwar an, aber nur als Honorartätigkeit. Weil Agnesi davor zurückschreckte, ihre präzisierten Untersuchungen über das Nordlicht, von dem sie das

erste Mal in ihren „Propositiones philosophicae (1738) sprach, wobei sie erheblich von den herkömmlichen Erklärungen dieses Phänomens abwich, unter ihrem Namen zu veröffentlichen, legte sie Giovanni Crivelli nahe, die Ergebnisse ihrer Studien in die neue Ausgabe seiner Elementi di fiscia (1744) aufzunehmen. Was dann auch geschah. Ihre Handlungsweise hing damit zusammen, daß 1740 eine Schrift über das Mondlicht erschien, die sich ihre schon 1738 vertretene Position zu eigen machte. Da sie befürchtete, daß man, bei einer eigenen Publikation, sie als Wissenschaftlerin des

Plagiats bezichtigen würde, bat sie Crivelli um Veröffentlichung. Die extreme Zurückhaltung, die Agnesi sich auferlegte, führte dazu, daß bis heute viele ihrer Forschungsergebnisse noch nicht veröffentlicht sind.

Nach dem Tod ihres Vaters (1752) zog sie sich völlig zurück. Ganz Europa stand ihr offen, sie aber gab ihrem Seelenheil den Vorrang, verließ ihre Ämter und weihte den Rest ihres Lebens, weitere 50 Jahre, der Religion und der Wohltätigkeit. Aus ihrem Haus wurde ein Krankenhaus. Sie kümmerte sich stets um ihre zahlreichen jüngeren Brüder: ihr Vater hatte aus drei Ehen einundzwanzig Kinder. Sie übernahm auch deren Erziehung. Ab 1771 übernahm sie die Leitung des Pio Albergo Trivulzio, ein Mailänder Heim für alte und verwirrte Menschen. Diese Arbeit behielt sie inne bis an ihr Lebensende. Sie verfaßte mehrere christliche Werke, die noch nicht veröffentlicht sind und in der Ambrosiana-Bibliothek von Mailand liegen. Bis heute gilt Agnesi als die erste Mathematikerin in der Geschichte.

„Der Geist hat kein Geschlecht."

François Poullain de la Barre

Für einen Gelehrten ist eine gelehrte Frau ein schlechtes Glück, weil es der Letztern bisweilen einfällt, mit dem Erstern zu rivalisieren.

Immanuel Kant

Henriette d'Angeville

1794 in Semur † 1871 in Lausanne

Leidenschaftliche Gipfelstürmerin
Erste Frau, die aus eigener Kraft den Mont Blanc bezwang

*Henriette d'Angeville
auf dem Gipfel
des Mont Blanc*

Von Glücksgefühlen war keine Rede bei der Bergsteigerin, die 1808 als erste Frau der Welt den mit 4807 Metern höchsten Berg Europas, den Mont Blanc, bestiegen hatte: Marie Paradis, eine Bedienung aus Chamonix. Sie war völlig unerfahren im Bergsteigen, doch hatten sie Freunde überredet, mit ihnen aufzusteigen. Obwohl sie ab dem „Großen Plateau" völlig erschöpft gewesen war, zogen die Männer sie förmlich bis zum Gipfel. Sie wollte längst umkehren. Marie Paradis geriet schnell in Vergessenheit.
Es sollte weitere 30 Jahre dauern, bis eine Bergsteigerin aus eigener Kraft den Mont Blanc eroberte. Sie hieß Henriette d'Angeville und erklomm als zweite Frau – nach acht Männern – den Gipfel. Sie schaffte es nach einer gründlichen Bergsteigerausbildung, einer langen Vorbereitung, letztlich unter Mitnahme von sechs Führern und sechs Trägern. An Proviant war einiges zu schleppen: zwei Hammelkeulen, zwei Ochsenzungen, 24 Hühner, 18 Flaschen Bordeaux, ein Faß Weißwein und reichlich Brot. „Man kann zum

Hofe des Monarchen der Alpen doch nicht in einem gewöhnlichen Tuchkleid gehen. Ein derartiger Besuch erfordert ernstere und vor allen Dingen wärmere Zurüstung ..." Die Bekleidungsfrage erschien Henriette entsprechend wichtig. Eine Pelzmütze und ein warmer Umhang mußten angeschafft werden; außerdem entschied

sie sich für die damals bei Damen nicht üblichen Pumphosen, über denen sie dick wattierte Unterröcke und einen Rock trug. Ihr Schuhwerk bereitete Probleme, so daß sie öfters getragen werden mußte. Um ihre Hüften schnallte sich die Alpinistin zwei mit Cognac gefüllte Zinnflaschen. Mit einem großen Bergstock in der Hand begann Henriette das von vielen mit Spannung erwartete Abenteuer.
Die Gruppe verließ Chamonix am 3. September 1838. Bei den „Grands Mulets" wurde gegen Abend eine lange Pause eingelegt. Schon im dortigen Biwak begann die mutige Frau mit ihren Aufzeichnungen, verfaßte sogar einige Briefe. Mit ihren Begleitern war längst abgesprochen, daß diese, sollte ihr etwas zustoßen, ihren Leichnam dennoch mit auf den Gipfel nehmen und dort niederlegen sollten. Ihr Testament hatte sie schon vor dem Aufstieg

> *„Ich bin nicht nur einmal gestorben;
> das ist alles, was ich dazu sagen kann."*
>
> Marie Paradis

Lausanne nach einer Postkarte von 1927

gemacht. Um zwei Uhr morgens ging es weiter und schon um 13.25 Uhr erreichte die Gruppe den Gipfel. Henriette d'Angeville war bei diesem großen Erfolg immerhin schon 44 Jahre alt. Auf des Berges Gipfel hoben die Träger die Jubelnde in die Höhe. Die sie begleitenden Savoyarden staunten allerdings nicht wenig über den von ihr begeistert ausgebrachten Trinkspruch auf den französischen Kronprätendenten.

Am 5. September kehrten die Alpinisten wieder nach Chamonix zurück. Der ihnen bereitete Empfang war überwältigend. Es läuteten nicht nur alle Kirchenglocken, auch die Munizipalgarde war angetreten, dazu alle Honoratioren.

Henriettes Leidenschaft für die Bergwelt ließ nie nach. Als sie nach weiteren über zwanzig größeren Besteigungen in ein Alter kam, das ihr den

Gipfelsturm verbot, begann sie mit der Erforschung von Höhlen, „um die Berge nun auch von innen kennenzulernen". In Lausanne gründete sie ein Museum für Mineralien; in dieser Stadt fand sie auch ihr Grab. Die Erschließung der Gebirge für touristische Zwecke

lag damals ohnehin in der Luft: 1857 wurde in London der Alpine Club gegründet, 1862 der Österreichische Alpenverein und 1869 der Deutsche Alpenverein.

Henriette d'Angeville gilt bis heute als die erste große Alpinistin der Welt.

Die Route auf den Mont Blanc, 1922

852. - CHAMONIX (Hte-Savoie). - Route du Mont-Blanc - Arrêt d'une Caravane à la Jonction

13

Sofonisba Anguissola

*1535 in Cremona   † 1625 in Palermo

Renaissance-Malerin von europäischer Berühmtheit
Zeichenlehrerin der Isabella von Valois, Braut König Philipps II.

Selbstportrait

dankte sie neben ihrem großen Talent ihrem Vater Amilcar, der seinen sechs Töchtern eine vorzügliche humanistische Erziehung angedeihen ließ. Sofonisba, die ihren Namen nach einem Werk von G. Tressino erhielt, das man damals als die erste moderne Tragödie rühmte, studierte drei Jahre beim Manieristen Bernardino Campi, dann bei Bernardo Gatti. Ihr Vater bat den großen Michelangelo um Zeichnungen, die seine sechs malenden Töchter kolorieren sollten. Eine Beeinflussung der Malerin Sofonisba durch Raffael und Parmigianino läßt sich feststellen. An der Karriere der Tochter Sofonisba lag Anguissola sehr viel. Er reiste mit ihr an die Höfe von Mantua, Ferrara, Parma und Piacenza, wurde überall herzlich aufgenommen, denn das Töchterlein war nicht nur als Malerin geschätzt.

Im Jahr 1559 ließ man Sofonisba an den Hof des Vizekönigs in Mailand rufen, von wo man sie mit großem Pomp, feierlich und mit ansehnlichem Gefolge nach Madrid an den königlichen Hof geleitete. Mit gerade 24 Jahren hatte sie König Philipp II. von Spanien als Hofdame und Zeichenlehrerin für seine Braut Isabella von Valois bestimmt. Durch den Tod Isabellas verlor sie 1568 eine ihr freundschaftlich zugetane Herrin; auch von des Königs neuer Gemahlin, der Erzherzogin Anna von Österreich, geschätzt, blieb sie bis 1580 am Hof in Madrid.

Ihre Arbeit bestand größtenteils aus der Porträtmalerei und dem Kopieren ihrer eigenen Werke. Manchmal hielt sie auch minutiös große Staatsakte fest. Sie wurde gut bezahlt, aber – wie es der Brauch war – mehr mit reichen Geschenken als mit einem regelmäßigen Gehalt. Das Leben für eine ledige Ausländerin am spanischen Hof war sicher nicht immer leicht, wenngleich über

Sofonisba Anguissola ist eine der ersten Malerinnen der Renaissance, die namentlich bekannt wurden. Sie war schon zu ihren Lebzeiten eine europäische Berühmtheit. Dies ver-

„Ich habe von ihr mehr gelernt als durch das Studium der vortrefflichen Meister.“

Anton van Dyck

14

ihren Lebzeiten eine Berühmtheit.

Im Jahr 1624 besuchte Anton van Dyck die hochbetagte berühmte Kollegin, machte eine Skizze von ihr, die sich in seinem „Italienischen Skizzenbuch" findet. Sofonisba gab ihm Ratschläge und wies ihn darauf hin, daß bei einem bestimmten Lichteinfall die Falten in ihrem Gesicht nicht ganz so scharfe Schatten werfen würden.

Als sie 1625 starb, ließ ihr Mann auf ihren Grabstein folgende Inschrift meißeln: „Seiner Gattin Sofonisba, aus dem Geschlecht der Anguissola, die durch ihre Vornehmheit, ihre Schönheit und ihre außerordentlichen natürlichen Gaben zu den berühmten Frauen der Welt gehört und im Darstellen des menschlichen Gesichts so vorzüglich war, daß niemand zu ihrer Zeit gleich geschätzt wurde, widmet Joratius Lomelinus, von größtem Schmerz ergriffen, diese letzte Ehrung, die – obgleich klein für eine solche Frau – groß für Sterbliche ist."

sie berichtet wurde, daß sie sich untadelig und zurückhaltend verhielt.

Dann erbot sich der König von Spanien, der etwa 45 Jahre alten Künstlerin einen geeigneten Ehemann zu suchen. Als unverheiratete Frau war sie bisher Mündel des Königs gewesen. Sie bat ihren Gönner, den Sizilianer Fabrizio di Moncada heiraten zu dürfen, und folgte ihm nach Palermo. Als dieser nach nur fünfjähriger Ehe bei Capri von Piraten umgebracht wurde, entschloß sich Sofonisba zu einer zweiten Ehe, diesmal mit Orazio Lumelina, dem Kapitän des Schiffes, das sie nach Genua gebracht hatte,

wo die beiden auch lebten. Ihr Atelier wurde zum Treffpunkt von Künstlerinnen und Künstlern, und sie wurde schon zu

Bettina
(Anna Elisabeth)
von Arnim

*1785 in Frankfurt am Main † 1859 in Berlin

Eine der bedeutendsten Frauengestalten der Romantik
Berühmt durch: „Goethes Briefwechsel mit einem Kind"

Bettina von Arnim, Kupferstich von Ludwig Grimm

Bettina von Arnim zählt zu den bedeutendsten Frauengestalten der jüngeren Romantik, einer Zeit, in der es Frauen gelang, in den bisher den Männern vorbehaltenen Bereich der Literatur einzudringen. Frauen versammelten sich in Salons, lasen aus eigenen Werken und zeigten Selbstbewußtsein, wie etwa Rahel Varnhagen, Henriette Herz, Sophie Mereau, Karoline von Günderode und eben Bettina von Arnim.

Bettina verlor schon als Achtjährige ihre Mutter Maximiliane, geb. von La Roche, und nur vier Jahre später ihren Vater, den italienischen Kaufmann Peter Anton Brentano. Fünf Jahre lang sorgte die als Schriftstellerin berühmte Großmutter Sophie von La Roche für das Mädchen, dann kam es in ein Klosterinternat. Eine schöne Zeit verlebte Bettina während ihres zweijährigen Aufenthalts 1808/09 in München. Auf einem Ball wurde sie dem bayer-

ischen Kronprinzen Ludwig vorgestellt, dessen Gedichte sie „ungehobelt, aber voll Feuer"

fand. 1806 lernte Bettina Goethes Mutter Elisabeth, genannt Frau Aja, kennen. Diese hatte sich als Mädchen in Kaiser Karl VII. verliebt, der zur Krönung nach Frankfurt gekommen war. Ihr Geständnis wurde von Bettina aufgezeichnet. Ein Jahr später begegnete sie Goethe selbst, nachdem sie bereits vorher im Briefwechsel mit ihm gestanden hatte. Das 19jährige Mädchen erglühte für den 57 Jahre alten Geheimrat, der allerdings gerade Christiane Vulpius geheiratet hatte. Nach einem peinlichen Streit der Damen – Bettina schalt Frau Goethe eine „wahnsinnige Blutwurst" –

> „... ein kleines Figürchen wie Quecksilber,
> keineswegs hübsch aber auch nicht widrig,
> höchst geistvolle Augen.
> Spricht unendlich viel und lebhaft,
> oft geistreich, oft confus."
>
> David Friedrich Strauß

bekam Bettina von Goethe Hausverbot.

Der Dichter Achim von Arnim wurde 1811 ihr Ehemann. Es folgten zwanzig Jahre Ehe, in denen sie sieben Kinder gebar, eine Zeit voll von Geldsorgen, strapaziösen Umzügen, getrenntem Haushalt; sie lebte mit den Kindern weiter in Berlin, ihr Mann zog sich als ein von der Entwicklung Preußens enttäuschter Patriot auf das Gut Wiepersdorf zurück.

Nach dem frühen Tod ihres Mannes im Jahre 1831 wurde Bettina – sehr zum Mißfallen ihrer Frankfurter Familie – literarisch produktiv. Sie setzte auch die erste Ausgabe der Werke ihres Mannes in Gang. Berühmt wurde sie über Nacht mit dem Buch „Goethes Briefwechsel mit einem Kind", das 1835 erschien – da war das „Kind" fünfzig Jahre alt. Die Autorin galt nun als „Sibylle der romantischen Literaturperiode", von den Jungdeutschen ein „genialer, romantischer, herumirrlichtender Kobold" genannt, vom Historiker Leopold von Ranke mit dem Ausspruch bedacht: „Diese Frau hat den Instinkt einer Pythia."

Ihre enge Freundschaft zu Karoline von Günderode, die 1806 Selbstmord beging, publizierte sie in dem Buch „Die Günderode" 1840, dann erschien 1844 „Clemens Brentanos Frühlingskranz". In diesem Jahr mit seinen vormärzlichen Unruhen kündigte Bettina von Arnim in den großen Zeitungen die Veröffentlichung ihres „Armenbuchs" an, dessen Druck sie dann aber abbrechen ließ, da

sie damit rechnen mußte, als Verschwörerin verurteilt zu werden. Bereits 1843 hatte ihr politisches Buch „Dies Buch gehört dem König" (nämlich Friedrich Wilhelm IV.) für Aufsehen gesorgt.

Staunend ist zu bemerken, daß Bettina von 1843 bis 1854 Material über die Lebensverhältnisse

der Armen sammeln ließ. Sie wußte um die erschreckende Not der Weberinnen im Vogtland, wie sie dies im Juni 1844 Alexander von Humboldt erläuterte: „Die Frucht verkam vor Mangel an Nahrung im Mutterleib, die Kinder wurden als Skelette geboren!"

Die Schriftstellerin wandte sich immer mehr sozialen und frauenrechtlichen Fragen zu und setzte sich für politisch Gefangene ein. Das war ungewöhnlich, denn als Dame ihrer Zeit hätten ihr höchstens Barmherzigkeit und mildtätige Hilfe angestanden.

Das Aufregendste an Bettina, der „eine kleine irdische Unsterblichkeit" zuteil geworden ist, bleibt Bettina selbst. Am allerbesten lernt man sie in ihren Briefen kennen, die noch zur Veröffentlichung anstehen.

Alte Ansicht des Brentano-Hauses in Winkel. Federzeichnung von H. Landgrebe

Jane Austen

*1777 in Steventon/Hampshire † 1817 Winchester

Englische Romanschriftstellerin – mit satirischer Eleganz
„Stolz und Vorurteil" – das Fernsehereignis

Eine der Nichten der Schriftstellerin Jane Austen weiß zu berichten, daß diese „ängstlich bemüht war, Gott zu gefallen und bei ihren Mitmenschen keinen Anstoß zu erregen ... und nie ein leichtfertiges oder strenges Wort sprach." Ihr Bruder meinte: „Sie führte ein ereignisloses Leben". Doch er konnte sich überhaupt nicht vorstellen, daß Frauen etwas Interessantes vorhatten. „Einmal im Leben sollte jede das Recht haben, aus Liebe zu heiraten" schrieb Jane an ihre Schwester

Cassandra. Sie selbst hat jedoch nie geheiratet, obwohl es ihr an Verehrern nicht mangelte. Eine Dame nannte Jane „den hübschesten, albernsten, affektiertesten Schmetterling auf Gattenjagd." Nach den Äußerungen ihrer Schwestern war Jane groß und schlank, hielt sich gerade, was damals offenbar bei großgewachsenen Frauen nicht selbstverständlich war. „Sie hatte volle Wangen, einen kleinen wohlgeformten Mund und eine ebensolche Nase, haselbraunes Haar, das ihr Gesicht in natürlichen Locken umspielte." Ihr Gesichtsausdruck habe für die meisten Betrachter einen ganz eigenen Charme gehabt. Nie habe man sie ohne Haube gesehen, was für nicht mehr ganz junge Frauen üblich war, zumal

sich damit auch das Frisurproblem erledigte. Ihren letzten Heiratsantrag erhielt Jane mit 27 Jahren von dem angesehenen und wohlhabenden Mr. Harris Bigg-Wither in Chawton, wo sie seit 1809 mit ihrer Familie wohnte. Doch sie entschied sich weiterhin das zu tun, was sie schon seit ihrem zwölften Lebenjahr konnte, nämlich schreiben.

Die Person Jane Austen, als siebtes Kind in eine Pfarrersfamilie hineingeboren, hielt sich als Autorin stets bedeckt. Die Familie wollte sie als die Friedfertige sehen. Ihre Schwester Cassandra hat aus der erhaltenen Korrespondenz alles herausgeschnitten, was auf das Gegenteil verwiesen hätte. Doch Cassandras Augen

sind ein paar Briefsätze entwischt, die von Janes satirischem Talent zeugen: „Mrs. Hall kam gestern sechs Wochen vor der Zeit mit einer Totgeburt nieder, verursacht durch einen Schock. Ich vermute, sie hat aus Versehen ihren Mann angeguckt."

In ihren ersten Aufsätzen erheiterte Jane ihre Familie mit groben Parodien auf den Moderoman. Sie war gerade 22 Jahre alt als sie bereits vier Romane geschrieben hatte. In allen ihren Werken beschreibt sie ihre eigene Welt und den englischen Landadel. Sie belächelt ihre Umgebung und zeichnet sie sorgfältig nach. Ihr Beitrag zur englischen Literatur vermag wegen der Zeitlosigkeit der Problemstellung eine tiefgehende Wirkung auszulösen.

Eine ihrer größeren literarischen Versuche, die Burleske „Frederic & Elfrida" hatte sie der zehn Jahre älteren Martha Lloyd gewidmet. Nach dem Tod von Janes Vater im Jahr 1805 zog sie mit ihrer schwer ertragbaren Mutter und ihrer Schwester nach Southampton; nach drei Jahren folgt ein erneuter Umzug nach Chawton, Hampshire.

Im November 1812 verkaufte Jane Austen ihren zweiten Roman „Stolz und Vorurteil" an den Verlag Egerton & Co. „Egerton gibt 110 Pfund dafür. – Ich hätte lieber 150 Pfund gehabt, aber wir konnten ja nicht beide zufrieden sein & ich bin überhaupt überrascht, daß er nicht so viel wagen wollte." Anders als bei ihrem Erstling „Verstand und Gefühl" brauchte sie sich diesmal nicht in Geduld zu üben. Schon im Januar 1813 erschien das Werk als ein Roman in drei Bänden. „Ich möchte Dir mitteilen", schrieb die glückliche Schriftstellerin an ihre Schwester Cassandra, „daß ich heute mein Lieblingskind aus London geschickt bekam." Da allerdings Rezensionen auf sich warten ließen, stellten sich bei ihr Zweifel ein, und sie erwog Änderungen, was sie dann aber unterließ. Ihren Roman „Der Park von Mansfield" widmete sie dem zukünftigen König Georg IV., der ihr Anerkennung zollte, ebenso wie Sir Walter Scott.

Knapp zweihundert Jahre nach

Prinzregent George von England

ihrem frühen Tod – sie starb erst 41 Jahre alt an Schwindsucht – ist eine wahre „Jane-Manie" ausgebrochen. Ihre Romane „Verstand und Gefühl", „Emma" und „Sinn und Sinnlichkeit" erleben eine wahre Renaissance im Kino wie im Fernsehen. Das größte Echo hatten bisher die sechs Folgen der BBC-Serie „Stolz und Vorurteil", die elf Millionen Zuschauer anzogen und ebenso erfolgreich in den USA laufen.

Eine Seite aus Jane Austens „Geschichte Englands ... verfaßt von einer parteiischen, voreingenommenen und ungebildeten Historikerin", 1792

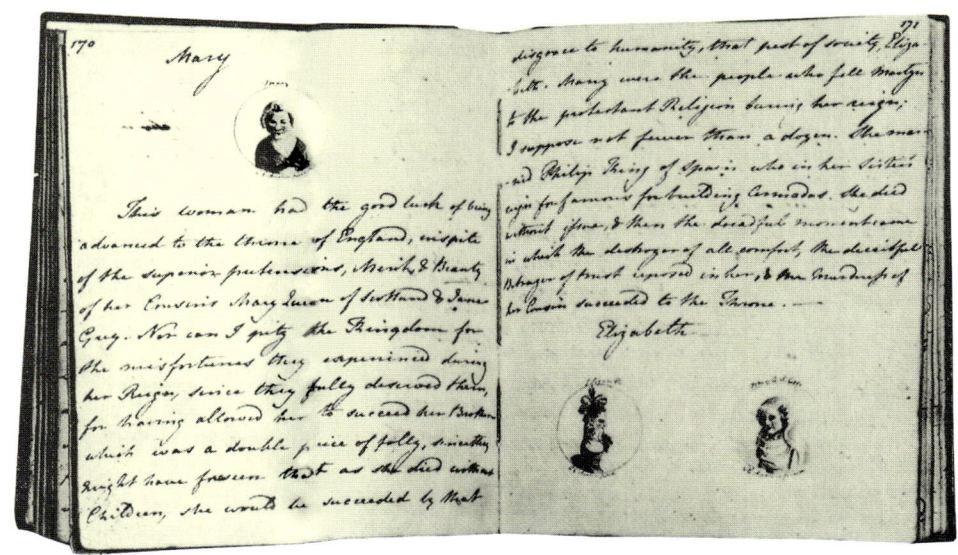

Hortense de Beauharnais

* 1783 in Paris   † 1837 in Arenenberg (Thurgau)

Napoleons Stieftochter, die ihn glühend verehrte
Dichterin und Komponistin von zwölf Romanzen

*Königin Hortense
mit ihren Söhnen
Napoleon Louis und
Louis Napoleon.
Gemälde von
Anne-Louis Girodet-
Trioson, um 1810*

Die am 10. April 1783 in Paris als Tochter des Generals Alexandre Vicomte de Beauharnais und seiner Gemahlin Marie-Josèphe-Rose Tascher de la Pagerie geborene Hortense de Beauharnais erlebte als Kind gemeinsam mit dem zwei Jahre älteren Bruder Eugène die Schrecken der Französischen Revolution. Sie war elf Jahre alt, als ihre Eltern verhaftet wurden und ihr Vater der Guillotine zum Opfer fiel. Ihre Mutter, durch den Sturz Robespierres der Guillotine entronnen, widmete sich in der Folgezeit völlig dem Gesellschaftsleben. Sie gab deshalb Hortense in das von Madame Campan gegründete Institut für höhere Töchter zur Erziehung. Die musisch sehr begabte Hortense erwies sich als aufmerksame Schülerin. Erhalten gebliebene Zeichnungen und Skizzen zeugen von ihrem künstlerischen Können. Entscheidend für Hortenses weiteres Leben wurde 1796 die Heirat ihrer Mutter, die sich fortan Joséphine nannte, mit General Napoleon Bonaparte. Auf Wunsch der Mutter und mit Zustimmung ihres Stiefvaters Napoleon wurde Hortense im Januar 1802 gegen ihren Willen mit Napoleons jüngstem Bruder Louis vermählt. Von den drei aus dieser Ehe hervorgegangenen Söhnen galt der älteste, Napoleon Charles, als zukünftiger Erbe des damals noch kinderlosen, zum französischen Kaiser aufgestiegenen Napoleon; leider verstarb der Junge im Alter von viereinhalb Jahren. 1806 ernannte Napoleon seinen Bruder Louis zum König von Holland. Nur ungern folgte Hortense ihrem Mann nach Holland. Wenige Jahre später trennte sich das Paar endgültig, eine Scheidung gab es aber nicht.

Während Louis 1810 auf den holländischen Thron verzichtete und nach Italien ging, kehrte Hortense mit ihren Söhnen Napoleon Louis und Louis Napoleon nach Paris zurück. Dort ging sie eine Liaison mit dem Grafen Charles de Flahaut ein, aus der ein Sohn, der spätere Herzog von Morny, entstammte.

Nach dem Zusammenbruch des Kaiserreichs wurde Hortense wie die ganze Familie Bonaparte aus Frankreich verbannt. Sie lebte von 1817 bis 1823 in Augsburg; ihr Sohn besuchte das St. Anna-Gymnasium. Nach

Schloss Arenenberg.

langen Verhandlungen durfte sich Hortense mit ihrem jüngsten Sohn Louis Napoleon, dem späteren Kaiser Napoleon III., in der neutralen Schweiz niederlassen. Sie erwarb das Schloß Arenenberg in der Nähe des Bodensees, das sich zu einer Art Musenhof entwickelte, wo Maler, Musiker, Schriftsteller, aber auch Politiker verkehrten. Während ihre in diesen Jahren verfaßten Memoiren erst 1927 veröffentlicht wurden, erschienen um 1820 zwölf von Hortense gedichtete und vertonte Romanzen im Privatdruck. Die Erinnerung an den von ihr glühend verehrten Stiefvater Napoleon und an die großen Tage des Empires hielt sie auch in ihrem Sohn Louis Napoleon wach. Am 5. Oktober 1837 verstarb Hortense in Arenenberg. Auf ihren Wunsch hin wurde sie neben ihrer Mutter in der Kirche von Rueil bei Malmaison beerdigt.

Schloß Arenenberg nach einer alten Postkarte

Kaiser Napoleon, zeitgenössische Lithographie

„Wie das höchste Glück sie niemals hochmütig gemacht hatte,
ebenso wenig hatte ein nicht minder beharrliches Mißgeschick sie entmutigt.
Sie war einfach und edel auf dem Thron, sie ist einfach und edel geblieben im Exil."

Jean Buchon

Harriet Beecher-Stowe

*1811 in Litchfield (Connecticut) † 1896 in Hartford (Connecticut)

Verfasserin des weltbekannten Bestsellers „Onkel Toms Hütte"
Mutige Kämpferin für die Rechte der Unterdrückten

Harriet Stowe, Ehefrau und Mutter von sieben Kindern, das letzte wurde 1850 geboren, veröffentlichte im Frühjahr 1852 den Roman „Onkel Toms Hütte oder: Negerleben in den Sklavenstaaten von Nordamerika". Das Buch wurde ein gefeierter Bestseller: In den ersten acht Wochen gingen 50 000 Exemplare über den Ladentisch, nach knapp einem Jahr betrug die Auflage 300 000 Stück. Tolstoj stellte das Werk „Onkel Toms Hütte" neben Charles Dickens' „A Tale of Two Cities".

Harriet Beecher, die Neuengländerin, wuchs in einem streng protestantischen Elternhaus in Connecticut auf. Ihr ganzes Leben blieb sie eine glaubensstarke Frau, voll Fröhlichkeit und Spontaneität. Sie wurde eine engagierte Lehrerin, unterrichtete zuerst in Hartford, nach 1832 in Cincinatti; schließlich gab sie mit 22 Jahren ein neues Erdkundebuch für Schulen heraus. 1836 wurde die Schule geschlossen. Im gleichen Jahr verheiratete sie sich mit Reverend Calvin Ellis Stowe, der sie stets ermutigte, ihre literarischen Aktivitäten fortzusetzen. So entschloß sie sich, 1843 mit der Geschichte „Onkel Lot" an einem Erzählwettbewerb teilzunehmen. Sie gewann den ersten Preis.

18 Jahre lang lebte sie in Cincinatti, räumlich nur durch den Ohio-Fluß getrennt von Plantagen. Das Elend und Leid der Sklaven blieben ihr nicht verborgen. Da ihr Mann einen Ruf als Professor an das Bowdoin College erhielt, zog die ganze Familie nach Brunswick, Maine. Und dort schrieb sie ihr unvergleichlich erfolgreiches Buch „Onkel Toms Hütte". Ein entscheidender Impuls für diese Veröffentlichung ging von einem 1850 verabschiedeten Gesetz, dem „Fugitive Slave Law", aus, das bestimmte, daß alle entlaufenen Sklaven an

ihre „Besitzer" zurückgegeben werden mußten. Ständig erschienen ihre Artikel in „National Era", einer Antisklavereizeitung in Washington, D.C. Ihr Name wurde in den Südstaaten geächtet; überall sonst war ihr Buch äußerst gefragt und wurde in mindestens 23 Sprachen übersetzt. Die darin geschilderten Grausamkeiten bekämpfte sie vehement und setzte sich mit aller Schärfe für die versklavten Schwarzen ein; Sklaverei war im Norden des Landes längst gesetzlich verboten. Was sie in ihrem Roman „Onkel Toms Hütte" geschildert hatte, belegte sie noch zusätzlich mit ihrer Quellensammlung in dem Buch „The Key to Uncle Tom's Cabin" („Der Schlüssel zu Onkel Toms Hütte"), das ebenfalls 1853 erschien.

Als mutige Kämpferin für die Rechte der Unterdrückten und ebenso erfolgreiche Schriftstellerin feierte man sie auf ihrer im gleichen Jahr begonnenen Europareise; in England galt sie als eine „Heldin". Nach der Europareise wehrte sie sich

energisch gegen die Angriffe und die massive Kritik seitens der Südstaatler mit ihrer Arbeit „Dred: A Tale of the Great Dismal Swamp" (1856). Die sklavenhaltenden Farmer und Pflanzer in Virginia, Carolina und Mississippi haßten sie immer mehr. Es ist oft behauptet worden, daß Harriet mit ihrem Roman entscheidend zum Ausbruch des Amerikanischen Bürgerkrieges beigetragen hat, doch dies bedeutet, den gesellschaftspolitischen Einfluß des Buches zu überschätzen. Zusammen mit ihrer Schwester

Catherine Beecher setzte sie sich mit der Dienstbotenfrage allgemein auseinander. Als Ziel sahen die beiden einen Haushalt ohne Dienstboten. Ihre Gedanken trugen sie in dem Buch „Das Heim der amerikanischen Frau" zusammen, das vielbeachtet 1869 in New York erschien. Die Geschwister betonten, die „Institution häuslicher Dienstbarkeit" habe noch etwas von dem Einfluß feudaler Zeiten an sich, nachdem doch alle Menschen einander gleichgestellt seien.

In den Zeitschriften „The Atlantic Monthly" (New York) und später in „The Christian Union", die ihr Bruder Henry Ward Beecher verlegte, fand Harriet die Möglichkeit, weiter zu publizieren. Viele sozialkritische Artikel, aber auch ein Bändchen mit frommen Gedichten brachte sie heraus. Von ihren Novellen dürfte „The Minister's Wooing" (1859) die erfolgreichste geworden sein. Erst als alte Dame konnte sie für Lesungen aus ihren Werken gewonnen werden.

Sklavenverkauf in den USA. Illustration in Uncle Tom's Cabin

Elizabeth Blackwell

1821 in Counterslip bei Bristol † 1910 in Kilmun/Schottland

Erste Ärztin Amerikas – eine Engländerin

Ein heute sehr bekannter Slogan in der Krankheitsvorsorge lautet: „Vorbeugen ist besser als Heilen." Dieser kluge Ausspruch stammt von der Engländerin Elizabeth Blackwell, die im Alter von 27 Jahren 1849 als erste Frau in den USA und zugleich als beste Studentin ihres Jahrgangs am Geneva College in New York das Doktorexamen ablegte und somit die erste Ärztin Amerikas wurde.

Im Jahr 1832 waren „Those Extraordinary Blackwells" (so der Titel einer Biographie über diese Familie) von Bristol nach Nordamerika ausgewandert, wo die meisten der neun Kinder erfolgreich wirken sollten. Elizabeth und Emily wurden Ärztinnen, Samuel und Henry Sozialreformer, Anna Zeitungskorrespondentin, Ellen Schriftstellerin und Künstlerin. Samuel heiratete Antoinette Brown, die erste amerikanische Pastorin, und Henry die Frauenrechtlerin und Abolitionistin (Mitglied der Antisklaverei-Bewegung) Lucy Stone. Elizabeth arbeitete als Lehrerin an einer von ihrer Mutter betriebenen Privatschule, unterrichtete später Musik in Charleston, um Geld für das erträumte Studium der Medizin zusammenzubringen. Obwohl das Studium der Medizin amerikanischen Frauen bis 1895 nicht erlaubt war, hielt sie an ihrem Wunschtraum fest, der sich durch die Aufnahme am Geneva College in New York dann doch noch erfüllte. Da sie als Ärztin in den USA keine Anstellung bekam, reiste sie zurück nach Europa. In London traf sie mit Florence Nightingale zusammen, reiste weiter nach Paris, um eine Anstellung zu suchen. Doch es stellte sich heraus, daß dort noch nicht einmal ihre Dissertation anerkannt wurde. Sie erwarb aber damals ein französisches Diplom für Geburtshilfe; einige Frauen durften an der medizinischen Fakultät in Paris studieren, weil Kaiserin Eugénie sich dafür eingesetzt hatte. So entschloß sie sich, nach New York zurückzukehren, um eine eigene Praxis zu eröffnen. Da kein Hausbesitzer der Ärztin die entsprechenden Räumlichkeiten vermieten wollte, nahm sie ein Darlehen auf und kaufte sich ein Haus. Der Zustrom der Patientinnen war so groß, daß sich nun endlich auch die Presse für sie interessierte und Kollegen aufhörten, sie zu belächeln. Es floß so viel Geld, daß sie 1857 das erste Frauen- und Kinderkrankenhaus in New York eröffnen konnte, das ausschließlich von Frauen geleitet wurde. Ihre Schwester Emily, die am Rush Medical College von Chicago Medizin studieren konnte, arbeitete bei ihr zuerst als Hebamme, bis sie dann zusammen mit der Polin Dr. Marie Zakrzewska die Leitung des New Yorker Krankenhauses übernahm, dem später ein medizinisches Kolleg angegliedert wurde, um Frauen die Ausbildung zur Ärztin zu erleichtern.

Als 1859 Elizabeth Blackwell im britischen Medizin-Register aufgeführt war auf Grund ihrer ausländischen Diplome, dekretierte die britische Ärztevereinigung im folgenden Jahr, daß Inhaber solcher Diplome in England nicht praktizieren dürfen.

Elizabeth Blackwell kehrte immer wieder nach England zurück und gründete dort die National Health Society. Sie lernte Sophia Jex-Blake (1840–1912) kennen. Diese hatte sich 1869 an der medizinischen Fakultät der Universität Edinburgh beworben. Dort erklärte man ihr, daß es sich für eine einzelne Frau nicht zieme, an den Kursen teilzunehmen. So organisierte sie eine Gruppe von sieben Frauen und sie konnten das erste Jahr ungehindert absolvieren. Als sie dann den Anatomiekurs

besuchen wollten, hatten die Studenten den Eingang verbarrikadiert, bewarfen die Frauen mit Schmutz und riefen ihnen Obszönitäten zu. Als sie endlich im Hörsaal angelangten, wurden ihnen Schafe präsentiert mit dem Hinweis, daß nun „niedrige Tiere" nicht mehr von den Hörsälen ausgeschlossen seien. Da Sophia Jex-Blake das erreichte Diplom verweigert wurde, ging sie zu weiteren Studien nach New York und wurde eine Schülerin von Elizabeth Blackwell.

Es hielt sich hartnäckig in den Köpfen von Studenten und Ärzten in England, und nicht nur dort, was der Pastor F. D. Maurice 1855 erklärt hatte: Er glaube nicht an die Ausbildung der Frauen „für Aufgaben, die zu *unseren* (der Männer) Berufen gehöre. In Amerika wollen einige das Diplom für Ärzte erreichen und praktizieren. Ich wünsche nicht nur, daß keines der Kollegs, auf die ich einen Einfluß habe, auf so etwas hinführt; sondern ich denke, daß es keinen Grund für weitere Frauenkollegs geben kann als diesen, den geringsten Wunsch nach solchen Zuständen zu verhindern, indem die Seelen, die ihn hegen könnten, in eine andere gesundere Richtung gelenkt werden." Die Fähigkeiten zum Arztsein sei nach dem Willen Gottes dem männlichen

Elizabeth Blackwell als Studentin im Operatinssaal der Medizinischen Schule im Geneva College in New York

Geschlecht zugewiesen. Als Jex-Blake 1875 in England dann versuchte, Frauen aufgrund der Lizenz für Geburtshilfe ins Medizin-Register eintragen zu lassen, trat die gesamte Prüfungsbehörde aus Protest zurück. Jex-Blake hatte nämlich in Edinburgh eine Medizinische Schule gegründet, an die sie auch Elizabeth Blackwell berief, nachdem diese 1899 ihre New Yorker Schule schloß, da das Cornell University Colleg von da an auch Medizinstudentinnen aufnahm.

Elizabeth und Emily Blackwell setzten sich bis an ihr Lebensende – beide starben 1910 – in zahlreichen Aufsätzen und Reisen für die Verbesserung der hygienischen Verhältnisse und den Ausbau der allgemeinen Krankenversicherung ein. Gleichzeitig kritisierten sie den exzessiven Einsatz der Chirurgie und die sexuelle Doppelmoral.

> *„Vorbeugen ist besser als Heilen."*
>
> Elizabeth Blackwell

Madeleine Sophie Blanchard

1778 in Trois-Canons (Charente-Maritime) † 1819 in Paris

Erste professionelle Luftschifferin
„Kaiserliche Aeronautin" Napoleons

Madeleine Sophie Blanchard. Illustration aus „Der Himmelfahrer"

Madeleine Sophie Blanchard ist die erste professionelle Luftschifferin, gerne auch als „Luftgauklerin" oder „fliegendes Frauenzimmer" bezeichnet. Die 26jährige Madeleine Sophie Armant heiratete 1804 den damals in ganz Europa und Nordamerika berühmten Jean-Pierre Blanchard. Er hatte zusammen mit dem Amerikaner Dr. John Jeffries bereits 1785 erstmals mit einem gasgefüllten Ballon den Ärmelkanal überquert. Auch die unternehmungslustige junge Ehefrau stieg zusammen mit ihrem Mann von den Kreidefelsen der englischen Küste bei Dover mit dem Ballon auf, und schon zweieinhalb Stunden später landeten sie in Calais. Es dauerte nicht lange, da fuhr sie alleine mit dem Ballon. Das Ehepaar war mit den Ballonaufstiegen in allen großen Städten Frankreichs, Belgiens, Italiens und Deutschlands zu bewundern. Nach nur fünfjähriger Ehe erlitt Jean-Pierre Blanchard während einer Ballonfahrt eine Herzattacke und stürzte über Den Haag 30 Meter in die Tiefe. Von diesem Sturz erholte er sich nicht mehr. Nun übernahm Madeleine selbst das Unternehmen. Sie war „von robustem Charakter und ebensolcher Gesundheit, wenngleich mit der Fürsorglichkeit und dem zarten Äußeren ausgestattet, das von der Weiblichkeit jener Zeit erwartet wurde". Da sie keinerlei Furcht kannte, schmückte sie ihre Ballonfahrten mit immer spannenderen Kunststücken und dreisterer Akrobatik außerhalb der Gondel aus und trat in vielen Städten Europas auf. Ihre Gondel umgab sie mit einem Feuerwerk, das vor allem sie selbst beleuchtete, ein zauberhaftes Schauspiel, das die Massen begeisterte. Die mutige Frau wurde nicht nur bewundert, sondern finanziell bestens entlohnt. Nach beendetem Programm riß man sich förmlich um sie, und wie eine große Diva wurde sie von den Stadtoberhäuptern empfangen und geehrt. Die Italiener umjubelten sie ganz besonders.

In Frankreich fand kein offizielles Fest ohne die Luftkünstlerin statt. Kaiser Napoleon ernannte

„Fliegendes Frauenzimmer."

sie zur „kaiserlichen Aeronautin". So war sie 1810 anläßlich der Vermählung des Kaisers mit seiner zweiten Gemahlin, Erzherzogin Marie-Louise von Österreich, d i e Attraktion auf dem Marsfeld. Als im folgenden Jahr Napoleons einziges Kind, der Sohn Louis Napoleon, künftiger König von Rom, Herzog von Reichstatt, geboren wurde, fand neben vielen anderen Freudenfesten ein weiteres überwältigendes Spektakel in Saint-Cloud statt. Madame Blanchard durfte ihre sensationellen Kunststücke zur großen Begeisterung der hohen Gäste vorführen.

Mit nur einundvierzig Jahren trug man sie zu Grabe. Eine unübersehbare Menschenmenge begleitete sie auf ihrem letzten Weg. Sie ruht auf dem berühmten Friedhof Père-Lachaise. Dort erinnert ein großes Monument

an sie, das aus Spenden der Bevölkerung errichtet werden konnte. Es läßt sich schon erahnen, daß die junge Frau abgestürzt ist. Am 7. Juli 1819 wollte Sophie Blanchard über dem Vergnügungspark Tivoli in Paris eines ihrer nächtlichen, tollkühnen Feuerwerksspektakel zeigen. Doch der Ballon fing dabei Feuer; aus 300 Metern Höhe stürzte die Aeronautin ab, der Korb durchschlug das Dach eines Hauses, sie selbst wurde zu Boden geschleudert. Nach mehr als 67 in ihrem Bordbuch vermerkten erfolgreichen Flügen folgte nun der Todesflug. Auch mehr als 30 Jahre nach den ersten Ballonaufstiegen der berühmten Brüder Michel Joseph und Étienne Jacques de Montgolfier sind Luftreisen immer noch eine Sensation, vor allem, wenn sie so spektakulär dargeboten werden wie

von Jean Pierre und der mutigen Madeleine Sophie Blanchard.

Sophie Blanchard stürzt mit ihrem brennenden Ballon ab

27

Barbara Blomberg

1527 in Regensburg † 1597 in Ambroserio

„Kaisergeliebte und Heldenmutter"

„Barbara Blombergin" Das Portraitrelief aus Solnhofer Kalkschiefer galt lange Zeit als authentisch. Es ist jedoch erst Mitte des 19. Jahrhunderts entstanden.

Der Lebensweg der Barbara Blomberg war ungewöhnlich: von der einfachen Bürgerstochter zur Geliebten eines Kaisers und „erlauchten Heldenmutter".

Weder das genaue Jahr der Geburt noch das Geburtshaus von Barbara Blomberg sind genau überliefert. Fest steht, daß sie als das erste Kind von Sibylla und Wolfgang Plumberger in Regensburg wohl 1527 zur Welt kam. Der Vater, als Gürtler und Zunftmitglied nachweisbar, starb schon früh. Die Mutter, die „schöngirtlerin", verheiratete sich 1552 erneut. Sooft der mächtige Kaiser Karl V. zu Reichstagen in Regensburg weilte, nahm er Wohnung in dem Gasthof „Goldenes Kreuz". Es läßt sich bis heute nicht herausfinden, wie Barbara Blomberg die Bekanntschaft des Kaisers machte. Tatsache ist, daß die „Jungfrau, von sittsamem Lebenswandel und sehr kindlich", des Kaisers Geliebte wurde. Als der 45jährige Kaiser 1546 Regensburg verließ, war Barbara von ihm schwanger. Die beiden sollten sich nie wiedersehen.

Die Regensburgerin brachte einen Sohn zur Welt, der den Namen Hieronymus erhielt. Während die Kindsmutter den Kaiser offensichtlich nicht mehr interessierte, sollte sein Sohn in Spanien „unter treuer Obhut" heranwachsen. Mit zwölf Jahren wurde Hieronymus offiziell als der Sohn des Kaisers anerkannt und führte von da an den Namen Don Juan de Austria. Barbara Blomberg war mit dem kaiserlichen Offizier Hieronymus Kegel verheiratet worden. Sie wurde Mutter von drei weiteren Kindern und mit 40 Jahren bereits Witwe.

Die erste und letzte Zusammenkunft zwischen Mutter und Sohn fand im Schloß in Luxemburg statt. Don Juan gilt seit dem Sieg über die Türken in der Seeschlacht bei Lepanto (1571) als der „Retter des Abendlandes". Er wurde sogar als größter „Held der Christenheit" gefeiert, und es ist anzunehmen, daß Barbara Blomberg sich als stolze Mutter ihres berühmten Sohnes fühlte, besonders am 3. November 1576, als Don Juan auf dem Weg nach Brüssel war, um dort als neuernannter Generalstatthalter der Niederlande installiert zu werden. Als er sie auf dieser Reise besuchte, stand für Juan aber nicht der Wunsch des Sohnes im Vordergrund, endlich seine Mutter kennenzulernen, vielmehr die Absicht, sie zu drängen, aus den Niederlanden zu verschwinden, und ihr Spanien als künftigen Aufenthalt vorzuschlagen. Es bedurfte allerhand Überredungskünste und Drohungen des Sohnes, seine Mutter dazu zu bringen.

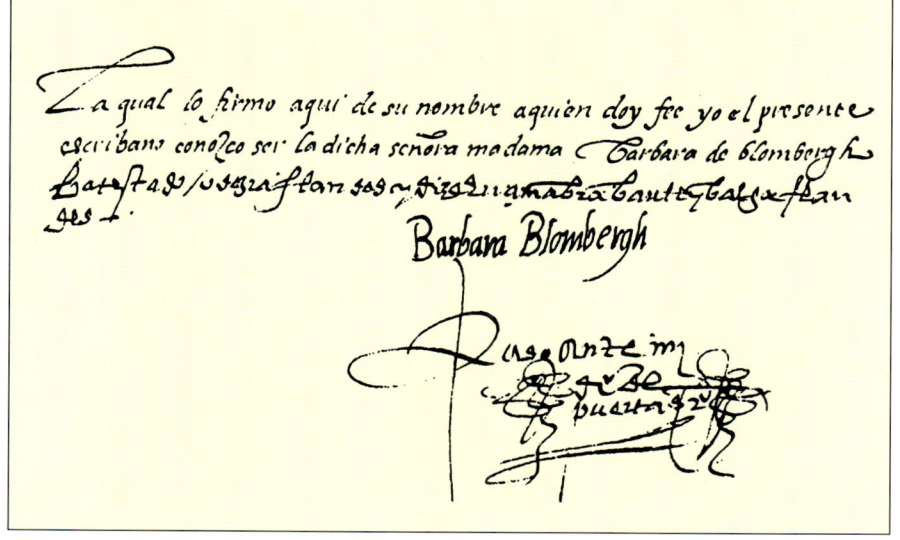

Barbara Blomberg unterzeichnet in Spanien ihre geschäftliche Korrespondenz eigenhändig mit „Barbara Blombergh". Historisches Archiv P. Cantabria, Santander

Im März 1577 verließ Barbara Blomberg per Schiff die Niederlande und ging im Hafen von Laredo an Land. Dort holte sie jene Frau ab, die ihren Sohn als Pflegemutter erzogen hatte: Dona Magdalena de Ulloa. Barbara bezog ihr neues Domizil in San Cebrián de Mazote, etwa

70 Kilometer von Valladolid entfernt. Don Juan de Austria hatte das dortige Dominikanerinnenkloster „Santa Maria la Real" als Aufenthaltsort für seine Mutter gewünscht. Ihr Sohn starb mit 31 Jahren. Kurz vor seinem Tod im Oktober 1578 hatte er sich noch dafür eingesetzt, daß sein Halbbruder, der spanische König Philipp II., seiner Mutter eine jährliche Summe von 3000 Dukaten zugestand. Doch die Gelder flossen unregelmäßig und mußten oft angemahnt werden. Die Mutter wohnte damals im Palast des Juan de Escobedo, zog danach 1584 nach Ambrosero. Noch heute bezeichnen die Bewohner des Dorfes das Gehöft, in dem sie wahrscheinlich wohnte, mit dem Namen „Barrio Madama" oder „Palacio de Madama". Madama Barbara de Blomberg starb am 18. Dezember 1597. Die sterblichen Überreste der einstigen Regensburgerin wurden am 11. April 1977 feierlich in einem Zinksarg in die Kirche von Montehano überführt.

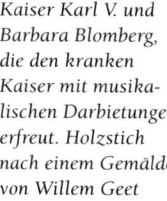

Kaiser Karl V. und Barbara Blomberg, die den kranken Kaiser mit musikalischen Darbietungen erfreut. Holzstich nach einem Gemälde von Willem Geet

Rosa Bonheur

*1822 in Bordeaux † 1899 in Chateaux de By (Champagne)

Malerin
Als erste Frau mit dem Offizierskreuz der französischen Ehrenlegion ausgezeichnet

Rosa Bonheur im Atelier. Gemälde von Madame Achille Fould, 1893

Raymond Bonheur, ein französischer Landschaftsmaler, porträtierte 1826 sein vierjähriges Töchterlein Rosa, ein kleines Mädchen mit einem selbstbewußten Blick. Als Spielzeug hält das Kind einen Soldatenhampelmann im Arm. Auf der Türschwelle unterhalb des wohl von ihm stammenden Gemäldes liegt ein von Rosa bemaltes Blatt Papier. Mit diesem Symbol kindlicher Nachahmung stellt der Vater die Bindung zwischen sich und seiner Tochter her.

Rosa kam zusammen mit ihren beiden Brüdern in die Knabenschule eines befreundeten Jansenisten: „Diese Erziehung emanzipierte mich, ehe ich wußte, was Emanzipation bedeutet." Nach dem Tod ihrer Mutter Sophie 1833 – die Familie war 1828 von Bordeaux nach Paris übersiedelt – vertraute sie der Vater einem Mädchenpensionat an, aus dem sie wieder hinausflog. Ab ihrem 13. Lebensjahr unterrichtete sie der Vater, und genau das hatte sie sich gewünscht. Über ihre Fortschritte konnte der Vater nur staunen. Völlig selbständig kopierte sie im Louvre, arbeitete nach der Natur in der Umgebung von Paris.

Mit 19 Jahren debütierte Rosa im Salon von 1841 gleich mit mehreren Tierbildern, und von da an war sie in jedem weiteren Salon vertreten. Schon 1848 erhielt sie nicht nur eine Goldmedaille und eine kostbare Sèvres-Vase, sondern auch den Staatsauftrag für eine Darstellung von Zugtieren. Da sie ihre Studien in Nièvre betrieb, nannte sie das Bild „Labourage nivernais" (Musée du Louvre, Paris). Es wurde ein großer Erfolg.

Ihre erste Studienreise führte sie in die Pyrenäen, eine weitere später nach England und

Schottland. Bald darauf entstand das große Gemälde „Der Pferdemarkt", das Rosas Ruf als Malerin über Frankreich hinaus verbreitete. Ein englischer Kunsthändler erwarb das Bild für 40 000 Francs 1854 und verkaufte es 1887 an Cornelius Vanderbilt für 268 000 Francs, der es dem Metropolitan Museum in New York überließ. Die kompositorische Beherrschung des riesigen Formats macht dieses Bild zu einem der Höhepunkte des von Bonheur gewählten schwierigen Genres.

Als weitere Sensation galt Rosa Bonheurs Werk „La Fenaison en Auvergne" im Salon von 1855, das mit der Goldmedaille ausgezeichnet wurde.

Rosa Bonheur hielt in ihrem Atelier in der Rue de l'Ouest in Paris viele Tiere, um an ihnen immer wieder deren Anatomie und Verhaltensweisen studieren zu können. Als sie in der Mitte der 40er Jahre in den Schlachthäusern von Paris mit Tierstudien zu arbeiten begann, legte sie die unpraktische Frauen-

„Ich bin Malerin und habe meinen Lebensunterhalt redlich verdient. Mein Privatleben geht niemanden an. Ich habe Gott nur zu danken für die Sicherheit, die er mir jederzeit gewährt hat, indem er mir in Gestalt meiner Freundin einen Schutzengel gab."

Rosa Bonheur

kleidung ab und ließ sich ihre Haare kurz schneiden. Dies verhinderte Aufmerksamkeit und Galanterie der Männer und gab ihr mehr Bewegungsfreiheit. Kaiser Napoleon I. hatte Frauen das Tragen von Männerkleidung verboten; im 19. Jahrhundert erhielt nur die Frau, die ihre Anliegen triftig begründete, eine polizeiliche Ausnahmegenehmigung – wie eben Rosa Bonheur.

Aus dem Erlös ihrer Bilder konnte sie 1859 das Schlößchen By bei Fontainebleau erwerben. Dort empfing sie 1864 und 1865 die Kaiserin Eugénie, die ihr selbst das Kreuz der Ehrenlegion überbrachte, und im Jahr 1894 wurde der 72jährigen Künstlerin das Offizierskreuz der Ehrenlegion verliehen, eine Auszeichnung, die vor ihr noch keiner Frau zuteil geworden war. Rosa Bonheur, die zu ihren Lebzeiten wie kaum eine andere Künstlerin gefeiert wurde, unternahm 1889 eine triumphale Reise durch Nordamerika – zusammen mit ihrer Lebensgefährtin Natalie Micas. Anna Klumpke war nach Micas Tod die neue Frau, die Rosa Bonheurs Leben während der letzten Monate angenahmer machte und ihre Alleinerbin wurde. Ihre bekannteste Schülerin, Anna Klumpke, schrieb die Biographie über die bedeutendste französische Malerin zwischen Elisabeth Vigée-Lebrun und Berthe Morisot.

„Der Pferdemarkt" von Rosa Bonheur, 1854. Metropolitan Museum New York

Marie-Louise Bourgeois

*1563 in Paris † 1636 in Paris

Hebamme in den Armenvierteln von Paris
Verfasserin eines bahnbrechenden Hebammenbuches

Marie-Louise Bourgeois. Stich von Lecler, 1833

Im 15. Jahrhundert führten immer mehr Städte Hebammenordnungen ein. Darin wurde die Ausbildung der Hebammen, die Examen und der vor dem Stadtarzt zu leistende Eid beschrieben. Die neuen Bestimmungen waren für die Hebammen von großer Wichtigkeit, da sie immer stärker in den Verruf von „Hexen und Zauberinnen" gekommen waren. Das Interesse des neuentstehenden Ärztestandes ging ebenfalls dahin, die weiblichen Heilkundigen in den Bereich der Scharlatane abzudrängen. Im

17. Jahrhundert traten drei mutige Hebammen hervor, die sich in Buchform zur Geburtsheilkunde äußerten. In England veröffentlichte 1671 die Hebamme Jane Sharp ein grundlegendes Buch über die Geburtshilfe, in Deutschland publizierte 1690 Justine Dittrich Siegemundin von Brandenburg, die „Churfürstlich-Brandenburgische Hoff-Wehemutter", ihr Werk, illustriert mit vierzig Bildtafeln, das sich besonders mit Steißgeburten beschäftigte; und als die mutigste Hebamme darf die Französin Marie-Louise Bourgeois gelten, die schon 1608 ein vielbeachtetes, unentbehrliches, ja sogar bahnbrechendes Hebammenbuch herausgab. Alle drei Hebammen wiesen eindringlichst auf eine Verbesserung der hygienischen Verhältnisse bei Geburten hin. Das Hebammenbuch der Französin erschien 1626 in deutscher Übersetzung, illustriert

mit Kupferstichen und gedruckt von Matthäus Merian dem Älteren, dem Vater von Maria Sibylle Merian, in Frankfurt am Main. Als ihr nach jahrzehntelanger Tätigkeit eine junge Mutter an dem damals noch nicht erkannten Kindbettfieber starb, sahen ihre Arztkollegen endlich eine Gelegenheit, Marie-Louise Bourgeois anzugreifen. Doch da war sie schon in einer Position, in der sie in mehreren Schriften alle Unterstellungen energisch zurückweisen konnte. Sie besaß Schreiben vieler Ärzte Europas, die ihr bestätigten, daß sie großen Nutzen aus ihren Büchern zogen. Doch mit diesen auf jahrzehntelanger Berufserfahrung basierenden Abhandlungen gaben die Hebammen zugleich viel preis. Es entstanden Bücher von Ärzten, die nie bei einer Geburt dabei waren, sich in der Geburtshilfe jedoch groß aufspielten und die „unwissenden Hebammen" auf-

> *„Der katholische Glaube hat keine gefährlicheren Feinde als die Hebammen."*
>
> Der Hexenhammer
> (Lehrbuch für Inquisitoren von 1648)

klären wollten. Den Wunsch, Hebamme zu werden, hatte Marie-Louise als Tochter aus einem vornehmen Pariser Haus ursprünglich sicher nicht. Im Alter von 20 Jahren wurde sie die Ehefrau des königlichen Armeechirurgen Martin Boursier, einem Schüler des berühmten Wundarztes Ambroise Paré am Pariser Armenkrankenhaus Hôtel Dieu, der 1551 und 1573 zwei Abhandlungen über die Geburtshilfe verfaßt hatte. Vier Jahre später war sie schon Witwe mit drei Kleinkindern, die sich mühsam mit dem Verkauf von Stickereiwaren über Wasser zu halten versuchte. Schließlich beschloß sie, wohl unter dem Einfluß von Paré, sich zur Hebamme ausbilden zu lassen. Ihre Berufspraxis holte sie sich in den Armenvierteln von Paris, dann betreute sie die Gebärenden des Großbürgertums. Bereits 1609 hatte sie in ihrem Hebammenbuch 2000 von ihr geleitete Entbindungen vermerkt.

Schließlich galt Marie-Louise Bourgeois als derartige Kapazität, daß Maria von Medici sie an ihren Hof holte. Sie entband die Königin von sieben Kindern. Für einen Prinzen bekam die Hebamme eine Prämie von 1000 Dukaten, für eine Prinzessin lediglich 600. Anläßlich der Geburt des Thronfolgers Ludwig, des späteren Ludwig XIII., wurde ein Kupferstich angefertigt, auf dem nicht die Königin, sondern die Hebamme Bourgeois den zentralen Platz einnimmt. Sie zeigt das neugeborene Kind seinem Vater König

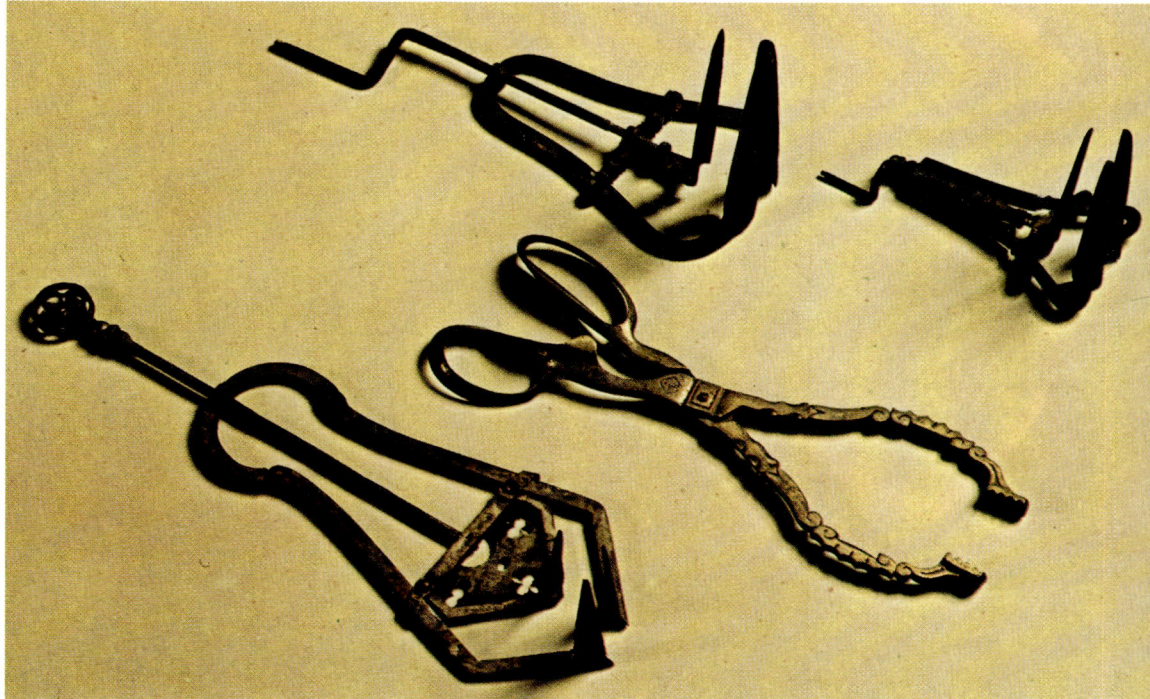

Heinrich IV. und weiteren Vertretern des Hofes. Die Hebamme war längst eine mit besonderen Ehren ausgestattete Vertraute der Königin geworden. Insgesamt waren nicht weniger als vierzehn Personen im Geburtszimmer anwesend.

Marie-Louise Bourgeois löste mit ihrem Hebammenbuch das von der ersten Ärztin, Trotula von Salerno, im 12. Jahrhundert verfaßte geburtshilfliche, 83 Kapitel umfassende Lehrbuch

ab. Sie schrieb auch ihre Lebenserinnerungen auf: „Récit véritable de la naissance des Enfants de France" (Wahre Erzählungen über die Geburt der Kinder Frankreichs) (1625), vorher erschien schon das Buch „Observations diverses sur la stérilité" (Betrachtungen zur Unfruchtbarkeit), ein dreibändiges Werk, das 1626 neu aufgelegt wurde und das für lange Zeit als unersetzliches Handbuch galt.

Gynäkologische Instrumente (Spekulum, Ausweiter, Zange und Klammer) aus dem 16. Jh.

Der neugeborene Thronfolger, der spätere Ludwig XIII., wird von M. L. Bourgeois dem König Heinrich IV. und den Vertretern seines Hofs präsentiert.

Charlotte Brontë

*1816 in Thornton/Yorkshire † 1855 in Haworth

Emily Brontë

*1818 in Thornton/Yorkshire † 1848 in Haworth

Anne Brontë

*1820 in Thornton/Yorkshire † 1849 in Scarborough

Pfarrerstöchter im Viktorianischen Zeitalter
Erfolgsautorinnen von Klassikern der englischen Literatur

Portrait der Geschwister Brontë. V. l.: Anne, Emily und Charlotte

Die Romane der drei Schwestern Charlotte, Emily und Anne Brontë gehören heute zu den Standardwerken der englischen Literatur. Daß sich ihre Romanheldinnen erkühnten, ihr Leben selbst in die Hand zu nehmen und einen Mann über Klassenschranken hinweg zu wählen und zu verlassen, sprengte die Konventionen des Viktorianischen Zeitalters. Von den sechs Kindern des Reverend Patrick Brontë und seiner Ehefrau Maria Branwell wurden die drei jüngeren Töchter in Thornton/Yorkshire geboren. Charlotte kam dort am 21. April 1816 zur Welt, Emily Jane am 30. Juli 1816 und Anne am 17. Januar 1820. Als der Vater die Pfarrstelle in Haworth in den Hochmooren von Yorkshire antrat, zog die

HAWORTH CHURCH AND PARSONAGE

Kirche und Pfarrhof in Haworth

Familie im April 1820 in das dortige Pfarrhaus neben dem Friedhof. Nach dem frühen Tod der Mutter im September 1821 übernahm deren ältere, unverheiratete Schwester, Elizabeth Branwell, die Betreuung von Haushalt und Familie.

Um seinen Töchtern, die er bisher mit Hilfe seiner Schwägerin selbst unterrichtet hatte, eine geregelte Ausbildung zukommen zu lassen, entschloß sich der Vater, sie in ein Internat zu geben. Er schickte Charlotte und Emily zusammen mit ihren beiden älteren Schwestern Maria und Elizabeth 1824 nach Cowan Bridge, einer Internatsschule für arme Pfarrerstöchter. Mangelhafte Ernährung und Hygiene verschuldeten den Tod von Maria und Elizabeth. In „Jane Eyre" setzte Charlotte später diesem fürchterlichen Institut, in dem die Zöglinge mit allergrößter Sparsamkeit und Strenge erzogen wurden, ein unrühmliches Denkmal. Im Juni 1825 holte der Vater seine beiden jüngeren Töchter nach Hause.

In den folgenden fünf Jahren konnten sich Charlotte, Emily, Anne und ihr Bruder Branwell relativ frei entfalten. Nach den Morgenlektionen beim Vater, der Erfüllung der Haushaltspflichten und der Nähstunde bei der Tante stand die restliche Zeit zu ihrer Verfügung. Die begabten und frühreifen Kinder fingen bald an, sich selbst Geschichten auszudenken. Für die von ihnen erfundenen Traumreiche Angria und Gondal fertigten sie Karten und Chroniken an, schrieben Erzählungen und verfaßten eine Zeitung.

Da in der viktorianischen Zeit der einzig mögliche Beruf für mittellose Frauen ihres Standes jener der Lehrerin oder Gouvernante war, entschloß sich die vierzehnjährige Charlotte, im Januar 1831 in die Schule von Roe Head einzutreten, um dort eine etwas systematischere Ausbildung zu erwerben. Nach eineinhalb Jahren kam sie wieder nach Hause und unterrichtete nun ihre beiden jüngeren Schwestern. Mit neunzehn Jahren kehrte Charlotte als Lehrerin nach Roe Head zurück, wohin ihr zeitweise Emily und später auch Anne als Schülerinnen folgten. Um ihren Lebensunterhalt zu verdienen, arbeiteten alle drei Schwestern in den nächsten Jahren als Gouvernanten.

Da sie ihrem freudlosen Gouvernantendasein entfliehen wollten, entwickelten die drei Schwestern den Plan der Gründung einer eigenen Schule.

Die Main Street in Haworth

35

Mit dem Darlehen ihrer Tante Elizabeth Branwell gingen Charlotte und Emily im Februar 1842 nach Brüssel ins Pensionat Heger, um dort den notwendigen „kontinentalen" Schliff zu erhalten. Während Emily nach dem Tod der Tante im Oktober 1842 in Haworth blieb, kehrte Charlotte als Englischlehrerin in das Brüsseler Pensionat zurück. Als es dem Vater gesundheitlich schlechter ging, kehrte Charlotte, die unter ihrer aussichtslosen Liebe zu dem verheirateten Direktor des Pensionats, Constantin Heger, litt, im Januar 1844 in ihr Vaterhaus zurück. Der Plan einer eigenen Schule scheiterte jedoch, weil keine einzige Schülerin angeworben werden konnte.

Im Herbst 1845 ließen die Schwestern ihre Gedichte auf eigene Kosten bei dem Verlag Aylott & Jones drucken. Wegen der Vorurteile der viktorianischen Literaturkritik gegenüber Autorinnen wählten sie die männlich klingenden Pseudonyme Currer, Ellis und Acton Bell, da sie als ernstzunehmende Literaturschaffende anerkannt

„Sie kamen mir vor wie Kartoffeln, die in einem dunklen Keller keimten."

Mary Taylor, eine Jugendfreundin der Brontës

werden wollten. Von dem Gedichtband wurden aber nur zwei Exemplare verkauft. In der Zwischenzeit hatte jede der Schwestern einen Roman vollendet. Nach mehreren Versuchen fand sich ein Verleger für Emilys „Wuthering Heights" und Annes „Agnes Grey". Während kein Verlag Charlottes Roman „The Professor" veröffentlichen wollte, wurde ihr nächster Roman „Jane Eyre" sofort ein Welterfolg. Emilys Buch über eine egomane Liebe, die zwei Familien ins Unglück stürzt, rief großes Aufsehen hervor, die Kritiken fielen allerdings eher vernichtend aus. Annes Roman „Agnes Grey", in dem sie Ereignisse aus ihrem Leben als Gouvernante verarbeitete, fand dagegen nur mäßige Beachtung bei den Rezensenten. Erst ihr zweiter

Roman „The Tenant of Wildfell Hall", der die gesellschaftliche Doppelmoral attackierte und die Borniertheit des englischen Landadels bloßstellte, wurde ein Skandal-Erfolg.

Während die Schwestern ihre Kinderträume verwirklichen konnten und berühmt wurden, scheiterte ihr Bruder Branwell, von dessen vielfältigen Begabungen sich die Familie so viel erhofft hatte. Er verkam in Suff und Opium. Nur wenige Monate nach Branwells Tod starb Emily, die jegliche ärztliche Hilfe abgelehnt hatte, am 19. Dezember 1848 in Haworth an Tuberkulose. Die ebenfalls bereits unheilbar an Tuberkulose erkrankte Anne starb am 28. Mai 1849 in Scarborough, wohin sie mit Charlotte gereist war, weil sie noch einmal das Meer sehen wollte. Die vereinsamte Charlotte suchte Trost im Schreiben. Ihrem im Oktober 1849 erschienenen Roman „Shirley", der zur Zeit der Ludditenbewegung (englische Arbeiter zerstörten aus Angst vor Arbeitslosigkeit Maschinen) spielt, folgte im Januar 1853 „Villette", die Geschichte der Emanzipation einer Lehrerin. Ihr Wunsch, den „Professor" eventuell doch noch in überarbeiteter Form zu veröffentlichen, stieß bei ihren Verlegern aber auf Ablehnung. Erst zwei

Unterschriften von Currer (Charlotte), Ellis (Emily) und Acton (Anne) Bell – die männlich klingenden Pseudonyme der Schwestern Brontë

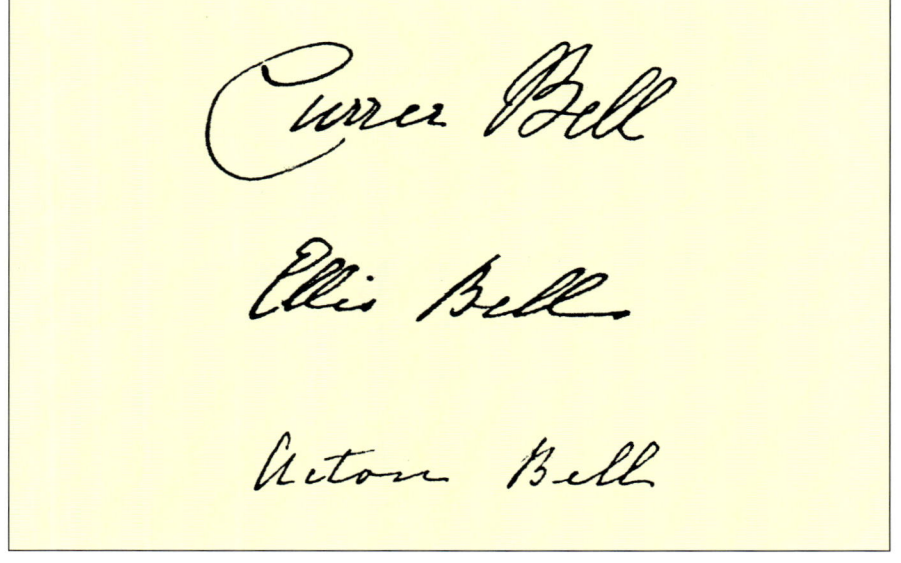

Jahre nach ihrem Tod sollte das Buch erscheinen.

Trotz der zornigen Mißbilligung durch ihren Vater heiratete Charlotte nach einigem Zögern am 29. Juni 1854 den Vikar Arthur Bell Nicholls. Obwohl ihm „höhere Talente" fehlten, empfand sie offensichtlich die Aussicht, den Rest ihres Lebens mit dem Vater allein verbringen zu müssen, als zu bedrückend. Trotz aller pedantischen und eifersüchtigen Einschränkungen durch ihren Mann fand sie Glück in ihrer Ehe und akzeptierte willig die Pflichten einer Pfarrersfrau. Sie begann auch einen neuen Roman „Emma", den sie nicht mehr vollenden konnte. Bei einem Spaziergang zog sich die schwangere Charlotte eine Erkältung zu, die bald chronisch wurde und ihre Tuberkulose zum Ausbruch brachte. Am 31. März 1855 starb sie in Haworth.

Mit der von der Schriftstellerin Elizabeth Gaskell auf Wunsch von Reverend Patrick Brontë verfaßten Biographie „The Life of Charlotte Brontë" wurde der Grundstein zur Brontë-Forschung gelegt. 1893 ist das Gründungsjahr der „Brontë Society".

Die erste, die das Leben der Brontës in eine bestimmte Richtung festlegte, war Charlotte selbst. In ihrer „Biographical Notice" umgab sie ihre Schwester Emily mit dem Glorienschein eines romantischen Genies. Charlotte war es auch, die das Bild ihrer Schwester Anne als dem unzulänglichen Zwilling Emilys prägte, und somit Annes Herab-setzung prägte. Doch schließlich war es Mrs. Gaskell (die einzige Mrs. ehrenhalber in der englischen Literatur), die Charlotte Brontë als große, selbstlose und aufopferungs-volle Person darstellte. Vieles rückte die Biographin Elsemarie Maletzke zurecht. Die Bücher der Brontës, einst Skandalerfolge, sind heute Klassiker, ja Schullektüre. Durch das Pfarrhaus in Haworth pilgern jedes Jahr etwa 220 000 Bewunderer. Sie besichtigen Charlottes winzige Stiefeletten, Annes geflochtene Haarsträhne, die Messing-kragen von Emilys Hunden und Branwells schlechte Bilder. Das große Dorf, eine Stunde Fahrt von Leeds entfernt, bedient die Besucher mit Brontë-Kuchen, Brontë-Likör und im „Black Bull Hotel" mit dem Stuhl, „auf dem Branwell immer saß."

Anne Brontë verliebte sich in den Pfarrer William Weight-man, doch ob sie ihm ihre Zuneigung gestand, wissen wir nicht. In einem Gedicht verrät sie, wie sorgsam sie ihre Liebe für sich behielt und wie verschlossen sie ihren Schwestern gegenüber war:

Glückwunsch an mich selbst

Doch Gott sei Dank, du schaust in mein Gesicht
Für Stunden – und siehst doch nicht,
Was meine Seele heimlich fühlt,
Ob Freude oder bitteren Schmerz.
Gestern abend, als wir am Feuer saßen
Und munter miteinander sprachen,
Hörten wir draußen den sich nähernden Schritt
eines, den ich gut kannt.

Da war kein Zittern in meiner Stimme,
Kein Röte auf meinen Wangen,
Kein Glanz in meinen Augen,
Die von Hoffnung und Freude sprachen.
Doch, oh, wie brannte meine Seele,
Mein Herz schlug schnell und schwer.
Er kam nicht näher, er ging fort,
Und mein Glück war verflogen.

Doch meine Freunde bemerkten es nicht.
Meine Stimme war noch immer dieselbe.
Sie sahen mich lächeln, und mein Gesicht
Zeigte kein Mal von Traurigkeit.
Wie wenig kennen sie meine verborgenen Gedanken.
Niemals werden sie erfahren:
Die schmerzende Qual meines Herzens,
Das bitter brennende Weh.

Caroline Henriette, Landgräfin von Hessen-Darmstadt

1721 in Bischweiler † 1774 in Darmstadt

Eine der großen deutschen Frauengestalten des 18. Jahrhunderts
Führte einen intensiven Briefwechsel mit Friedrich dem Großen

Caroline Henriette,
Landgräfin von Hessen-Darmstadt
Gemälde von Antoine Pesne

Die aus dem Hause Wittelsbach stammende Landgräfin Caroline Henriette von Hessen-Darmstadt, von Johann Wolfgang von Goethe in „Dichtung und Wahrheit" verehrungsvoll als „die große Landgräfin" bezeichnet, gehört zu den großen deutschen Frauengestalten des 18. Jahrhunderts.

Am 12. März 1721 wurde sie als Tochter des Pfalzgrafen Christian III. von Pfalz-Zweibrücken-Birkenfeld und der Gräfin Caroline von Nassau-Saarbrücken in Bischweiler geboren. Zusammen mit drei Geschwistern verbrachte sie ihre Kindheit und Jugend im Elsaß und in der südlichen Pfalz. Am 12. August 1741 heiratete sie in Zweibrücken den Erbprinzen Ludwig von Hessen-Darmstadt. Wegen der Verschiedenheit der Charaktere und Interessen kam es jedoch bald zu erheblichen Differenzen zwischen dem Paar. Der diktatorisch veranlagte und für das Militär begeisterte Erbprinz errichtete in Pirmasens eine Soldatenkolonie, während Caroline bis 1750 in Buchsweiler lebte und ihren seit frühester Jugend bestehenden literarischen und musischen Interessen nachging. 1750 folgte Caroline ihrem Ehemann, der als Generalmajor in preußische Dienste getreten war, für sechs Jahre zunächst in das brandenburgische Prenzlau und später an den Berliner Hof. Anfänglich lehnte sie das preußische Militärwesen und die Politik des preußischen Königs Friedrich II. ab. Die persönliche Begegnung mit dem Monarchen veränderte dann aber ihre Einstellung völlig. Sie entwickelte eine lebenslang dauernde Bewunderung und Sympathie für ihn, die von Friedrich erwidert wurde und in einen intensiven Briefwechsel mündete. Sie identifizierte sich so sehr mit den preußischen Interessen, daß sie es bei Ausbruch des Siebenjährigen Krieges anfänglich sogar ablehnte, nach Darmstadt zurückzukehren, wie es ihr Schwiegervater Landgraf Ludwig VIII. wünschte, der mit Frankreich und Österreich verbündet war.

Nach seinem Regierungsantritt 1768 sah sich Landgraf Ludwig IX., der seinen persönlichen Regierungssitz in Pirmasens beibehielt, wegen des hochverschuldeten Staatshaushalts zu drakonischen Sparmaßnahmen veranlaßt. 1772 kam es zur Berufung des von Caroline empfohlenen Staatstheoretikers Karl Friedrich von Moser zum leitenden Minister, der Reformen in die Wege leitete. Der Hof der in Darmstadt residierenden Landgräfin Caroline entwickelte sich unter ihrem Einfluß zu einem bedeutenden kulturellen Zentrum. Neben ihren geistigen und politischen Aktivitäten betrieb die Landgräfin für ihre Töchter eine ehrgeizige Heiratspolitik. Während vier der Töchter mit den Thronerben in Berlin, Weimar, Karlsruhe und Hom-

burg vermählt werden konnten, verlieh die Heirat ihrer Tochter Wilhelmine mit dem russischen Thronfolger, dem zukünftigen Zaren Paul I., dem Hause Hessen-Darmstadt europäische Bedeutung. Carolines einziger Sohn Ludwig folgte 1790 dem

Vater auf den Thron und wurde 1806 der erste Großherzog. Die Strapazen der zum Zwecke der Eheanbahnung von Caroline 1773 nach Sankt Petersburg unternommenen Reise untergruben ihre bereits geschwächte Gesundheit so sehr, daß sie ein halbes Jahr nach ihrer Rückkehr am 30. März 1774 in Darmstadt verstarb. Die von Friedrich dem Großen zum ehrenden Andenken gestiftete Marmorurne auf ihrem Grab trägt die Inschrift: „Femina sexu, ingenio vir" – von Geschlecht ein Weib, an Geist ein Mann.

Darmstädter Gesellschaft im Freien. Gemälde von Johann Christian Fiedler, um 1745

Rosalba Carriera

1675 in Venedig † 1757 in Venedig

Rokoko-Malerin und Porträtistin Ludwigs XV.
Mitglied mehrerer französischer und italienischer Akademien

Rosalba Carriera.
Selbstbildnis
„Der Winter", 1731

Rosalba Carriera war eine der größten Malerinnen des Rokoko. Vor allem als Porträtkünstlerin wurde sie von der vornehmen Gesellschaft hochgeschätzt. Unter ihren zahlreichen fürstlichen Auftraggebern nahmen August III. von Sachsen und Polen sowie sein Sohn Kurprinz Friedrich Christian eine herausgehobene Stellung ein, da sie die bei weitem größte Sammlung von Werken der venezianischen Malerin zusammentrugen; man kann sie noch heute in der Dresdener Gemäldegalerie bewundern.

Die Künstlerin wurde am 7. Oktober 1675 als älteste von drei Töchtern des Hausverwalters Andrea Carriera und seiner Ehefrau Alba Foresti in Venedig geboren. Als Rosalba Zeichentalent erkennen ließ, wurde sie zu Giuseppe Diamantini und Antonio Balestra in die Lehre gegeben. Die Aquarellminiatur- und Pastellmalerei soll sie bei Felice Ramelli erlernt haben. Besondere Bedeutung wird dem Einfluß ihres Schwagers Giovanni Antonio Pellegrini zugeschrieben. Schon frühzeitig waren ihre Miniaturbildnisse sehr geschätzt. Als sie anfing, mit Pastellstiften Porträts, religiöse, allegorische und mythologische Halbfigurendarstellungen zu schaffen, fand sie die ihrem Genie adäquate Technik. Rosalba sollte der Pastellmalerei eine vorher nie dagewesene Bedeutung verleihen. Die eleganten, trotz aller Zugeständnisse charakterisierenden Porträts in den zarten, hellen Farben trafen mit ihrer samt- und perlmuttartigen Oberflächenwirkung den verfeinerten Geschmack des Rokoko. Bereits die ersten von Rosalba in der Pastelltechnik geschaffenen Porträts riefen ein sensationelles Echo hervor. Wegen der großen Nachfrage mußte die Malerin Mitarbeiterinnen beschäftigen. Außer ihren beiden Schwestern Giovanna und Angela nahm sie junge Malerinnen als Schülerinnen und Gehilfinnen auf. Ihren größten künstlerischen Triumph erlebte Rosalba in Paris. Im März 1720 reiste sie in die französische Hauptstadt, wo ihr während ihres einjährigen Aufenthalts eine enthusiastische Aufnahme zuteil wurde. Sie lernte berühmte Künstler kennen, und zahlreiche französische Maler übernahmen von ihr die Pastelltechnik. Erst seit

> *„Begabt mag sie ja sein, aber hübsch ist sie nicht."*
>
> Kaiser Karl VI.

40

ihrem Aufenthalt in Paris kann man von einer französischen Pastellmalerei sprechen. Rosalba wurde mit Bildnisaufträgen überhäuft, unter anderem porträtierte sie Ludwig XV. als Dauphin. Am 26. Oktober 1720 wurde sie in die Pariser Malerakademie aufgenommen. Diese für Frauen damals höchst seltene Ehrung hatte die Künstlerin schon zweimal erfahren: Am 27. September 1705 hatte sie die Ernennung zum Mitglied der Accademia di San Luca in Rom und am 14. Januar 1720 in die Accademia Clementina in Bologna erlangt.

1721 kehrte sie nach Venedig zurück und wohnte mit ihrer Schwester Giovanna, später mit ihrer Schwester Angela zusammen.

1723 begab sie sich auf Einladung des Herzogs Rinaldo d'Este nach Modena, um dort den Herzog, dessen drei Töchter sowie eine Reihe von Hofleuten zu porträtieren. 1730 hielt sie sich mehrere Monate in Wien auf, wohin sie Kaiser Karl VI. eingeladen hatte, um Mitglieder der kaiserlichen Familie zu malen.

Ihr Leben nahm eine tragische Wendung, als sich ein Augenleiden einstellte, das zur Erblindung und Aufgabe ihrer Arbeit führte. Eine Operation am grauen Star im Jahr 1749 brachte nur eine vorübergehende Besserung. Ihre letzten Lebensjahre mußte die Künstlerin in völliger Blindheit verbringen. Am 15. April 1757 starb die in tiefste Schwermut und zuletzt in geistige Umnachtung verfallene Rosalba Carriera in Venedig.

Mary Cassatt

*1844 in Allegheny City † 1926 in Le Mesnil-Théribus

Amerikanische Künstlerin, seit 1872 in Europa lebend
Von Edgar Degas stark beeinflußt
Berühmt durch ihr Hauptmotiv „Mutter und Kind"

*Mary Cassatt,
Selbstbildnis um 1880*

Mary Cassatt war die bedeutendste amerikanische Malerin und Graphikerin des 19. Jahrhunderts. Am 23. Mai 1844 kam sie als Tochter des wohlhabenden Bankiers Robert Simpson Cassatt und dessen Ehefrau Katherine Kelso Johnston in Allegheny City bei Pittsburgh zur Welt. Da sie Malerin werden wollte, schrieb sie sich 1861 als Studentin an der Pennsylvania Academy of Arts in Philadelphia ein. Zwar erhielt sie hier eine gründliche technische Ausbildung, aber in künstlerischer Hinsicht empfand sie die Lehrmethoden als unbefriedigend und frustrierend.

Wie viele andere junge amerikanische Künstler damals wollte Mary Cassatt nach Paris. Obwohl ihr Vater in der Malerei nicht den geeigneten Beruf für seine Tochter sah, finanzierte er ihr die Reise. Gemeinsam mit einer Studienkollegin kam die 22jährige Cassatt zur Fortsetzung ihrer Ausbildung nach Paris, von wo aus sie in den nächsten Jahren Studienreisen durch Europa unternahm. Auf Wunsch der Eltern kehrte sie 1870 nach Amerika zurück, fühlte sich dort aber nicht mehr heimisch. 1872 ging sie endgültig nach Europa und hielt sich nacheinander in Parma, Madrid und Antwerpen auf, wo sie die Werke von Correggio, Velazquez und Rubens studierte. 1874 wählte sie Paris zu ihrem ständigen Wohnsitz.

Mehrmals stellte Mary Cassatt im Pariser „Salon" aus. Nachdem 1875 und 1877 ihre Arbeiten dort wegen ihres bereits impressionistisch beeinflußten Malstils abgelehnt wurden, schloß sie sich auf Einladung von Edgar Degas den damals von den Kunstkritikern und dem breiten Publikum abgelehnten Impressionisten an. Seit 1879 beteiligte sie sich an deren Ausstellungen. Besonders Degas, mit dem sie eine lebenslange Freundschaft verband, beeinflußte Mary Cassatts Werk. Sie konzentrierte sich nun ausschließlich auf Porträts, wobei sie die Dargestellten meist aus der Nahsicht malte. Um 1890 wurde das Thema „Mutter und Kind" zu ihrem Hauptmotiv, was sie schließlich berühmt machte.

Bei ihrer ersten Einzelausstellung in der Galerie Durand-Ruel 1891 stellte Mary Cassatt neben ihren Gemälden auch ihre vom japanischen Holz-

schnitt inspirierten Graphiken aus. Diese Ausstellung wurde ein großer Erfolg und trug zu ihrem Ansehen in Europa bei. Im folgenden Jahr erhielt sie den Auftrag zur Ausmalung des Nordtympanons des kolumbianischen Pavillons auf der Weltausstellung 1893 in Chicago. Der Titel ihres Wandgemäldes lautete „Moderne Frauen". Es fand aber keinen großen Anklang und wurde nach dem Ende der Ausstellung zerstört. 1893 und 1898 folgten weitere Einzelausstellungen bei Durand-Ruel.

1894 konnte sie das Schloß Beaufresne an der Oise erwer-

ben, das wie ihre Pariser Wohnung zu einem Treffpunkt für Staatsmänner, Dichter und Künstler wurde. Dadurch, daß Mary Cassatt ihre wohlhabenden amerikanischen Freunde zum Kauf von impressionistischen Bildern bewegen konnte, gelangten Meisterwerke dieser Maler in die Vereinigten Staaten, die später den Grundstock vieler großer Museen bildeten.

Zu Beginn des 20. Jahrhunderts hatte Mary Cassatt den Status einer Doyenne der Kunstwelt erlangt. 1904 wurde sie in die Légion d'Honneur aufgenommen, eine große Ehre für eine Ausländerin in Frankreich. 1910 wählte sie die National Academy of Design in New York zum Mitglied. Diese Erfolge wurden überschattet vom Nachlassen ihrer Sehkraft. Obwohl niemals völlig blind, mußte sie 1915 die Malerei aufgeben. Am 14. Juni 1926 starb die Künstlerin in Le Mesnil-Théribus.

Nach dem Bade
Gemälde von
Mary Cassatt

„Zum ersten Mal habe ich dank Mlle. Cassatt Bilder von Kindern gesehen, die hinreißend sind – heitere und bürgerliche Szenen, die mit delikater Zartheit gemalt sind – höchst reizvoll."

J. K. Huysmans, französischer Schriftsteller

Margaret Cavendish

1623 in London † 1673 in London

Naturphilosophin und Autorin zahlreicher wissenschaftlicher Werke
Kritikerin der Stellung der Frau in der englischen
Gesellschaft ihrer Zeit

*Margaret Cavendish,
Herzogin von
Newcastle. Gemälde,
zugeschrieben
Abraham
van Diepenbeke*

Als Frau kann ich nicht öffentlich predigen, lehren oder meine Schriften mündlich vortragen und erklären, wie es die meisten berühmten Philosophen getan haben. Sie machten ihre philosophischen Ansichten dadurch bekannter, als es meine – so fürchte ich – je sein werden." So formulierte Margaret Cavendish ihre Situation im 17. Jahrhundert. Immerhin gestand man damals Frauen zu, daß sie in der Lage seien, Probleme von beträchtlichen Schwierigkeiten zu lösen und daß sie sogar mathematisch außerordentlich begabt sein könnten.

Tatsächlich waren eine Reihe von Frauen für ihre wissenschaftlichen Fähigkeiten bekannt – wie etwa Maria Agnesi, Laura Bassi oder Emilie du Châtelet. Alle mußten aber auf ein reguläres Universitätsstudium verzichten, da ihnen die Universitäten noch verschlossen blieben. Margaret, Tochter von Thomas Lucca, einem niedrigen Adeligen aus Colchester, wurde lediglich im Lesen, Schreiben, Singen, Tanzen und in Handarbeit unterrichtet. Dies unterschied sie später wesentlich von anderen Wissenschaftlerinnen jener Zeit, die meist von ihren Vätern bestens erzogen worden waren. Ihre Wißbegier allerdings trieb sie zu ständigem Lesen. Und Margaret wurde eine der wenigen Frauen in England überhaupt, die sich später sehr selbstsicher zu naturphilosophischen Fragen äußerte, wenngleich sie oft einen etwas sonderbaren Zugriff auf Probleme hatte. Margarets „Glücksfall" war ihre Heirat mit dem 30 Jahre älteren William Cavendish, Herzog von Newcastle, den sie als den „Führer ihres Geistes" bezeichnete. Die Gesellschaft um ihren Mann wurde „Newcastle-Kreis" genannt. Ihm gehörten unter anderen Thomas Hobbes, Kenelm Digby und René Descartes an, die alle im Hause Cavendish verkehrten. Das Ehepaar – beide überzeugte Royalisten – floh während des englischen Bürgerkriegs nach Frankreich. Dort trafen sie noch zweimal mit dem Philosophen Descartes in Paris zusammen.

Margaret Cavendish veröffentlichte 21 philosophische Bücher, wovon 15 eigenständige Werke waren. Ihre naturphilosophischen Thesen kommen am klarsten zum Ausdruck in ihren „Philosophischen Briefen", in den „Observations upon Experimental Philosophy" und in den

„Grounds of Natural Philosophy". In den „Philosophischen Briefen" unterzog sie Hobbes' „Leviathan" einer gründlichen Kritik, ihre „Elemente der Philosophie" enthalten Angriffe gegen Descartes und seine Theorie der Entstehung des Sonnensystems aus Materiewirbeln, auch gegen Henry Mores' Gottesbeweis. Ihre Ablehnung des Dualismus von Geist und Körper führte sie ins Lager der Atheisten. Für sie gab es nur die „selbsttätige Materie, die sinnlich und vernünftig zugleich ist und die einzige Ursache und das einzige Prinzip aller natürlichen Wirkungen".

Margaret, die übrigens auch mehrere Dramen und Gedichtbände veröffentlichte, galt als große Gönnerin der Universität Cambridge. Ihr Wunsch, an einer Sitzung der Royal Society in London, der ihr Bruder John Lucca als Gründungsmitglied

angehörte, teilnehmen zu dürfen, wurde ihr im Jahr 1667 gewährt. Die „Scientific Lady" nutzte diesen Anlaß zu einem ihrer exzentrischen Auftritte. Im Vorfeld war schon verbreitet worden, sie wünsche dort aufgenommen zu werden. Es sollte noch bis 1945 dauern, bis eine Frau als Vollmitglied in der Royal Society zugelassen wurde. Fast 300 Jahre lang waren Frauen dort lediglich durch ein weibliches Skelett in der anatomischen Sammlung der Gesellschaft vertreten.

Als eine der ersten Engländerinnen verfaßte Margaret eine Autobiographie. Sie erschien im Jahr 1656 als Teil ihrer Arbeit „Natures Pictures".

Als die „Natures Pictures" 15 Jahre später neu aufgelegt wurden, fiel die Autobiographie bezeichnenderweise weg. Immer wieder thematisierte sie die Stellung der Frau in der englischen Gesellschaft. Voll Empörung schrieb sie, Frauen müßten nach wie vor „ohne Vernunft wie Schwachsinnige" aufwachsen, „denn Männer halten es für unmöglich, daß wir Wissen oder Verstand, Geist oder Urteilskraft haben könnten, als hätten wir nicht ebensogut verständige Seelen wie Männer".

Das Grab der exzentrischen Frauenrechtlerin befindet sich noch heute in der Westminster-Kathedrale in London.

Westminster Abbey, London

Emilie du Châtelet

*1706 in Paris † 1749 in Lunéville

Physikerin
„Göttliche Geliebte“ Voltaires
Von Friedrich dem Großen als „Newton-Venus“ verehrt

Gabrielle-Emilie Marquise du Châtelet. Gemälde von Nattier, 1745

ehrte war Gabrielle-Emilie Le Tonnelier de Breteuil, die am 17. Dezember 1706 in Paris zur Welt gekommen war. Sie lernte Latein, Italienisch, Englisch und Spanisch und zeigte schon sehr früh ihr Interesse an Metaphysik und Mathematik, gleichzeitig war sie eine vorzügliche Musikerin. Aufgrund ihrer geistigen Fähigkeiten fiel es ihr leicht, mit Pierre Maupertuis, Samuel König, Alexis-Claude Clairaut und Bernoulli schwierige mathematische Probleme zu diskutieren. Ihr großer Hang zu Vergnügungen ließ sie vor ihrer Heirat mit dem wenig treuen Marquis du Châtelet (1725) zur Geliebten des Marquis von Guébriant und des Herzogs von Richelieu werden. 1733 erstürmte sie sich den Zutritt ins Café Gradot, den Pariser Treffpunkt der Wissenschaftler. Da ihr zunächst als Frau der Zutritt verwehrt wurde, erschien sie zum Vergnügen ihrer applaudierenden Kollegen in Männerkleidung. Als der Philosoph Voltaire 1734 aus Paris verbannt wurde, war er schon mit Emilie du Châtelet liiert. Sie zogen zusammen in das ihrem Mann

König Friedrich der Große schrieb an den Philosophen Voltaire nach Paris: „Daß Emilie sich meiner erinnert, ist sehr schmeichelhaft für mich. Seien Sie so gut, ihr zu versichern, daß ich sie außerordentlich hochachte, denn Europa zählt sie ja den großen Männern zu.

Was könnte ich der Newton-Venus, der erhabensten Wissenschaft im Gewande der lieblichsten Schönheit, den Reizen und der Grazie der Tugend abschlagen?“ Als Geschenk sandte er der „göttlichen Emilie“ sein Porträt.
Die vom Preußenkönig so Ver-

gehörende Schloß Cirey in der Champagne. Dort wurde ihr ein Laboratorium und eine Bibliothek mit Zehntausenden von Bänden eingerichtet, damit sie ihre Studien fortsetzen konnte. Sie übersetzte unter anderem Isaak Newtons „Philosophiae naturalis principia mathematica" ins Französische, die 1759 unter dem Titel „Principes mathématiques de Newton" erschienen. Diese Übersetzung trug sehr zur Verbreitung der Newtonschen Ideen in Europa bei. Schon 1740 veröffentlichte sie „Institutions de physique", eine Arbeit, in der sie Newtons Ideen klar darlegte.

1747 verliebte sich Emilie in Voltaires Freund, den Dichter Marquis de Saint-Lambert, den sie in Lunéville am Hof des früheren polnischen Königs Stanislaus kennengelernt hatte. Mit 43 Jahren wurde sie von ihm noch einmal schwanger – sie hatte damals schon drei eheliche Kinder – und starb kurz nach der Geburt einer Tochter am Kindbettfieber.

Kurz vor ihrem Tod hatte sie das mit Anmerkungen versehene Übersetzungsmanuskript noch dem Bibliothekar der Pariser Bibliothèque du Roi anvertraut, die schon erwähnten „Principes mathématiques de Newton". Voltaire weinte lange um die Geliebte: „Ich habe nicht nur meine Mätresse verloren, ich habe die Hälfte meiner selbst verloren. Sie war ein großer Mann, dessen einziger Fehler war, eine Frau zu sein. Eine Frau, die Newton übersetzte und deutete, mit einem Wort: ein wirklich großer Mann." Tatsächlich war es erst einmal so, daß Emilie durch ihre Liaison mit Voltaire ins Licht der Öffentlichkeit trat. Dann fand sie Anerkennung als Physikerin, die immer wieder die schlechte Ausbildung von jungen Frauen beklagte. „Warum ist Jahrhunderte lang kein gutes Gedicht, keine gute Tragödie, kein bedeutendes historisches Werk, kein schönes Gemälde und kein erwähnenswertes Buch über Physik von einer Frau verfertigt worden?" Sie entwarf ein wissenschaftliches Programm, das den Mißstand beseitigen sollte, der sozusagen die „halbe menschliche Rasse aus der Gemeinschaft" verstößt. Sie war überzeugt, daß eine entsprechende Erziehung allen zugute käme und selbstbewußte Frauen herangezogen werden könnten. Doch dieses Denken setzte sich noch lange nicht durch.

Titelblatt der Schrift „Principia Mathematica" von Isaac Newton

Zu Ehren des englischen Physikers und Mathematikers Sir Isaac Newton wird 1726 eine Medaille geprägt.

Unten: Voltaire (Marmorstatue von J.-A. Houdon)

Königin Christine von Schweden

1626 in Stockholm   † 1689 in Rom

Große Mäzenin der Wissenschaft und Kunst
Zum Katholizismus konvertiert
Im Petersdom beigesetzt

Königin Christine von Schweden. Gemälde von P. Soutman, 1650

Das 18. Jahrhundert war ein Jahrhundert regierender Frauen: eingeleitet wurde es von der Königin Anna in England, den schwedischen Thron hatte für kurze Zeit Königin Ulrike Eleonore inne, in Rußland gab es vier Zarinnen, und in Österreich herrschte Kaiserin Maria Theresia. In Schweden regierte Königin Christine, eine nicht allzu bedeutende Regentin, allerdings eine große Mäzenin der Wissenschaft und Kunst. „Sibylle des Nordens“, „die Zehnte Muse“, die „schwedische Pallas“ sind einige der Beinamen, die sie bekam. Christines Vater, König Gustav II. Adolf, fiel in der Schlacht bei Lützen im Jahre 1632, als er nach der Kaiserkrone trachtete. Den Thron erbte seine fünfjährige Tochter, deren Mutter, Marie Eleonore von Brandenburg, eine hysterische, unausgeglichene Frau war. Sie zwang das Kind, mit ihr in einem dunklen Zimmer zu leben und das Herz ihres einst so kriegerischen Vaters anzubeten. Immer wieder setzte das wißbegierige, begabte Kind ihre Erzieher in Staunen. Ihr Temperament war allerdings schwer zu zügeln. „Sie erinnert überhaupt nicht an eine Frau, sondern ist mutig und verständig“, urteilte Kanzler Axel Oxenstierna, Vorsitzender des

48

Vormundschaftsrates, über sie. Ab ihrem 16. Lebensjahr nahm die in Staatsrecht bestens unterwiesene Königin an den Sitzungen des Reichstags teil, mit 18 Jahren erfolgte ihre Krönung zum „König" von Schweden. Ihr Reich umfaßte die anliegenden Gebiete von Vorderpommern mit Stettin, Rügen, Usedom und Wollin, außerdem die Bistümer Verden und Bremen, und sie beherrschte die Ostsee. Mit dem Ende des 30jährigen Kriegs fielen ihr sechs Millionen Taler Kriegsentschädigung zu. Am Westfälischen Frieden von 1648 hatte sie erheblichen Anteil. So regierte sie zehn Jahre, politisch erfolgreich, der Kunst äußerst zugetan. Sie holte den französischen Gelehrten René Descartes ebenso an ihren Hof wie den deutschen Historiker Freinsheim, den niederländischen Philologen Isaak Vossius, und stand in Verbindung mit dem „Stern von Utrecht", Anna Maria von Schurmann. Ihre Untertanen liebten sie nicht allzu sehr. Sie warfen ihr zu Recht Verschwendungssucht

vor und mokierten sich über ihr Aussehen, wenn sie wieder einmal in Männerkleidung auf einem Hengst durch die Straßen Stockholms jagte.

Christine verlor schnell ihr Interesse an Regierungsgeschäften. Am 6. Juni 1654 dankte die Königin zugunsten von Karl X. Gustav ab und ging nach Rom. Es war längst kein Geheimnis mehr, daß sie sich zum Katholizismus hingezogen fühlte. Nach ihrer Konversion in Innsbruck am 3. November 1655 ritt die Tochter des „schwedischen Antichrist" am Weihnachtstag in Rom ein. Papst Alexander VII. gab ihr bei der Firmung den Namen Alessandra, weil sie eine Vorliebe für Alexander den Großen hatte. Außerdem ließ er 214 goldene Münzen prägen, auf der Vorderseite mit seinem Porträt, auf dem Revers mit dem Einzug Christines in Rom. Die verschenkten Münzen sollten in ganz Europa die Rückkehr der Königin Christine Alessandra von Schweden in den Schoß der allein seligmachenden Kirche

verkünden und preisen. Christine erhielt vom Papst als ihren Wohnsitz in Rom den Palazzo Farnese. Hier wurde sie zum absoluten Mittelpunkt der gelehrten Welt. Ihre Stockholmer Sammlungen kamen ins Museum des Vatikans, wo sie Weltruhm erlangten. Zwei Jahre weilte Christine auch in Paris, residierte im Louvre und im Schloß Fontainebleau, herzlichst empfangen von Kardinal Mazarin. Nachdem sie einen ihrer zahlreichen Liebhaber, den Oberstallmeister Marchese Giovanni de Monaldelschi 1657 hatte vergiften lassen, „komplimentierte" man sie mit 50000 Talern aus Paris hinaus. Eine große Liebe sollte es noch im Leben der exzentrischen Königin geben, nämlich den Kurienkardinal Decio Azzolino. Dieser ließ sie sogar im Petersdom beisetzten, nahe den Gräbern der Päpste Hadrian IV. und Paul II. Ihr Grabmal wurde 1702 von Carlo Fontana gestaltet, unmittelbar neben dem der Markgräfin Mathilde von Tuszien.

Camille Claudel

*1864 in Fère-en-Tardenois (Departement Aisne) † 1943 in Avignon

Einzigartige Künstlerin der modernen Plastik
Schülerin und Geliebte von Auguste Rodin, der sie in seiner
Plastik „Der Kuß" verewigte

*Camille Claudel.
Foto von César, 1884*

Camille Claudel, die Schwester des Dichters und Diplomaten Paul Claudel und eine der bedeutenden Künstlerinnen der modernen Plastik, war achtzehn Jahre alt, als sie dem Mann begegnete, der ihr weiteres Leben als Frau ebenso wie als Künstlerin entscheidend mitprägen sollte: dem bereits 42jährigen Bildhauer Auguste Rodin, der sie in seinen Plastiken „Der Kuß" und „Der Gedanke" verewigte, ebenso in der Skulptur „Camille mit der phrygischen Haube", ausnahmsweise in Glasmasse modelliert, einem weichen und zarten Material, so zerbrechlich wie die Dargestellte selbst. Camille Claudel entwickelte unter Rodins Einfluß einen zwischen Klassizismus, Realismus und einer bewegten, freieren Gestaltungsweise schwankenden Stil mit einer Tendenz zu Pathos und Monumentalität. Während sie ihm als Schülerin schon bald entwuchs, blieb sie ihm als Frau ein Leben lang auf tragische Weise verbunden.

Das eindrucksvolle Werk der Camille Claudel war längst in Vergessenheit geraten, als eine Ausstellung ihrer Arbeiten in Paris 1984 der Nachwelt mit einem Schlag deutlich machte, welch einzigartige Künstlerin sie war. Der Durchbruch zur eigenständigen Künstlerin und das Heraustreten aus dem Schatten Rodins gelang der 24jährigen Camille mit ihrem Werk „Sakuntala" bei der Ausstellung im Salon des Champs Elysées 1888: eine Frau und ein Mann in inniger Umarmung. 1898 fertigte sie die Plastik „Perseus". Die Bildhauerin hat sich selbst im Haupt der Medusa als vorzeitig gealterte Frau porträtiert. Als sie ein Kind von Rodin erwartete, mietete er sie in Islette in einem alten Touraine-Schlößchen ein. Doch sie erlitt eine Fehlgeburt. In diesem Schloß lernte sie ein kleines Mädchen kennen, das sie in ihrer Skulptur „Die kleine Schloßherrin" unsterblich machte. Nach Paris zurückgekehrt, befreundete sie sich mit Claude Debussy, mit dem sie die Bekanntschaft von Alain Proust und Henri Toulouse-Lautrec machte.

Drei Jahre lang hatte sie ein eigenes Atelier am Boulevard d'Italie (Nr. 113) in Paris gemietet. Dort entstand 1897 die Büste von Rodin in Bronze. Camille wurde zum Mitglied der Société Nationale des Beaux-Arts, der Staatlichen Gesellschaft der schönen Künste, ernannt. Mit ihren Werken „Der Walzer", „Clotho" und „Die Schwätzerinnen" (1895), die sie in Marmor und in Onyx gestaltete, erregte sie großes

Aufsehen. 1896 sandte Camille 19 Skulpturen zur Ausstellung in Genf, ihre letzte große Ausstellung fand im Dezember 1905 in Paris statt.

Nach Jahren großer Leidenschaft und oft schwieriger Zusammenarbeit trennte sich Camille 1898 endgültig von dem egozentrischen Rodin. Erste Anzeichen geistiger Umnachtung zeigten sich bei ihr 1906. Sie zerstörte ihre Skulpturen, zog sich von der Umwelt ganz zurück und verfiel immer heftigeren Verfolgungsängsten. Schließlich wurde die Verwahrloste 1913 von ihrer Familie in eine Irrenanstalt abgeschoben, wo sie 30 Jahre ihres Lebens verbrachte.

In vielen erschütternden Briefen, vor allem an ihren Bruder Paul, schilderte sie ihr Leben in der Anstalt immer und immer wieder: „Was mich betrifft, so bin ich über den Fortgang meines Lebens hier so verzweifelt, daß ich nicht mehr ein menschliches Wesen bin. Ich kann die Schreie all dieser Geschöpfe

Camille Claudel bei der Arbeit an „Perseus und die Gorgo"

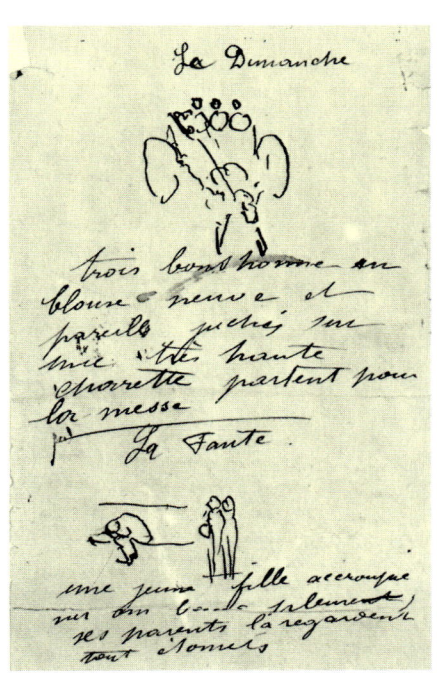

nicht mehr ertragen, es bricht mir das Herz. Mein Gott! Wie ich mich nach Villeneuve sehne! Ich habe nicht all das getan, was ich getan habe, um namenlos in einem Irrenhaus zu enden, ich habe Besseres verdient."

Als sie starb, besaß sie keinerlei persönliche Gegenstände, kein Brief oder Andenken fand sich in den amtlichen Akten. Im Nachlaß ihres Bruders, Paul Claudel (1868–1955), fand sich ein Schreiben an den Bürgermeister von Montdevergues mit der Bitte der Mitglieder der Familie Claudel, Camille eine

letzte Ruhestätte zu geben, die dieser großen Künstlerin würdig wäre. Der Aktenvermerk der Friedhofsverwaltung lautet: „Das Grab existiert nicht mehr, da das betroffene Terrain für Dienstzwecke requiriert worden ist."

Brief von Camille Claudel an ihren Bruder, um 1893

„Ich habe ihr gezeigt, wo man Gold findet, aber das Gold, das sie findet, gehört ganz und gar ihr."

Auguste Rodin

51

Vittoria Colonna

*1492 in Castello di Marino bei Rom   † 1547 in Rom

Lyrikerin
Späte Geliebte von Michelangelo Buonarotti

Vittoria Colonna

Der Kunsthistoriker Jakob Burkhardt (1818–1897) schrieb über Vittoria Colonna, eine der besten Lyrikerinnen des 16. Jahrhunderts: „Zum Verständnis der höheren Geselligkeit der Renaissance ist endlich zu wissen, daß das Weib dem Manne gleichgeachtet wurde ... durch Canzonen, Sonette und Improvisationen, womit seit der Venezianerin Cassandra Fedele eine Anzahl von Damen berühmt wurde; Vittoria Colonna kann unsterblich heißen." Vittoria Colonna war die Tochter des Fabrizio Colonna, eines Neffen von Papst Martin V., und Agnes von Montefeltre. Sie wurde am 27. Dezember 1509 mit Ferrante d'Avalos, Marchese von Pescara, unter größter Prachtentfaltung in Neapel vermählt. Eine glückliche Ehe begann, die allerdings schon am 25. November 1525 mit dem Tod des erst 35 Jahre alten Marchese endete, der damals als der größte Feldherr Italiens galt. Der Verlust ihres Mannes stürzte Vittoria in große Verzweiflung. Die Trauer wurde zum Ausgangspunkt ihrer Dichtung. In ihren klagenden Sonetten, ihren „Rime amorose" im Stil der Petrarcaschule, steht die eheliche Liebe im Mittelpunkt. Ihre Verse verstand sie als heroisches Monument. Daneben entstand ein geistliches Werk. Ihre Gedichte, die sie zum Teil selbst vertonte, wurden bereits 1538 in Parma und dann 1544 in Venedig veröffentlicht. Der Briefwechsel mit ihrem Mann ist ebenfalls erhalten.

Als Witwe lebte Vittoria Colonna vorwiegend in Rom und Viterbo in Klöstern, ohne aber den Schleier zu nehmen. In Rom empfing sie Papst Clemens VII. zu einer Audienz. Als Kaiser Karl V. 1527 siegreich in Rom Einzug hielt, besuchte er die Marchesa im Familienpalast der Colonnas. Vittoria, die Marchesa von Pescara, gehörte zu dem Neapolitaner Kreis um Juan de Valdés. Bis zu seiner Flucht im Jahre 1542 war der Kapuziner Bernardino Ochino (1487–1564), der sie mit dem Gedankengut der Reformation vertraut machte, einer ihrer engsten Vertrauten, und damit galt sie als „Komplizin von Ketzern". Pietro Carnesecchi hat sie 1566/67 vor der römischen Inquisition als eine Vertraute des Bernardino Ochino von Siena bezeichnet. Kardinal Reginald Pole, der ihr geistlicher Führer wurde, ermahnte sie immer wieder, keine reformatorischen Schriften zu lesen. Vittoria, die schöne, gebildete Witwe, wurde in Rom zum Mittelpunkt eines Künstler- und Gelehrtenkreises. Der Dichter Ariost besingt sie in seinem

„In treuer Brust ein and'rer Frühling grünet,
Geschmückt mit Blumen und mit frischen Zweigen:
Heim meiner Sonne Tag muß sie erzeugen,
Der stets ins Herz mir scheint und Schmerz mir sühnet.
Den Blumen süß vergleich' ich die Gedanken,
So lieblich duftend stets in mildem Scheine,
Dem sie erwacht, dem sie ihr Dasein danken.
Und Hoffnung webt so linde in den Zweigen,
Dir nur vom Himmel kommt, daß auch die meine
Zur Heimat mag von ihrem Glanze steigen."

Vittoria Colonna

Werk „Orlando". Schließlich zog sie Michelangelo Buonarotti in ihren Bann; es entstand eine Freundschaft, die sich in Sonetten an die Dichterin niederschlug. Das berühmteste Sonett ist das „Posciach' appreso". „Sie hatte eine sehr große Liebe für mich und ich nicht weniger für sie, der Tod raubte mir einen großen Freund", schrieb Michelangelo, der lange Zeit darüber betrübt war, daß er seiner Seelenfreundin nach „ihrem Verscheiden nicht wie die Hand so auch die Stirne und das Antlitz geküßt" habe. Von tiefster Empfindung getragen schrieb er für Vittoria:

„So hoch erhebst du, Herrin,
Mich über mich hinaus,
Daß ich nichts sagen kann,
Nichts denken, denn ich bin
nicht mehr ich selbst.
Doch da du deine Flügel
Mir leihst, warum nicht öfter
Flieg ich empor zu deinem
holden Antlitz,
Daß ich bei dir verweile –
Falls es vergönnt der
Himmel,
Mit ird'schem Leid ins
Paradies zu kommen?"

Michelangelo machte Vittoria die Zeichnung eines Kruzifixes zum Geschenk, die sich heute im British Museum in London befindet.

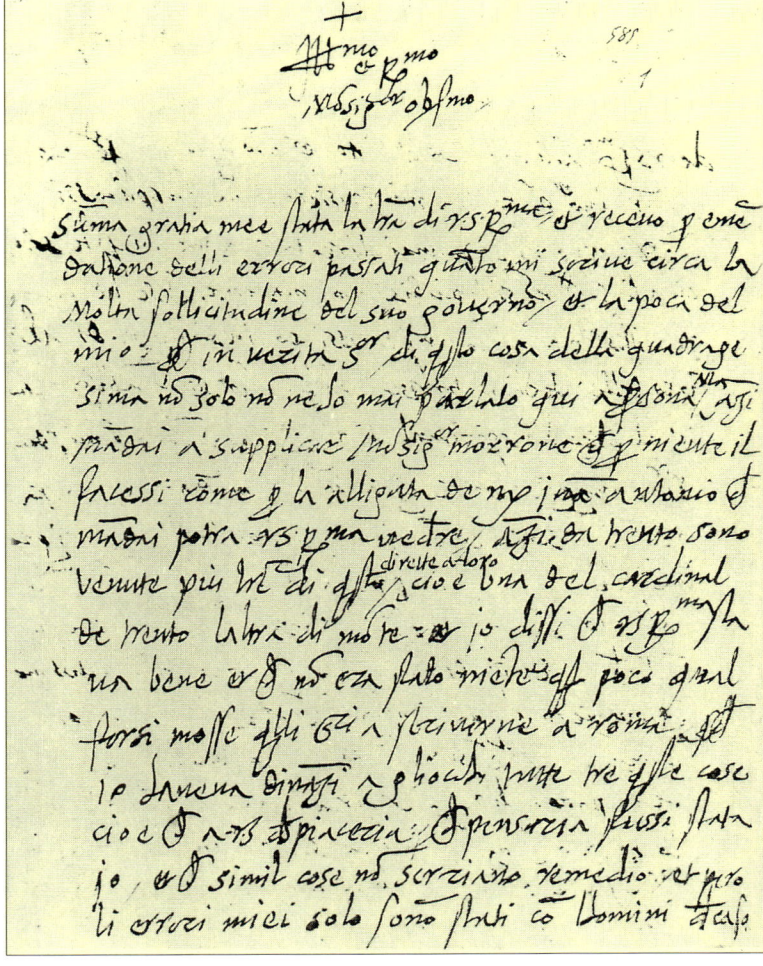

Marie Curie und ihre Tochter Irène Joliot-Curie

*1867 in Warschau † 1934 Sancellemoz (Schweiz)

Erste Frau mit Physikexamen an der berühmten Sorbonne in Paris
Zweifache Nobelpreisträgerin
Chemie-Nobelpreisträgerin Irène Joliot-Curie

Mutter und Tochter Curie (1934)

Elf Nobelpreise für zehn Frauen gab es in der bisherigen Geschichte der Naturwissenschaften im Verlauf von 90 Jahren, in denen insgesamt fast 400 Wissenschaftler ausgezeichnet wurden. Der Anteil der als preiswürdig erachteten Frauen mutet mit etwas über zwei Prozent doch recht bescheiden an. Ein Drittel der Nobelpreisträgerinnen war mit einem Nobelpreisträger verheiratet. Drei Nobelpreise gingen nach Frankreich: an Marie und Pierre Curie sowie deren Tochter Irène und deren Ehemann Frédéric Joliot. Marie Curie ist der bisher einzige Mensch, dem diese Ehrung sogar ein zweites Mal zuteil wurde.

Als erste Frau überhaupt und bis heute jüngste Wissenschaftlerin erhielt sie 1903 zusammen mit ihrem Mann sowie Henri Becquerel diese von Alfred Nobel 1901 gestiftete Wissenschaftstrophäe für das Fach

Physik. In der Rede zur Verleihung heißt es: „Der große Erfolg von Professor und Madame Curie ist die beste Illustration des alten Sprichworts coniuncta valent (Einigkeit macht stark). Das läßt uns auch Gottes Wort in einem neuen Licht erblicken: ‚Es ist nicht gut, daß der Mensch allein sei, ich will ihm eine Gefährtin geben.' Das gelehrte Paar steht darüber hinaus für die Zusammenarbeit verschiedener Nationalitäten ..." Der Preis wurde vergeben für „die Entdeckung und Pionierleistung auf dem Gebiet der spontanen Radioaktivität

und Strahlungsphänomene". Nur acht Jahre später wurde Marie Curie zum zweiten Mal Nobelpreisträgerin, und zwar diesmal für ihre grundlegenden Arbeiten auf dem Gebiet der Radiochemie, die Entdeckung und Reindarstellung des Radiums und die Untersuchung seiner Eigenschaften. Die verwitwete und weltweit anerkannte Wissenschaftlerin reiste mit ihrer damals vierzehnjährigen Tochter Irène nach Stockholm. Der Festvortrag zur Verleihung war von Marie Curie erbeten worden. Sie sah diese erneute Auszeichnung auch als „eine Ehrung des Andenkens an

Marie Curie

Pierre Curie", der bei einem Unfall umgekommen war und dessen Nachfolge sie 1906 auf dem Lehrstuhl für Physik als außerordentliche Professorin angetreten hatte; zwei Jahre später wurde sie zur ordentlichen Professorin an der Pariser Universität, der Sorbonne, ab 1914 leitete sie das dortige Radium-Institut. Doch bis dahin war ein langer, steiniger Weg zu gehen.

Marie kam als jüngstes von fünf Kindern am 7. November 1867 in Warschau zur Welt. Ihr Vater, Wladislaw Sklodowski, lehrte Mathematik und Physik an einem Warschauer Gymnasium, ihre Mutter Bronislawa führte ein Mädchenpensionat in dem gleichen Gebäude, in dem die Familie in bedrückender Enge wohnte. Als Marya Salomée zehn Jahre alt war, starb ihre Mutter, von der sie wenig Zuwendung erhalten hatte, an Schwindsucht. Marya schloß ihre Schule mit sechzehn Jahren als beste, mit

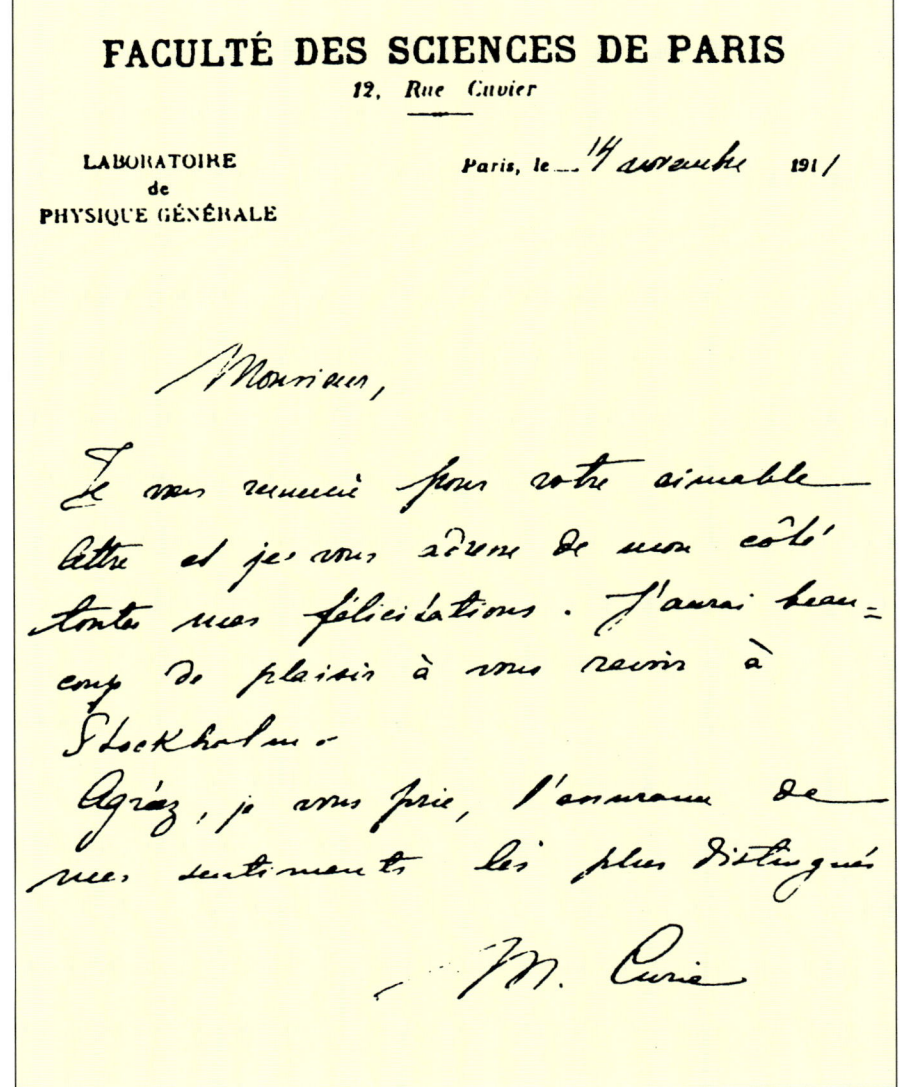

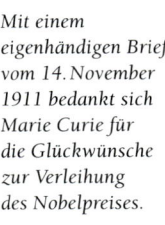

Mit einem eigenhändigen Brief vom 14. November 1911 bedankt sich Marie Curie für die Glückwünsche zur Verleihung des Nobelpreises.

einer Goldmedaille ausgezeichnete Schülerin ab. Jahrelang arbeitete sie dann als Gouvernante, um ihrer Schwester Bronia ein Medizinstudium in Paris finanzieren zu können. Erst mit 24 Jahren folgte sie Bronia nach Paris, um unter unvorstellbaren Entbehrungen an der Sorbonne Mathematik und Physik zu studieren. Doch die Belohnung ihres Fleißes ließ nicht auf sich warten: Sie legte 1893 als erste Frau das beste Examen in Physik, ein Jahr später in Mathematik ab; dazu gewann sie das Warschauer Alexandrovitsch-Stipendium, das ihr mit dem Betrag von 600 Rubeln das weitere Studium in Paris sicherte. Wie kaum

anders zu erwarten, bestand Marie in Paris das Staatsexamen in Mathematik und Physik, was für sie die Lehrberechtigung an staatlichen Schulen bedeutete. Nun begann sie ihre Dissertation – als Doktorandin von Henri Becquerel – mit dem Thema „Forschungen über radioaktive Stoffe", die sie 1903

abschloß. Die Forschungsergebnisse gaben den Anstoß, daß das seit 1895 verheiratete Paar Pierre und Marie Curie von der Londoner Royal Society die Davy-Medaille verliehen bekam, dem schon im November des gleichen Jahres der Nobelpreis folgte.

Marie Curie war nicht nur eine äußerst disziplinierte Forscherin, sondern auch eine liebevolle Mutter, der es nicht immer leicht fiel, Beruf und Familie zugleich zu bewältigen. Tochter Irène kam am 12. September 1897, Tochter Eve am 6. Dezember 1904 zur Welt.

Irène trat nach dem Abitur in die Fußstapfen ihrer berühmten Eltern und schloß sich der verwitweten Mutter immer mehr an. Während des Ersten Weltkriegs half sie ihr als Krankenschwester in der französischen Armee beim Röntgen verwundeter Soldaten und leitete eigenverantwortlich den von Marie Curie ins Leben gerufenen Röntgendienst in einem anglo-kanadischen Hospital in Flandern. Nach Kriegsende wurde sie Assistentin am Radium-Institut und schrieb ihre Dissertation, die sie ihrer Mutter widmete. Die brillante Wissenschaftlerin

*Das Pantheon
in Paris*

heiratete den Physiker Frédéric Joliot, damals der Assistent von Marie Curie. Wie schon beim Ehepaar Curie entwickelte sich eine fruchtbare Forschungsgemeinschaft, die schließlich 1935 aufgrund der Erkenntnisse über die Erzeugung künstlicher radioaktiver Elemente den gemeinsamen Nobelpreis für Chemie einbrachte. Der glänzende Aufstieg der Wissenschaftlerin war vorprogrammiert. Sie wurde Professorin an der Universität, übernahm 1932 die Leitung des Radium-Instituts, 1947 des Radiumlaboratoriums der Sorbonne. Dann kam ihre Ernennung zum Offizier der Ehrenlegion. Irène Joliot-Curie wurde nur 58 Jahre, ihre Mutter Marie 67 Jahre alt. Beide hatten an akuter Leukämie gelitten, hervorgerufen durch den ungeschützten Umgang mit Radiumstrahlen, denen sie in ihrem Beruf ausgesetzt waren.

Marie Curies Tochter Eve wollte Pianistin werden, entschied sich dann aber für den Journalismus. Sie heiratete Henry Labouisses, den späteren Flüchtlingskommissar der UNO im Nahen Osten. Wegen ihres Engagement für die Palästinaflüchtlinge zeichneten sie zwei Universitäten mit dem Ehrendoktorat aus.

Im Jahr 1995 hatte der französische Staatspräsident François Mitterand endlich bestimmt, daß die Urnen des Forscherehepaars Curie, bisher auf dem Friedhof von Sceaux beigesetzt, in das Pantheon in Paris überführt werden sollten. Bei dem

feierlichen Akt war Lech Walesa zugegen, der Präsident Polens, des Geburtslandes der ersten Frau, die aufgrund ihrer Verdienste in das Pantheon aufgenommen wurde. In diesem „den großen Männern" der Nation gewidmeten Tempel war bisher nur die Urne von Sophie Bertholet, Ehefrau des Chemikers Marcellin Bertholet, aufgestellt.

Das Ehepaar Curie im Laboratorium

Henriette Davidis

1800 in Wengern † 1876 in Dortmund

Autorin eines Bestseller-Kochbuchs des 19. Jahrhunderts

Henriette Davidis

Die klassisch gewordene Werbeformel „Man nehme ...“ für Nahrungsmittelprodukte der Firma Oetker ist keine moderne Erfindung wortgewandter Werbefachleute. Mit diesen Worten beginnt schon jedes Rezept der bereits zu ihren Lebzeiten sehr bekannten Kochbuchautorin Henriette Davidis.

Sie lebte in einer Zeit, in der für Mädchen die Erziehungsmaßstäbe eines Jean-Jacques Rousseau aus dessen Erziehungsroman „Emile“ galten: „Eine schöngeistige Frau ist die Geißel des Mannes, ihrer Kinder ... Außerhalb des Hauses ist sie immer lächerlich.“ Sie hat sich auf Haushalt und Küche zu verstehen, wie dies auch in dem Bestseller „Väterlicher Rat an meine Tochter. Ein Gegenstück zum Theophron. Der erwachsenen weiblichen Jugend gewidmet“ dargestellt ist, der in mehrere Sprachen übersetzt wurde. Ein Braunschweiger Pädagoge hatte dieses Werk 1789 veröffentlicht. Die Berufe der Frau sollten sein: Gattin, Mutter und Hausvorsteherin. Die besser gestellten Gattinnen bekamen Dienstpersonal, das Tag und Nacht „gehorsamst zu Diensten zu stehen“ hatte. Die Unterweisung einer Dienstmagd und Köchin oblag der Hausfrau. Es war der Elberfelder Verleger Langewiesche, der die Pfarrerstochter Henriette Davidis aus dem westfälischen Dorf Wengern als Haushälterin engagierte. Sie besaß damals schon eine recht umfangreiche Sammlung von Kochrezepten, die sie dem Verleger zur Veröffentlichung anbot. Dieser lehnte ab, was ihm später sehr leid tat, denn Jettchens Kochbuch sollte ein absoluter „Bestseller“ werden, der bis zum Tod der Autorin 1876 in 21 Auflagen erschien.

1845 brachte der Verlag Velhagen & Klasing in Bielefeld das Kochbuch unter dem Titel „Zuverlässige und selbstgeprüfte Recepte der gewöhnlichen und feineren Küche“ heraus. Der überragende Erfolg des Buches hing auch damit zusammen, daß Henriette Davidis einen Ratgeber für praktische Lebensfragen hinzufügte. Henriette war eine ausgebildete Handarbeitslehrerin und später an der Mädchenschule in Sprockhövel bei Wuppertal tätig. Dort bereitete sie junge Frauen auf ihre zukünftige Rolle als „Gebieterin des Hauses“ vor. Und sie sammelte leidenschaftlich Kochrezepte, aus denen dann ein 850 Rezepte umfassender Wälzer mit leuchtendrotem Einband entstand. Westfälische Gerichte, also vornehmlich Rezepte für die regionale Küche, waren am häufigsten vertreten. Die Autorin war der Meinung, daß sich jede Tochter – die der höheren Stände nicht ausgeschlossen – frühzeitig mit dem Kochen vertraut machen sollte. Damit auch schon kleine Mädchen zusammen mit der Mutter oder der Köchin für das Kochen interessiert werden konnten, verfaßte sie die Bücher „Puppenköchin Anna“ und „Puppenmutter Anna“.

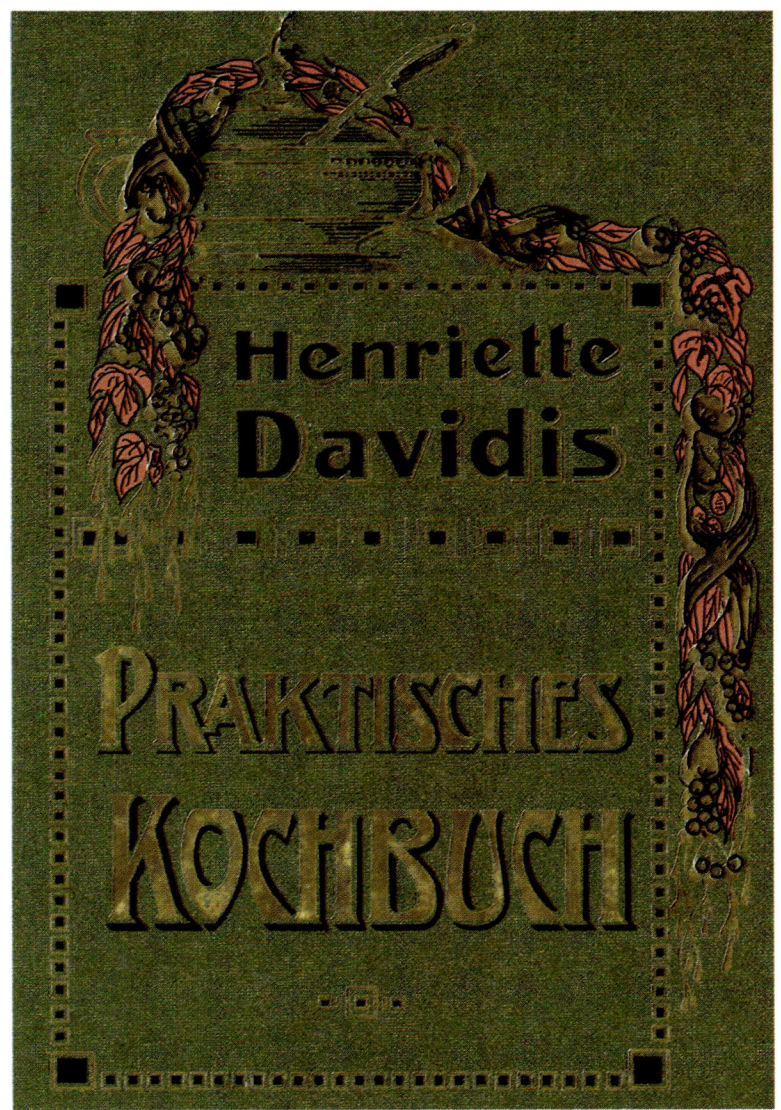

Die erfolgreiche Frau blieb unverheiratet. Aus ihrer Feder floß auch das vielgelesene Büchlein über den „Beruf einer Jungfrau". Sie und ihre Bücher waren äußerst beliebt. Sogar die deutsche Kaiserin Augusta schätzte die Bücher von Henriette Davidis und stiftete nach deren Tod einen Geldbetrag für ihr Grabmal. Als im Jahr 1911 beim Bau der Bahnlinie Witten-Schwelm das Geburtshaus der berühmten Kochbuchautorin abgerissen werden mußte, wurden die Platten ihres Kochherdes an der Bahnunterführung eingemauert, zusammen mit einer bis heute erhaltenen Gedenktafel, auf der zu lesen steht: „An diesem Herd, an dieser Stelle des einstigen Witwen-Pfarrhauses, hat Henriette Davidis die Rezepte ihres berühmten Kochbuches ausprobiert!" Der Küchenbuchklassiker von Henriette Davidis erschien jüngst sogar wieder als originalgetreuer Nachdruck, sicher eine Bereicherung für jeden Genießer hausgemachter Gaumenfreuden, der ein Stück vergangener Tischkultur wieder zurückkehren läßt unter dem Motto „Die Kunst gut und billig zu essen."

Reprintausgabe des Kochbuches von Henriette Davidis, Augsburg 1996

„Sie muß ihre Gegenwart zwischen Kinderstube, Küche, Keller, Vorrathskammer, Hof und Garten so zu theilen wissen, und den ganzen Tag über … von einem Orte zum andern fliegen."

Henriette Davidis über die Rolle der Frau

Sonia Delaunay-Terk

*1885 in Gradiesk (Ukraine) † 1979 in Paris

Zusammen mit ihrem Mann Robert Delaunay
Entwicklerin einer Farb-Theorie
Ihr Motto: „Kunst in das Leben tragen"

D ie aus der Ukraine stammende Sonia Terk erhielt ihre erste Ausbildung in Sankt Petersburg und war von 1903 bis 1905 in Karlsruhe Schülerin des Künstlers Ludwig Schmidt-Reuter. Ihr Ziel war allerdings Paris, um an der Académie de la Palette zu studieren; ihre Pflegeeltern ermöglichten ihr die Anmietung eines Ateliers in der Stadt an der Seine. Ihre Bilder aus der Zeit um 1907 erinnern in ihrer Farbgebung stark an Gauguin beziehungsweise Matisse. Der Kunsthändler Wilhelm Uhde wurde ihr erster Galerist; sie ging mit ihm eine nur kurze Zeit dauernde Ehe ein und heiratete dann 1910 den französischen Maler Robert Delaunay.
Robert Delaunays Malauffassung kam ihrer eigenen besonders nahe. Beide entwickelten die Theorie vom Primat der Farbe (Orphismus), das heißt, die gegenseitige Beeinflussung nebeneinandergesetzter Farben begeisterte sie.

*Sonia Delaunay (rechts)
präsentiert das von ihr entworfene
Kleidungsstück „Simultane"*

1911 übertrug die Künstlerin erstmals das Prinzip der Komplimentärfarben auf Stoff. Sie nähte aus verschiedenfarbigen Stoffresten (Patchwork) für die Wiege ihres Sohnes Charles eine Decke, die heute im Musée National d'Art Moderne, Paris, zu sehen ist.

Vierzehn Jahre später bemalte Sonia Delaunay nach einem von ihr entworfenen Stoffmuster einen Citroën B 12. Sie wollte ihre „Kunst in das Leben tragen", was ihr sicherlich gelang. Mit ihrer Kreativität sorgte die Avantgardistin für Aufsehen, besonders wenn sie mit dem passend zum Mantel bemalten Auto durch die Stadt fuhr. Als betagte Künstlerin bemalte sie 1976 ein verkleinertes Bugatti-Modell.

Sonia Delaunay entwarf auch Kostüme, die wie ihre zu Stoff gewordenen Bilder aussahen. Die unglaublich grellen Farben dieser Stoffmode wurden ein sensationeller Erfolg. Dies brachte es mit sich, daß die Künstlerin 1924 ein eigenes Unternehmen in Paris gründete, dem Filialen in London und Rio de Janeiro folgten. Sie entwarf Theaterdekorationen ebenso wie Tapisserien, Kirchenfenster, Plastiken und Collagen und schuf Inneneinrichtungen. Zusammen mit ihrem Mann

„Sonia Delaunay ist eine Protagonistin der modernen Kunst."

Bernard Dorival

hielt sie sich gerne in München auf, vor allem im Salon der russischen Malerin Marianne von Werefkin. Dort traf sie mit Gabriele Münter, Wassily Kandinsky, Alexej Jawlensky und Paul Klee zusammen, der sie besonders schätzte und den sie ihrerseits beeinflußte. Als erste Frau hatte Delaunay zu Lebzeiten 1964 eine Ausstellung im Musée du Louvre.

In ihren Gemälden wurde sie immer abstrakter. 1937 erhielt sie den Auftrag, für das Palais de l'Air auf der „Internationalen Ausstellung" in Paris ein großes Wandbild zu malen. Diese sehr große Fläche mit Malerei auszufüllen gelang ihr bestens, obwohl damals die Meinung vorherrschte, Frauen seien nicht in der Lage, ein solch flächenmäßig großes Kunstwerk zu schaffen.

Sonia Delaunays erste große Auslands-Ausstellung fand 1958 im Städtischen Kunsthaus Bielefeld statt. Dort wurden 260 Bilder von ihr gezeigt. Es folgten Ausstellungen in

München, Köln und Düsseldorf. Die Künstlerin wurde durch Ausstellungen in Japan, Kanada, Nordamerika, Schweden, der Schweiz, Belgien, Italien, Portugal und England in aller Welt bekannt. Sie organisierte zahlreiche Gedächtnisausstellungen für ihren 1941 verstorbenen Mann.

1964 stiftete sie dem Louvre 117 ihrer Gemälde. Noch 1969 begann sie mit keramischen Arbeiten und entwarf im Alter von bereits 90 Jahren 1975 im Auftrag der UNESCO das Plakat zum „Internationalen Jahr der Frau". Am 7. Dezember 1979 wurde sie auf dem kleinen Friedhof von Gambais bei Paris, neben ihrem Mann Robert, beerdigt – unter dem von ihm geschaffenen Grabstein.

Sonia Delaunay zählt zu den Frauen Frankreichs, die zum Offizier der Ehrenlegion ernannt wurden. Der Orden wurde ihr in einer ergreifenden Feier im Beisein ihrer Freunde 1975 von Françoise Giroud verliehen.

1925 bemalte Sonia Delaunay-Terk einen Citroën B 12 passend zum Kleidungsstoff

Amalie Dietrich

*1821 in Siebenlehn † 1891 in Rendsburg

Naturforscherin und Entdeckerin neuer Arten
Unternahm eine zehnjährige Sammelreise durch Australien

Amalie Dietrich

hatte aufgeben müssen. Trotz des Widerstandes ihrer Eltern heiratete Amalie diesen später bewunderten „Naturforscher". „Reiche wonnige Tage" erlebte Amalie in der Zusammenarbeit mit ihrem Mann beim Pflanzensammeln und Klassifizieren, beim Anlegen von Herbarien, die an Schulen, Apotheken und Universitäten verkauft wurden. Ihre Liebe zu ihm ließ sie viele Schwierigkeiten überwinden. 1848 brachte Amalie zum Verdruß ihres Mannes eine Tochter zur Welt. Danach bahnte sich das Scheitern der Ehe an. Amalie konnte und wollte keinen Haushalt führen, sie arbeitete ununterbrochen für ihren Mann. Ein Kindermädchen wurde engagiert, zu dem der Vater sich zuletzt mehr als zu seiner Frau hingezogen fühlte. Amalie verließ das Haus für einige Zeit.

Wieder zurückgekehrt, begann eine zweite Periode gemeinsamen Forschens, diesmal arbeiteten sie als Kollegen. Amalie unternahm eine siebzehnwöchige Verkaufsreise zu Fuß durch Thüringen, Hessen, Westfalen und an den Rhein. Eine weitere Reise ging im Winter 1854/55 durch die

Amalie Nelle wurde am 26. Mai 1821 in Siebenlehn an der Freiberger Mulde geboren. Ihre Mutter übermittelte ihr die Liebe zum Kräuter- und Pilzesammeln. Im Wald begegneten die beiden Frauen eines Tages dem Apothekergehilfen Wilhelm August Salomo Dietrich (1811–1866), der sein Medizinstudium wegen des frühen Todes seines Vater

Brisbane, Australien um 1850

Lausitz, Böhmen, Schlesien und Polen bis nach Krakau; sie dauerte vier Monate und brachte kaum Einnahmen. Jedesmal, wenn Amalie verreiste, mußte sie ihre Tochter zu oft gleichgültigen, fremden Menschen geben. In ihrer Autobiographie „Bilder aus meinem Leben" schilderte Charitas Bischof, später eine erfolgreiche Schriftstellerin, wie sehr sie unter den Trennungen von der Mutter litt. Auch ihr Vater kam in ihren Erinnerungen nicht gut weg: „Mein Vater schaute sich Spinnen genauer und liebevoller an als sein eigenes Kind."
Im Sommer 1861 schickte August Dietrich seine Frau allein mit Hund und Wagen auf eine Fußreise nach Holland und Belgien, um Strand- und Meerespflanzen zu beschaffen.

In Haarlem brach Amalie vor Erschöpfung zusammen und mußte wochenlang im Krankenhaus gepflegt werden. Nach Siebenlehn zurückgekehrt, hatte ihr Mann das Haus verlassen, eine Stellung als Hauslehrer angenommen und die dreizehnjährige Tochter im Pfarrhaus zu Nossen zurückgelassen. Amalie holte sie nach Siebenlehn zurück, wo beide bei einer Nachbarin in einem stallartigen Gebäude unterkamen.
Eine Wende im Hunger- und Bettelleben brachte die Bekanntschaft mit dem Hamburger Reeder und Naturfreund Cesar Godeffroy. Er schickte die Naturforscherin Amalie 1863 auf eine zehn Jahre dauernde Sammelreise in das noch gänzlich unerforschte Australien.

Reich und wertvoll war die Ausbeute. Die Forschung ehrte sie dadurch, daß Arten, die sie entdeckte, nach ihr benannt wurden: „Acacia Dietrichiana" und „Vonomia Dietrichiana"; auch zwei Wespen- und zwei Algenarten wurden nach ihr benannt. In Abwesenheit wurde sie in Deutschland vom Entomologischen (Insektenkundlichen) Verein Stettin zum ordentlichen Mitglied berufen; später gehörte sie dem Hamburger Verein für naturwissenschaftliche Unterhaltung an und nahm 1876 an der 49. Versammlung deutscher Naturforscher und Ärzte teil. Als sie mit zwei selbstgezähmten Tieren, einem Keilschwanzadler und einem australischen Seeadler, wieder in Hamburg an Land ging, war es ihr Wunsch, nun endlich für immer mit ihrer Tochter zusammensein zu können. Doch es war zu spät; diese hatte sich mit einem Pastor verlobt; sie wollte endlich einmal nicht mehr allein sein. Der Konflikt zwischen Mutterschaft und Berufung blieb für Amalie bis an ihr Lebensende bestehen.

Eleonora Duse

*1858 in Vigevano † 1924 in Pittsburgh (Pennsylvanien)

Als Tochter einer Komödiantenfamilie von Kindesbeinen an mit dem Theater vertraut
Eine der größten Charakterdarstellerinnen der Jahrhundertwende

Eleonore Duse als „Hedda Gabler", 1903, Drama von Henrik Ibsen

Zwei Schauspielerinnen des 19. Jahrhunderts eroberten fast gleichzeitig die Theaterbühnen Europas: die Französin Sarah Bernhardt, „die göttliche Sarah", und die um 15 Jahre jüngere Italienerin Eleonora Duse, stets „die Duse" genannt. Eleonora Duse wurde zum Inbegriff der vollkommenen Schauspielkunst. Die Theaterkritiker Europas und der USA rühmten die bedingungslose Hingabe und die Fähigkeit, sich vollkommen zu verwandeln. Sie litt, weinte, lachte, tobte und identifizierte sich „typisch weiblich" mit ihren Rollen.

Die Tragödin begann ihre „Karriere" schon im Alter von vier Jahren als Tochter einer umherziehenden Komödiantenfamilie. Mit vierzehn Jahren durfte sie die Rolle der Julia in Shakespeares Drama übernehmen. Nun zeigte sich das Talent, das in ihr steckte. Doch am Tag nach der Vorstellung starb ihre geliebte Mutter an der Schwindsucht. Viele Jahre irrte sie von einer Schauspielertruppe zur anderen, verschmäht wegen ihrer Häßlichkeit und Traurigkeit. Sie verliebte sich in einen Schriftsteller namens Martino Cafiero und brachte ein totes Kind zur Welt. Doch dann, mit 21 Jahren, feierte sie ihren ersten großen Erfolg in dem Stück „Thérèse Raquin" von Emile Zola. Von nun an reihte sich Erfolg an Erfolg. Ihr stets melancholischer Gesichtsausdruck gefiel; sie trat grundsätzlich ungeschminkt auf. George Bernhard Shaw bewunderte ihr Spiel ebenso wie Tschechov oder die englische Königin Victoria, die sie nach Schloß Windsor bitten ließ. In dem 37jährigen Charakterdarsteller Teobaldo Checchi fand sie einen großzügigen Ehemann. Am 7. Januar 1882 kam die Tochter Enrichetta zur Welt, ein Kind, das sehr viel Freude in das Leben der Schauspielerin bringen sollte. Der Kontakt zwischen Mutter und Tochter, Schwiegersohn und Enkelkind wurde auffallend herzlich und eng.

Im Jahr 1885 unternahm Eleonore ihre erste Auslandstournee, nach Südamerika, es folgten umjubelte Auftritte in Ägypten, Spanien, den USA, England, Wien und Berlin. Nach ihrer Rückkehr in die Heimat Italien gründete sie ihre eigene Schauspieltruppe. Einige Zeit entbrannte sie zu Arrigo Boito, den sie den „Heiligen" nannte, Verdis Librettisten, in heftiger Liebe, ein schwieriges Verhältnis, das nur einige seltene Begegnungen in den Pausen ihrer Tourneen und ein paar gemeinsame Aufenthalte in dem ehemaligen Kloster San Giuseppe bei Ivrea zuließ. Die Duse bewunderte Verdi, den „Edelmann von Sant' Agata". Ihr leidenschaftlicher Geliebter, der wortgewaltige italienische Lyriker Gabriele D'Annunzio, pries sie: „Flamme bist du, die sich selbst verzehrt." Er war schon früh erfolgreich mit Gedichten und Novellen, und Eleonora Duse verhalf mit ihrem Spiel seinen Stücken zum Erfolg. So spielte sie zwischen 1897 und 1902 ausschließlich seine Werke. Doch dann trennte sie sich von ihm. Sie konnte seine Treulosigkeit, seine ständigen Bitten um Geld nicht mehr ertragen; aber vor allem fügte er ihr eine nie heilende Wunde zu, als er das Werk publizierte, zu dem sie ihn inspiriert hatte und das niemals veröffentlicht werden sollte: „Il Fuoco" (Das Feuer). Hier schilderte D'Annunzio in hemmungsloser Offenheit und bis in intime Details hinein seine Liebesbeziehung zu Eleonora Duse. Ein weiterer Grund der Entfremdung der berühmten Liebenden war, daß D'Annunzio seine weitgehend auf Eleonoras Darstellungskunst zugeschnittene Tragödie „La città morta" ihrer Rivalin Sarah Bernhardt zur Uraufführung übergab. Rainer Maria Rilke widmete Eleonora 1899 sein Stück „Die weiße Fürstin". Der Dichter und die Schauspielerin, zwei äußerst sensible Menschen, trafen sich in Venedig.

Am 25. Januar 1909 nahm die 50jährige Duse Abschied von der Bühne, 15 Jahre später

erfolgte ein erneuter Höhepunkt in ihrem Leben. Sie schiffte sich zu ihrer vierten Reise in die USA ein und feierte erneut Triumphe. In Pittsburgh erlag

die Tragödin am 21. April 1924 einer Lungenentzündung. Ihr Tod löste große Erschütterung aus. D'Annunzio bat Mussolini um die Rückführung der sterblichen Überreste der großen Italienerin, einer der größten Charakterdarstellerinnen der Jahrhundertwende, auf Staatskosten. Ihre letzte Ruhestätte fand sie in Asolo.

„Mein ganzes Leben war ein einziger Auftritt."

Eleonora Duse

Eleonore von Aquitanien

1122 im Schloß Belim bei Poitiers † 1204 in Fontevrault bei Saumur

Königin von England und Frankreich
Fürsprecherin für ihren Sohn Richard Löwenherz
Kreuzfahrerin

Eleonore von Aquitanien. Grabmal in der Abtei Fontevrault

Die „Hochzeit der Lilie mit dem Ölzweig" nannte ein Troubadour die Verbindung zwischen Eleonore, der fünfzehnjährigen Enkelin und Erbtochter Wilhelms X. von Aquitanien, mit Ludwig VII., dem Thronerben Frankreichs, am 15. Juli 1137. Eleonore brachte eine bedeutende Mitgift mit in die Ehe, nämlich das Herzogtum Aquitanien und die Grafschaften Poitiers und Gascogne. Bereits am 8. August wurde Eleonore Königin von Frankreich, da ihr Schwiegervater, König Ludwig VI., am 1. August verstorben war.

Im Jahr 1147 brach Eleonore mit ihrem Gemahl an der Spitze eines großen Heeres zu einem Kreuzzug ins Heilige Land auf. Auf der Synode in Clermont (1095) hatte Papst Urban II. zu einem Kreuzzug aufgerufen, an dem auch Frauen teilnehmen durften. Nachdem aber 1096 ein erstes Kontingent aus Armen, Frauen und Kindern von den Seldschuken erschlagen worden war, beschloß der Papst, daß keine Frauen mehr an Kreuzzügen teilnehmen durften. Eleonore machte sich trotz dieses Verbotes mit ihrem Mann auf den Weg nach Jerusalem. Der Kreuzzug sollte sich allerdings als Desaster erweisen. In Antiochia empfing Fürst

Raimund, Eleonores Onkel, die Kreuzfahrer auf das herzlichste. Ludwig VII. bezichtigte jedoch bald seine Frau des Ehebruchs mit Fürst Raimund. Die Folge: Zurückgekehrt nach Frankreich, ließ das Königspaar seine Ehe im Frühjahr 1152 annullieren – angeblich wegen zu naher Verwandtschaft.

Nur zwei Monate später vermählte sich die schöne, leidenschaftliche und kluge Eleonore mit dem zehn Jahre jüngeren Heinrich Plantagênet, einem Sohn von Geoffrey le Bel, Graf von Anjou und Herzog der Normandie, dem Anwärter auf den englischen Thron, den Heinrich und Eleonore am 19. Dezember 1154 bestiegen und 20 Jahre lang innehatten. Zusammen waren sie mächtiger als der König von Frankreich. Zu den beiden Töchtern aus erster Ehe gebar Eleonore noch weitere acht Kinder. Als sich König Heinrich aber Rosamunde Clifford zuwandte, unterstützte Eleonore den Aufstand ihrer Söhne Heinrich

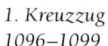

d. J., Richard Löwenherz und Gottfried von der Bretagne gegen den eigenen Vater. Sie war über den Ehebruch ihres Mannes sehr erbost. Vielleicht fühlte sie sich aber auch – wie ihre Söhne – von der Machtausübung ausgeschlossen. Auf Wunsch König Heinrichs, ihres Gemahls, verfaßte der Erzbischof von Rouen, Rotrou von Warwick, eine feierliche Strafpredigt, die der Königin ausgehändigt wurde. „Wir bedauern alle in einer gemeinsamen Klage, daß Du, eine so kluge Frau vor allen anderen, Dich von Deinem Gatten getrennt hast. Was noch schlimmer ist, Du hast die Frucht Eurer Leiber, Deines und des Königs, gegen ihren Vater aufgestachelt ... Kehre doch zurück, o hochberühmte Königin, zu Deinem Gemahl und unserm Herrn ..., dem Du gehorchen und bei dem Du leben sollst ...“ Heinrich II. ließ daraufhin seine einst so mächtige Gemahlin in England einsperren; sie lebte nun auf

verschiedenen Burgen und durfte das Land nicht verlassen. Nach dem Tod ihres Mannes (1189) erlangte sie erneut Autorität. Großes Glücksgefühl empfand Eleonore, als ihr Lieblingssohn, der Drittgeborene Richard Plantagênet, genannt Richard Löwenherz (1157–1199), am 3. September 1189 in der Westminster-Kathedrale in London gekrönt wurde. 1192 trug sie dazu bei, die Rebellion ihres Sohnes Johann ohne Land in England während der Kreuzfahrt Richards zu unterdrücken und führte für diesen die Regentschaft. Sie ritt auch für ihren Sohn auf Brautschau nach Spanien, führte ihm die von ihr favorisierte junge Prinzessin Berengaria, Tochter des Königs Sancho von Navarra, zu und brachte sie ihm nach Messina. Auf dem Weg nach Sizilien kam es zu einem Treffen großer Persönlichkeiten; in Lodi begegneten sich Königin Eleonore und der deutsche Kaiser Heinrich VI. samt dessen Gemahlin Konstanze, Erbin

des Normannenreiches. Die Krönung dieses Kaiserpaares vollzog Papst Cölestin am 14. April 1191, einem Ostersonntag, in Rom; dort empfing er auch Königin Eleonore. Ihr Sohn Richard geriet bei seiner

Heinrich II., Richard, Eleonore, Johann und der junge Heinrich. Miniatur um 1240

Eleonore von Aquitanien mit ihrem zweiten Gemahl Heinrich II. Wandmalerei in Chinon, 12. Jh.

Rückkehr vom Kreuzzug in der Nähe von Wien in Gefangenschaft. Zunächst auf dem Dürnstein verwahrt, setzte ihn Kaiser Heinrich VI. später auf dem Trifels bei Annweiler in der Pfalz fest. Eleonore warf dem Papst vor, ihrem Sohn, dem königlichen Kreuzfahrer, nicht durch kirchliche Sanktionen geholfen zu haben. Drei von Eleonore signierte Briefe

an den Papst sind erhalten und beginnen mit „Eleonore, durch Gottes Zorn Königin von England". Die nun schon 72jährige Königin schiffte sich von England aus mit dem geforderten hohen Lösegeld nach Deutschland ein. Am 2. Februar 1194 fand in Mainz ein Treffen mit Kaiser Heinrich VI. statt, bei dem der englische König aufgrund der Fürsprache seiner

Mutter wieder die Freiheit bekam. Ende März hielt er einen triumphalen Einzug in London, die Mutter an seiner Seite. Der schlimmste Schicksalsschlag traf die Königin am 6. April 1199: Sie stand am Sterbebett ihres geliebten Sohnes Richard Löwenherz. Von ihren fünf Söhnen war ihr nur einer geblieben: Johann ohne Land, ein haltloser, schwacher Mensch. Eleonore setzte ihn dennoch als Nachfolger gegen ihren erbberechtigten Enkel Arthur I. von der Bretagne durch.

Mit über 80 Jahren überschritt Eleonore nochmals die Pyrenäen und begab sich nach Burgos zu ihrer jüngsten Tochter Eleonore, der einzigen, die ihr noch geblieben war, Gemahlin des Königs Alfons VIII. von Kastilien. Dort holte sie ihre Enkelin Blanca von Kastilien als Braut für Ludwig von Frankreich, den späteren König Ludwig VIII., ab. Blanca erwies sich als rechter Nachkömmling ihrer Großmutter Eleonore: Sie wurde eine energische Königin und hervorragende Mutter, vor allem in der Zeit der Regentschaft für ihren Sohn Ludwig dem Heiligen. Erwähnt sei auch noch Eleonores Tochter Mathilde, die im Dom zu Minden als Elfjährige dem fast 40jährigen Herzog Heinrich dem Löwen von Sachsen und Bayern angetraut wurde. Mathildes wichtigste Mitgift war ihre ausgezeichnete Erziehung und Kenntnis der Troubadourdichtung. Aus Frankreich besorgte sie zwei große Werke – das Epos über Tristan und Isolde und das

Krönung von Herzog Heinrich von Sachsen und Bayern und Mathilde, Tochter Eleonores von Aquitanien. Evangeliar Heinrichs des Löwen, um 1173

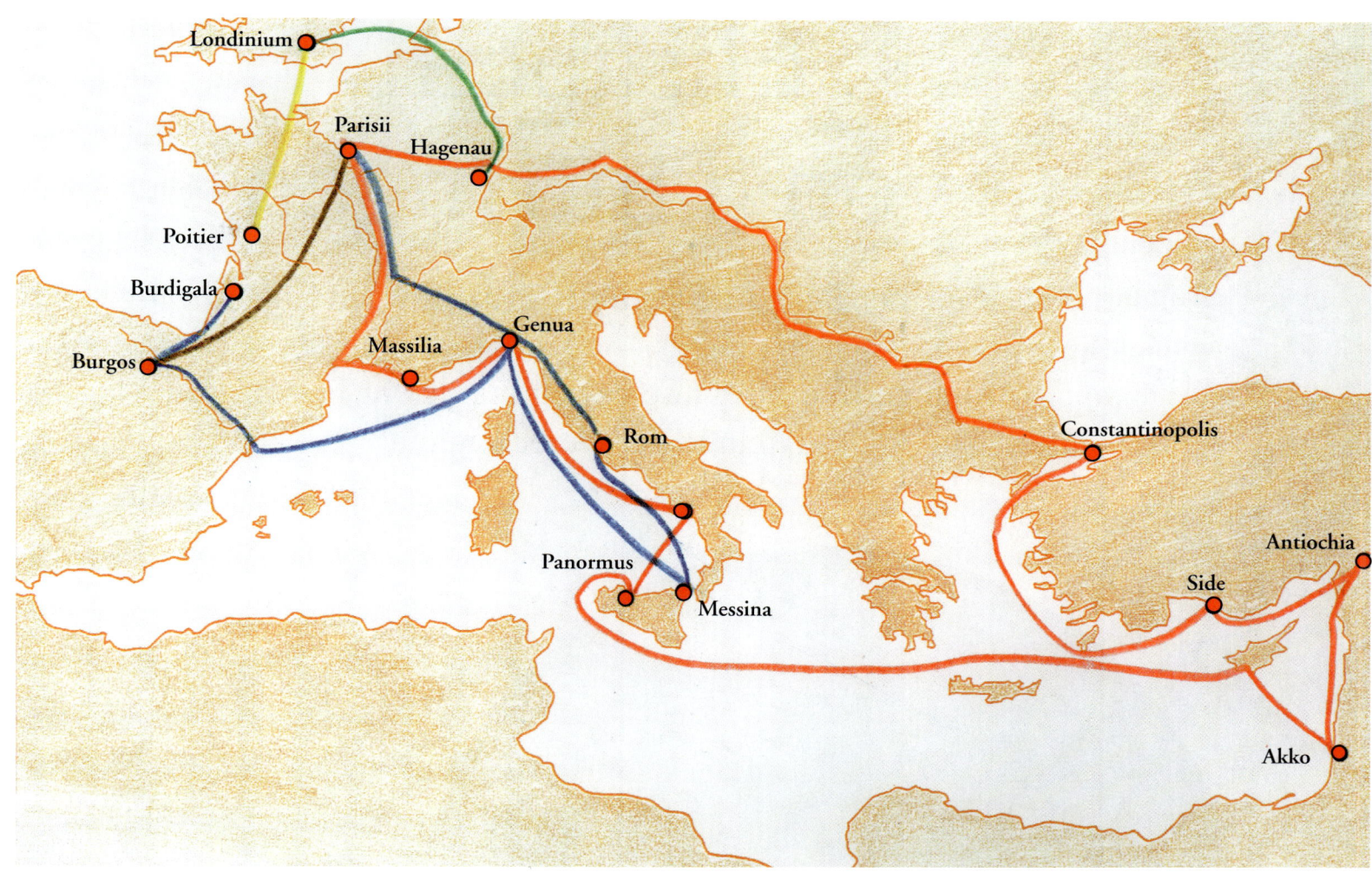

Rolandslied; beide ließ sie ins Deutsche übersetzen. Johanna, die jüngste Tochter der Königin, wurde die Gemahlin von Wilhelm II. von Sizilien, dem letzten Normannenkönig; früh verwitwet heiratete sie schließlich den Grafen von Toulouse. Eleonore von Aquitanien gilt als die bedeutendste Königin ihrer Zeit. Sie verkehrte mit großen Persönlichkeiten, wie zum Beispiel Bernhard von Clairvaux und Thomas Beckett. Eleonore inspirierte Troubadoure und Minnesänger zu immer neuen Liedern, sie förderte die Troubadourdichtung – schließlich war sie ja die Enkelin des ersten Troubadours, Wilhelms IV. von Aquitanien. Eleonore, die einstige Königin von England und Frankreich, schloß am 31. März 1204 für immer die Augen. Sie ruht in der Abtei Fontevrault östlich von Saumur in einem Hochgrab zwischen ihrem zweiten Gemahl Heinrich und ihrem Sohn Richard Löwenherz, der sie „mater carissima" und „mater dulcissima" nannte – wahrlich eine unvergleichliche Frau.

Die großen Reisen der Königin Eleonore

Rot: *Kreuzzug nach Jerusalem.*

Blau: *Reise nach Navarra und Begleitung der Berengaria, Braut ihres Sohnes Richard, nach Messina.*
Rückkehr über Rom und Lodi, Begegnung mit Kaiser Heinrich VI. und Konstanze von Sizilien.

Gelb: *Ständige Reisen zwischen Aquitanien und Südengland.*

Grün: *Reise zur Auslösung ihres gefangenen Sohnes Richard über Köln nach Mainz und Hagenau.*

Braun: *Reise nach Burgos/Kastilien zur Begleitung ihrer Enkelin als Königin von Frankreich nach Paris.*

Die Löwin von Aquitanien

Wär' die ganze Welt mein
von dem Meere bis an den Rhein,
darauf würd' ich verzichten,
wenn die Königin von England
in meinem Arm läge.

Einer der Dichter der Carmina Burana

Elisabeth von Thüringen

*1207 auf der Burg Sàrospatak (Ungarn)   † 1231 in Marburg

Anhängerin der Armutsbewegung des hl. Franziskus
„Heilige der Gerechtigkeit"

Die hl. Elisabeth, Gemälde von Sandor Liezen-Mayer, 1882

Vor mehr als 750 Jahren, am 17. November 1231, starb in Marburg Elisabeth, Landgräfin von Thüringen, im Alter von 24 Jahren. Kaum vier Jahre später, am Pfingstfest des Jahres 1235, wurde sie durch Papst Gregor IX. in der Dominikanerkirche von Perugia heiliggesprochen; zehn Jahre danach erhielt der goldene Schrein in Marburg, der drei Jahrhunderte lang ihre Reliquien bergen sollte, die Inschrift: „Gloria Teutoniae" – Ruhm der deutschen Lande. Das Ansehen der Landgräfin von Thüringen ging weit über die Grenzen des Reiches hinaus. Eine besondere Verehrung für sie blühte von Anfang an in Bayern, besonders in Andechs, denn ihre Mutter Gertrud stammte aus dem dortigen Adelsgeschlecht. Elisabeth ist als einer der schönsten Sterne in dem „Andechser Heiligenhimmel", einem Kuppelfresko, das Johann Georg Bergmüller (1736) in der Dießener Klosterkirche malte, aufgenommen. Die jung gestorbene Heilige kam 1207 auf der in Nordungarn liegenden Burg Sárospatak zur Welt. Mit vier Jahren wurde das Kind schon zum Werkzeug der Politik. Man brachte das kleine Mädchen mit einem reichen Brautschatz versehen zu ihrem Verlobten, dem Landgrafensohn Hermann, nach Thüringen. Als Elisabeth 14 Jahre alt war, fand die prunkvolle Hochzeit statt, doch nicht mit Hermann, der zuvor gestorben war, sondern mit seinem 20 Jahre alten Bruder Ludwig. Sechs Jahre sollte diese glückliche Ehe dauern, drei Kinder – Hermann, Sophia und Gertrud – schenkte Elisabeth ihrem Mann, der bereits am 11. September 1227 auf einem Kreuzzug unter Kaiser Friedrich II. in Apulien starb.

Die junge Gräfin kümmerte sich besonders um die Ärmsten in ihrem Land. Sie stieg von der Wartburg herab in die Armen-

viertel und leistete Hilfe. Ihr Mann verteidigte sie gegen alle Angriffe, denen sie sich wegen ihres unhöfischen Lebensstiles von seiten des Adel ausgesetzt sah: „Wenn sie mir nur die Wartburg nicht verschenkt, bin ich's wohl zufrieden." Als nach Ludwigs Tod dessen jüngerer Bruder Heinrich Raspe die Macht in Thüringen übernahm, stellte er seine Schwägerin vor die Wahl, sich dem höfischen Leben anzupassen oder die Wartburg zu verlassen. Die Witwe ging mit ihren Kindern nach Marburg und gründete dort ein Krankenhaus, in dem sie jene Kranke pflegte, die in keinem anderen Spital Aufnahme fanden. Elisabeth nannte es nach dem heiligen Franziskus, dessen Armutsbewegung sie anhing. Sie hatte Franziskaner nach Thüringen geholt und

ihnen eine Kirche in Eisenach überlassen. „Sie bediente die Kranken eigenhändig und fro-

Die hl. Elisabeth

Friedrich II. ihre Gebeine überführt wurden.

Der Elisabethenschrein, Meisterwerk eines unbekannten Goldschmieds, ist über und über mit Edelsteinen besetzt und mit Filigranarbeiten geschmückt. Im nördlichen Kreuzarm des gotischen Bauwerks befindet sich das Grab der Heiligen, das ein steinerner Baldachin aus dem Jahr 1280 überspannt. Die Reliquien sind nicht mehr vorhanden. Landgraf Philipp von Hessen hatte den Großteil der Gebeine 1539 entfernen lassen, um die Verehrung zu beenden, was ihm aber nicht gelang. Das Haupt und zwei Beinknochen befinden sich seit 1588 im Kloster der Elisabetherinnen an der Landstraße in Wien. Weitere Reliquienteile bewahrt das Historische Museum in Stockholm in einem

hen Herzens." Als sie während der schrecklichen Hungersnot von 1225/26 Gelder aus der Staatskasse nahm, um viele Arme vor dem Hungertod zu retten, wurde sie von ihrer Familie wegen Geldverschwendung angeklagt. Unter dem Druck ihres strengen Seelenführers Konrad von Marburg entschloß sie sich 1228 schweren Herzens, sich von ihren Kindern zu trennen, um als Terziarierin dem Franziskanerorden beizutreten. Die letzten drei Jahre ihres jungen Lebens verbrachte sie in völliger Selbstaufgabe. Sie versuchte, durch Buße, Selbsterniedrigung und Armut eine radikale Nachfolge Christi zu verwirklichen. Elisabeths Schwager Konrad trat in den deutschen Orden ein und betreute mit seinen Mitbrüdern nicht nur die Stiftungen der Gräfin, sondern begann auch

den Bau einer großen Kirche zu ihren Ehren, wohin 1235 in Anwesenheit von Kaiser

kostbaren Reliquiar auf. In Andechs, wo Elisabeth als die zweite Patronin der Klosterkirche verehrt wird, werden in der gotischen Reliquienkapelle den Pilgern das Brautkleid und ein Brustkreuz der Heiligen gezeigt.

Wallfahrten zur heiligen Elisabeth gibt es bis zum heutigen Tag; so kamen 1957 zum 750. Geburtsjubiläum 80 000 Wallfahrer nach Erfurt. Verehrt wird Elisabeth vor allem in Ungarn und Schlesien, aber auch in England, Spanien und Mexiko. Sie ist die Patronin von Hessen und Thüringen. Die Heilige genießt nicht nur im Franziskanerorden, sondern auch bei den Dominikanern (seit 1244) und den Zisterziensern (seit 1236) hohe Verehrung. Vereine zur Krankenpflege und Armenfürsorge nennen sich nach ihr. Es entwickelten sich verschiedene Frauenorden, darunter die „Elisabethinnen" (1622 in Aachen gegründet), oder auch die „Schwestern von der heilige Elisabeth".
Im 19. Jahrhundert, als die Verehrung der Heiligen zu neuen Ehren kam, bildeten sich weitere religiöse Gemeinschaften, so zum Beispiel die „Barmherzigen Schwestern von der heiligen Elisabeth" in Essen-Bredeney.

Auch in Padua und Neapel entstanden solche Vereinigungen. Das Leben dieser großen Frau hat viele Künstler inspiriert, so Hans Holbein, Tilmann Riemenschneider oder Murillo.

Mit einem Kirchenmodell sieht man sie auf einem Relief im Magdeburger Dom (um 1340), mit Broten bei einer Statue im Münster von Straßburg (um 1360). Sehr beeindruckend ist der großartige Lübecker Elisabeth-Zyklus.
Elisabeth gehört zu den überragenden Frauengestalten der katholischen Kirche.
„Heilige der Gerechtigkeit" und „eine der zartesten, innigsten und liebenswertesten Heiligengestalten des Mittelalters" wird sie genannt.

Die hl. Elisabeth.
Ulmer Münster

73

Elisabeth Marie, Erzherzogin von Österreich

*1883 in Wien   † 1963 in Wien-Hütteldorf

„Erzsi" – Lieblingsenkelin des österreichischen
Kaisers Franz Joseph
Streitbare Vorkämpferin für Sozialismus und Emanzipation

*Elisabeth,
Erzherzogin
von Österreich
um 1905*

Auf dem Friedhof von Wien-Hütteldorf sucht der Besucher vergebens nach einem Hinweis auf die dort begrabene Erzherzogin Elisabeth Marie. Sie war die einzige Tochter des österreichischen Kronprinzen Rudolf und Lieblingsenkelin Kaiser Franz Josephs. Als die Erzherzogin ihr Ende nahen fühlte, verbat sie sich eine Todesanzeige und wollte in aller Stille an der Seite ihres Mannes und ihrer beiden Söhne zur letzten Ruhe gebettet werden. Die Gruft auf dem Friedhof ziert lediglich ein großes, weißes Steinkreuz ohne Namen.

„Erzsi", wie die Prinzessin am Wiener Hof genannt wurde, sollte eigentlich ein „Wenzel" sein, also der lang erhoffte Thronfolger. Als die Erzherzogin sechs Jahre alt war, erschoß sich ihr Vater, Kronprinz Rudolf, mit seiner Geliebten Baronin Vetsera im Jagdschloß

74

Mayerling (1889). Er hatte für seine Tochter vorgesorgt. In seinem Abschiedsbrief an seine Gemahlin Stephanie von Belgien steht: „Sei gut für die arme Kleine, die das einzige ist, was von mir übrig bleibt." Als Vormund seiner Tochter bestimmte er seinen Vater, Kaiser Franz Joseph; seine Tochter wurde Universalerbin. Ihre Großmutter, Kaiserin Elisabeth, gen. Sisi, vermachte der Enkelin ein Fünftel ihres Nachlasses, der Großvater, der sie vergötterte, bedachte sie ebenfalls reichlichst.

Mit 16 Jahren nahm die Kaiserenkelin zum ersten Mal an einem Hofball teil und verliebte sich in einen jungen Offizier, Otto von Windisch-Graetz, den sie allen Widerständen zum Trotz 1902 heiratete. Da dieser kein ebenbürtiger Ehepartner war, mußte Elisabeth Marie für sich und ihre Kinder auf jegliche Thronansprüche verzichten. Es kamen drei Söhne und eine Tochter zur Welt. Die Ehe scheiterte allerdings 1924. Im Jahr 1929 verkaufte die Fürstin ihr Schloß Schönau an der Triesting und erwarb ein kleines Palais in Wien-Hüttel-

dorf. Das Leben dort lief genauso nach strengstem Zeremoniell ab wie einst am Kaiserhof. Selbst die Kinder wurden nur zur verabredeten Zeit von der Mutter empfangen. Mit ihrer eigenen Mutter pflegte sie keinen Kontakt mehr.

Marie Elisabeth brach mit 40 Jahren alle Brücken hinter sich ab und begann ein neues, anderes Leben. Sie wurde Mitglied der Sozialdemokratischen Arbeiterpartei. Auf einer Versammlung begegnete ihr der Lehrer und Atheist Leopold Petznek, den sie schließlich 1948 heiratete. Die „rote Erzherzogin" betätigte sich in der sozialdemokratischen Frauenbewegung, nahm an den Feiern zum 1. Mai teil und verkaufte rote Nelken. Als Leopold Petznek im Februar 1934 verhaftet wurde, hielt die einst im Glanz des Kaiserhauses stehende

Erzherzogin stets zu ihm. Schließlich gelang es ihr, ihn freizubekommen. Am 22. April 1944 schlug das Schicksal wieder zu. Petznek wurde von der Gestapo verhaftet und in das Konzentrationslager Dachau gebracht, von wo er erst 1945 zu Elisabeth Marie zurückkehrte. Sie wohnte damals in einem benachbarten Kloster, da russische Soldaten sie aus ihrer Villa vertrieben hatten. Schließlich fand das Paar Zuflucht in einem Haus nahe ihrer einstigen Villa. Der qualvolle Aufenthalt im stark bombengeschädigten Haus sollte neun Jahre dauern. Erst 1955 konnte das Paar in die „Windisch-Graetz-Villa" zurückkehren, ein Jahr später starb Otto Petznek. Die Herzogin überlebte ihn um sieben Jahre in großer Einsamkeit. Sie ertrug ihr schweres Gichtleiden mit großer Selbstdisziplin. Erzherzogin Elisabeth Marie wurde zur Bühnenfigur in dem 1929 erschienen Theaterstück von Franz Nabl „Schichtwechsel", zwar verschlüsselt, doch jeder wußte, wer mit der rebellischen Prinzessin und dem sozialdemokratischen Abgeordneten gemeint war.

Dorothea Erxleben

*1715 in Quedlinburg † 1762 in Quedlinburg

Erste deutsche Ärztin
Zum Medizinstudium nur nach persönlichem Bittschreiben
an Friedrich den Großen zugelassen

Dorothea Erxleben, Portraitbüste von Marianne Traub, 1994 vor der Universität in Halle aufgestellt

Da Frauen im Vergleich zu Männern „keine vollkommenen Menschen" waren, durften sie bis zum Beginn des 19. Jahrhunderts nicht als Studierende an Universitäten aufgenommen werden. Erst durch die Preußischen Reformen von 1908 mußte sich die männliche Studentenschaft an Kommilitoninnen in der Alma Mater gewöhnen. Allerdings gab es schon vorher Frauen, die in männlich besetzte Ausbildungswege eindrangen. So wurde am 12. Juni 1754 die erste deutsche Ärztin Dorothea Christiane Erxleben, geborene Leporin, deren Vater Arzt war, an der Universität Halle, für „tüchtig erklärt, den Doktorhut zu bekommen." Ihre Gedanken für eine gleichberechtigte Ausbildung von Frauen hielt sie in ihrer Zulassungsarbeit unter dem Kapitel „Gründliche Untersuchung der Ursachen, die das weibliche Geschlecht vom Studieren abhalten" fest. Sie formulierte: „Wollte man sich nur die Mühe nicht verdrießen lassen, so viel Zeit auf die Unterweisung des weiblichen Geschlechts zu verwenden, als man der Unterweisung des männlichen Geschlechts widmet, so würde sich zeigen, daß solche Arbeit nicht vergebens angewendet worden und daß die Schuld nicht am Verstande des weiblichen Geschlechts, sondern an dem Mangel der Unterweisung gelegen, wenn dasselbe nicht so viel, als das männliche Geschlecht in denen Studiis geleistet."

Der Lebenslauf von Dorothea Erxleben oder auch die Biographie der zweiten Trägerin eines Doktorhutes, Dorothea von Schlözer, liefern den Beweis für die Richtigkeit dieser These. Nur durch die Tatsache, daß Dorotheas Vater als tüchtiger Arzt und anerkannter Wissenschaftler seiner Tochter die gleiche Erziehung zukommen ließ wie ihrem Bruder, wurde der Grundstock für ein späteres Studium gelegt. Der Vater führte beide in die Theorie und Praxis der Medizin ein.

Dorotheas Wunsch, gemeinsam mit ihrem Bruder in Halle Medizin zu studieren, ging nicht in Erfüllung. Man lehnte sie als Frau dort ab. Sie ließ sich nicht beirren und richtete ein Bittschreiben an König Friedrich den Großen.

Der junge König, damals wegen seiner politischen Erfolge in Schlesien in bester Laune, stimmte nicht nur der zeitweiligen Befreiung ihres Bruders vom Militärdienst zu, sondern auch ihrem Studium. Soviel Mut der jungen Frau gefiel ihm: „Da dergleichen Exempel by dem weiblichen Geschlecht insonderheit in Deutschland etwas rar sind und demnach dieser casus demselben nicht zu geringer Ehre gereichen würde,

woll er mit dem größten Vergnügen alles Mögliche zum glücklichen Fortgange der Candidatin beytragen."

Das war 1741, dem Jahr, in dem Dorothea die Ehefrau des verwitweten Pfarrers Hans Christian Erxleben wurde. Als sie ihr Studium begann, hatte sie, wie könnte es anders sein, sämtliche Pflichten eines Pfarrhaushaltes zu übernehmen. Zu den vier Kindern aus der ersten Ehe ihres Mannes kamen noch vier eigene dazu.

Am 6. Januar 1754, nach der Geburt des vierten Kindes, bat sie um Zulassung zur Promotion und reichte ihre Dissertation ein. Das Thema hieß: „Academische Abhandlung von der gar zu geschwinden und angenehmen, aber deswegen öfters unsicheren Heilung der Krankheiten." Im Mai fand das Rigorosum statt. Der Dekan sprach in höchster Bewunderung von den Leistungen der Doktorandin. Am 12. Juni 1754 leistete Dorothea Erxleben ihren Doktoreid und hielt dann als erste Frau in Deutschland das Doktordiplom in Händen.

Ihre erstaunlichen Heilerfolge erregten den Neid einiger Quedlinburger Ärzte, die darüber sogar den „hochwohllöblichen" Rat der Stadt informierten.

Ihre Arztkollegen, die sie lange genug als Pfuscherin bezeichnet hatten, wies sie in ihre Schranken. Sie übte ihren Beruf mit großem Erfolg und Engagement aus. Leider war ihr nur ein kurzes Leben beschieden. Erst 47 Jahre alt, starb sie an Brustkrebs. Christian Erxleben wurde als Physiker in Göttingen der bekannte Sohn einer berühmten Mutter, die in einer ausgesprochen glücklichen Ehe gelebt hatte. Zu Ehren der ersten promovierten deutschen Ärztin gibt es seit 1987 eine Briefmarke der „gar zierlichen Jungfer aus Quedlinburg".

„... daß der Ehestand das Studieren des Frauenzimmers nicht aufhebe, sondern daß es sich in Gesellschaft eines vernünftigen Ehegatten noch vergnügter studieren lasse."

Dorothea Erxleben

Isabella d'Este

*1474 in Ferrara   † 1539 in Mantua

Kunstmäzenin und Sammlerin
Liebhaberin der bildenden Kunst, der Musik und der Literatur

*Isabella d'Este
Gemälde von
Tizian nach einer
Vorlage von
Francesco Francia*

Die von ihren Zeitgenossen als „prima donna del mondo" gefeierte Isabella d'Este wurde am 17. März 1474 in Ferrara als erstes Kind des Herzogs Ercole I. von Ferrara und seiner Gattin Eleonora von Aragon geboren. Auf den Wunsch der Mutter hin erhielten Isabella und ihre jüngere Schwester Beatrice wie ihre Brüder Unterricht in Latein, Griechisch, Geschichte, Französisch und Musik. Aus bündnispolitischen Erwägungen heraus verlobte Herzog Ercole 1480 seine erst sechsjährige Lieblingstochter Isabella mit dem ältesten Sohn des Markgrafen von Mantua, Francesco II. Gonzaga; sie heiratete ihn 1490.

Aus der anfangs glücklichen Ehe entstammten sechs Kinder. Während Isabella an ihren drei Töchtern kein besonderes Interesse zeigte, war sie ihren drei Söhnen sehr zugetan. Wie beinahe alle Regenten italienischer Kleinstaaten war Francesco II. Condottiere. In den Zeiten seiner Abwesenheit durfte Isabella Mantuas Staatsgeschäfte lenken und erwies sich dabei als begabte Regentin. Nach seiner Entlassung aus venezianischer

Eigenhändiger Brief
der Markgräfin
Isabella d'Este am
8. Februar 1515
aus Rom an ihren
Sohn Federico.
Staatsarchiv Mantua

objekte ihrer Sammlung aufbewahrt werden sollten. Während einer fast dreißigjährigen Sammlertätigkeit gelang es Isabella d'Este, die über wesentlich geringere finanzielle Mittel als männliche Sammler verfügte, eine beachtliche Anzahl von griechisch-römischen und all'antica-Objekten zusammenzutragen. Als Kunstmäzenin vergab sie Aufträge an so herausragende Künstler wie Mantegna, Perugino, Costa, Leonardo da Vinci, Michelangelo, Tizian, Correggio und Giancristoforo Romano. Ebenso wie die Werke der bildenden Künste und der Musik liebte Isabella die Literatur. Neben Werken antiker Autoren waren in ihrer Bibliothek auch jene der hervorragendsten Humanisten und Literaten ihrer Zeit vertreten, die ihr teilweise ihre Werke gewidmet hatten: Jacopo Sanazaro, Nicolo da Correggio, Mario Equicola und Baldassare Castiglione. Die allem Schönen gegenüber aufgeschlossene und in Modefragen tonangebende Fürstin starb am 13. Februar 1539 in Mantua.

Isabella d'Este von
Leonhardo da Vinci
um 1490

Gefangenschaft (1510) hielt Francesco jedoch seine Gattin bis zu seinem Tod (1519) von den Staatsgeschäften fern. Sie hatte ihm wohl zu klug und zu machtbewußt agiert. Das schon merklich abgekühlte Verhältnis der Ehegatten zueinander nahm auf Seiten Francescos jetzt fast feindschaftliche Züge an. Isabellas Hoffnungen auf eine Mitregentschaft bei ihrem Lieblingssohn Federico II. Gonzaga zerschlugen sich, als dieser aus Sorge um sein Ansehen die Mutter von den Regierungsgeschäften ausschloß. Isabella gelang es dafür aber, sich beim Papst den Kardinalshut für ihren zweitgeborenen Sohn Ercole zu sichern.

Da die vielseitig gebildete und interessierte Markgräfin meistens von den Regierungsgeschäften ferngehalten wurde, verwandte sie ihre schier unerschöpflichen Energien auf die Förderung der Künste, eine bis dahin fast ausschließlich männliche Domäne. Als bedeutende Mäzenin und Sammlerin behauptet sie bis heute ihren Rang in der Geschichte. Isabella gilt als die erste Frau der Renaissance, die sich in ihren Räumen ein „Studiolo", einen dem Studium und der Beschäftigung mit den Künsten vorbehaltenen Raum, einrichtete, sowie einen weiteren, von ihr als „Grotta" bezeichneten, in dem die kostbarsten Kunst-

Cassandra Fedele

*1465 in Venedig † 1558 in Venedig

Gelehrte Frau
In jungen Jahren bereits europäische Berühmtheit
„Zierde Italiens"

Cassandra Fedele, Kupferstich

Zu den gelehrten Frauen des 16. Jahrhunderts in Italien ist Cassandra Fedele zu zählen. Ihre männlichen Verwandten hatten wichtige Stellungen in der Verwaltung des venezianischen Staates. Ihr Vater galt als besonders gelehrt. Er erkannte früh die Intelligenz seiner Tochter und ließ sie von dem Servitenmönch und Humanisten Casparino Borro in Latein und Griechisch unterrichten. Diese Sprachen beherrschte sie bereits im Alter von elf Jahren; dazu kam Unterricht in Rhetorik, Geschichte und Philosophie. Sie trat öffentlich als Rezitatorin vor der Universität Padua, vor dem Volk von Venedig und vor dem venezianischen Dogen Agostino Barbarigo auf. Ihr Vater sah in ihr auch ein machtvolles Instrument zur Förderung seiner eigenen Reputation. So geschah es, daß der Doge Cassandra und ihren Vater zu Banketten einlud, bei denen sie inmitten venezianischer Bürger, Schriftsteller und Dichter glänzen konnte. Königin Isabella von Aragon lud Cassandra Fedele an ihren Hof nach Neapel ein. Die junge Frau war überwältigt von dieser Einladung. Doch der Senat von Venedig erließ ein Dekret, das ihr die Ausreise verbot; dieses heimatliche Juwel sollte im Lande bleiben. Mit 26 Jahren galt Cassandra als eine internationale Berühmtheit. Der florentinische Dichter und Humanist Angelo Poliziano rühmte sie als „Zierde" Italiens.

Weibliche Gelehrte wie Fedele, Laura Cereta oder Alessandra Scala erreichten mit ihren künstlerischen und wissenschaftlichen Tätigkeiten ein Niveau, das weit über das des durchschnittlichen Renaissancemenschen hinausging. Gebildete Frauen galten damals als „innerlich ganz aus Eisen und äußerlich ganz aus Eis".

Mit dreiunddreißig Jahren, ein fast biblisches Alter für eine Braut in der damaligen Zeit, wurde Cassandra mit einem Arzt aus Vicenza verheiratet. Die produktive Zeit ihrer Studien ging damit zu Ende. Nach nur sechzehn Jahren Ehe starb ihr Gemahl. Nun betrieb sie wieder ihre Studien. Sie lebte allerdings in großer Armut; denn ihr Mann hatte sein Erbteil durch ein Schiffsunglück auf hoher See verloren. Cassandra, der „Ruhm des weiblichen Geschlechts", wurde nur unzureichend von ihrer Familie unterstützt. Fedele richtete deshalb an Papst Leo X. im Jahr 1521 die offensichtlich erfolglose Bitte um eine kleine Unterstützung. Mit 82 Jahren mußte sie dann Papst Paul III. um Hilfe bitten: „Alter und Not, Seligster Vater, bereiten mir größte Angst, das Unglück drückt mich allenthalben, ich führe mein Leben gegen schwerste Widrigkeiten ..." Der Papst nahm sich ihrer liebevoll an. Er erwirkte beim Senat von Venedig ihre Ernennung zur Priorin des Waisenhauses, das der Kirche San Domenico di Castello angeschlossen war. Dort wirkte sie bis zu ihrem Tod, dort wurde sie auch begraben.

Mit 91 Jahren hatte sie zur Begrüßung eines Staatsgastes, der Königin von Polen, eine lateinische Willkommensrede halten dürfen. Der kometenhafte Aufstieg der jungen Fedele diente anderen Frauen als Vorbild: Die französische Dichterin Catherine des Roches hielt ihr Vorbild hoch, und der junge deutsche Jurist Christoph

*„Ich pflegte in der Tat Giovanni Pico della Mirandola
zu bewundern, denn es gab nie einen besseren
unter den Sterblichen und einen, der in allen Zweigen
des Wissens Hervorragendes leistete.
Nun aber siehe, ich begann auch dich zu verehren,
Cassandra, gleich nach ihm,
und vielleicht auch schon neben ihm.“*

Angelo Poliziano

Scheurl feierte sie neben seiner Landsmännin, der humanistisch gebildeten Äbtissin Charitas Pirckheimer (1466–1532). Deren Bruder, der große Humanist Willibald Pirckheimer, widmete Cassandra Fedele seine lateinische Übersetzung des Plutarch, und Konrad Celtis übersandte ihr seine Druckausgabe der „lieblichen Schriften der Hroswitha von Gandersheim“.

*Kolorierter
Kupferstich
von Venedig*

81

Martha Freud und ihre Tochter Anna Freud

*1861 in Wandsbeck † 1951 in Wien

Verfasserin von Hunderten von Liebesbriefen an Sigmund Freud
Stütze und Pflegerin ihres Mannes

Anna Freud, eine der bekanntesten Psychoanalytikerinnen des
20. Jahrhunderts und Begründerin der Kinderpsychoanalyse

*Ehepaar Freud mit
Tochter Anna*

„Frau Freud ist wieder einmal vergessen worden!", so heißt der Titel der Biographie über Martha Freud von Françoise Xenakis. Doch „glückliche Frauen" haben keine Geschichte, meinte der Freud-Biograph Ronald W. Clark, wozu also über Freuds Ehefrau schreiben? Martha Freud, die aus der angesehenen Familie Bernay aus Wandsbeck stammte, war eine bemerkenswerte Frau, der es gelang, ihrem Mann Sigmund beste Lebensumstände zu schaffen und so den „Spinner", den unseriösen Scharlatan, wie ihn die Wiener anfänglich nannten, zu unterstützen. Nach 1500 Liebesbriefen fand im September 1886 die Hochzeit in Wandsbeck statt: zunächst vor dem Standesamt und dann nach jüdischem Zeremoniell in der Synagoge. Gleich nach der Hochzeit verbot Sigmund Freud seiner Frau die Ausübung aller jüdischen Rituale. 1891 konnte die junge Familie in die später so legendäre Wohnung in der Berggasse 19 in Wien umziehen. Nach der Geburt des sechsten Kindes brach Freud den sexuellen Verkehr mit seiner Frau ab, da er keine weiteren Nachkommen mehr wünschte; Martha Freud war damals gerade 34 Jahre alt. Sie zog nun ihre sechs Kinder groß: Mathilde, Jean-Martin, Oliver, Ernst, Sophie und Anna. Die Tochter Sophie starb im blühenden Alter von 26 Jahren, ihr Sohn Heinerle kam nach Wien zur Großmutter. Drei Jahre nach seiner Mutter starb auch er.

Martha Freud versuchte alle familiären Probleme von ihrem Mann fernzuhalten. Sie litt allerdings an schweren Migräne-

anfällen, die sie erfolgreich
vor ihrem Mann geheimhielt.
Martha Freud ertrug das traurige Los, daß ihr Mann der
Geliebte ihrer eigenen, angeblich so viel klügeren Schwester
Mina wurde. Der Freudsche
Haushalt umfaßte zeitweise
14 Personen, darunter die vier
Schwestern Freuds.
Je berühmter Freud wurde,
desto interessantere Damen
traten in sein Leben. Martha
Freud machte ihm nie eine
Szene. Sie lernte die Patientinnen und Mitarbeiterinnen kennen: so Bertha Pappenheim, die
als „Anna O." in die Geschichte
der Psychoanalyse einging,
dann auch Lou Andreas-Salomé
und Prinzessin Marie Bonaparte.
Durch Freud und Josef Breuer
wurden 1895 revolutionäre Forschungsergebnisse über Hysterie
– angeblich die häufigste Frau-
enkrankheit im 16. Jahrhundert
– veröffentlicht. Seit der Antike
wurde die Hysterie als typisch
weibliche Krankheit angesehen:
Ursache sei die „wildgeworde-
ne" Gebärmutter (hysteria),
die nach Lust und Kindern
schreie.
1923 brach bei Freud, dem
unentwegten Zigarrenraucher,
Kieferkrebs aus. Nach 32 Opera-
tionen bekam er einen künst-
lichen Kiefer eingesetzt. Nun

war Martha die hingebungsvolle
Krankenschwester für ihren
Mann. Nach dem Einmarsch der
Deutschen in Österreich (1938)

emigrierte die Familie nach
London, wo Freud seinem
Leben bald ein Ende setzte.
Seine Witwe zog sich völlig
aus der Öffentlichkeit zurück,
betreut von ihrer Tochter Anna.
Martha Freud starb neunzig-
jährig im Jahr 1951. Nach dem
Tod ihres Mannes faßte sie ihr
Leben in einem Brief an einen
Freund folgendermaßen zusam-
men: „Er hat ja zum Schluß so
unendlich gelitten, daß selbst
die, welche ihn am liebsten

> „... Ich habe lange und lange an Dir gedeutet
> und Dich getadelt, und das Ende ist,
> daß ich nichts anderes möchte, als Dich zu haben
> und so zu haben, wie Du bist."
>
> Sigmund Freud
> am 2. Februar 1886 an seine Braut Martha Bernay

immer behalten hätten, seine Erlösung wünschen mußten! Und doch, wie furchtbar schwer ist es, ihn entbehren zu müssen. Ohne so viel Güte und Weisheit neben sich weiterzuleben! Ein schwacher Trost ist für mich, daß in 53 Jahren unserer Ehe kein böses Wort zwischen uns gefallen und ich immer getrachtet habe, ihm die Misere des Alltags aus dem Weg zu räumen. Nun hat mein Leben Sinn und Inhalt verloren ..."

Tochter Anna, „mein einziger Sohn", wie sie Freud zu nennen pflegte, trat in seine Fußstapfen. Bei ihrer Geburt am 3. Dezember 1895 äußerte sich der Vater: „Es scheint ein nettes und komplettes Frauenzimmerchen zu sein." Sie war zuerst in Wien als Lehrerin tätig, absolvierte aber auch bei ihrem Vater eine dreijährige Lehranalyse. Als 30jährige begann sie sich stark für die Aktivitäten der Wiener Psychologischen Gesellschaft zu interessieren. Dort arbeitete sie dann und übernahm schließlich

Sigmund Freud mit Tochter Anna auf der Bahnfahrt in die Emigration 1938

EINFÜHRUNG
IN DIE TECHNIK DER
KINDERANALYSE

VIER VORTRÄGE
AM LEHRINSTITUT DER WIENER
PSYCHOANALYTISCHEN VEREINIGUNG

VON

ANNA FREUD

1927
INTERNATIONALER
PSYCHOANALYTISCHER VERLAG
LEIPZIG / WIEN / ZÜRICH

1927 die Stelle als Sekretärin der Internationalen Vereinigung für Psychoanalyse.

Schon seit 1925 wohnte Dorothy Burlingham mit ihren vier Kindern bei Anna Freud. Die beiden Frauen wurden unzertrennlich.

Anna entwickelte sich zur engsten Mitarbeiterin ihres Vaters, den sie nach seiner Erkrankung oft bei Vorträgen und Kongressen vertrat; sie nahm 1930 für ihn den Frankfurter Goethe-Preis entgegen. Im Jahr 1966 begann sie mit der Herausgabe des Gesamtwerks ihres Vaters, die sie 1978 abschloß. Von 1940 bis 1945 leitete sie das von ihr gegründete Residential War Nursery for Homeless Children. Nach dem Krieg ließ Anna Freud im Londoner Vorort Hampstead ein Institut für die Ausbildung von Kinderanalytikern entstehen, dem sie 1952 eine Kinderklinik anschloß. Dreißig Jahre nach ihrer Emigration kehrte Anna Freud ein einziges Mal nach Wien zurück und nahm dort an einem Kongreß teil. Obwohl sie begeistert empfangen wurde, zog sie es vor, weiterhin in ihrer zweiten Heimat England zu bleiben.

Als Anna Freud am 8. Oktober 1982 in London starb, galt sie als eine der bekanntesten Psychoanalytikerinnen unseres Jahrhunderts und als Begründerin der Kinderpsychoanalyse. Sie hat durch ihre Forschungen und Erkenntnisse, vor allem über Besonderheiten im Sozialverhalten von Kindern, der Kinder- und Entwicklungspsychologie nachhaltig wirkende Impulse gegeben.

Zwei Jahre vor ihrem Tod erschien auch in Deutschland eine zehnbändige Ausgabe ihrer Schriften, beginnend mit den beiden Hauptwerken der Anfangszeit „Einführung in die Technik der Kinderanalyse" (1927) und „Das Ich und die Abwehrmechanismen" (1936).

Dorothy Burlingham
und
Anna Freud

———

ANSTALTSKINDER

ARGUMENTE FÜR UND GEGEN DIE ANSTALTS-
ERZIEHUNG VON KLEINKINDERN

IMAGO PUBLISHING CO. LTD.
LONDON

„Was an mir erfreulich ist, heißt Anna"

Sibylla Fugger

um 1480 in Augsburg † 1546 in Augsburg

Ehefrau des Kaufmanns und Bankiers Jakob Fugger
Erste Konvertitin im Hause Fugger

Hochzeitsbild des Ehepaares Jakob Fugger und Sibylla Artzt von Thoman Burgkmair 1498

„Vom Webstuhl zur Welt-macht", das war der Aufstieg der Fugger in Augsburg. Mit Hans Fugger, einem Weber, fing es 1367 an, und drei Generationen später brachte die Familie schon den bedeutenden Kaufmann und unnachahmlichen Bankier, Jakob Fugger „den Reichen" hervor, der Kaiser, Könige und Päpste finanzierte und nicht nur wirtschaftliche, sondern auch politische Macht besaß.

Jakob Fugger war 39 Jahre alt, als er beschloß, Sibylla Artzt zu heiraten. Ihre Eltern waren Wilhelm Artzt und Sibylla geb. Sulzer, reiche Bürger der Führungsschicht der Reichsstadt. Mit dem Hochzeitsbildnis von Jakob und Sibylla Fugger ist uns ein einmaliges Zeugnis des Paares erhalten. Der Maler Thoman Burgkmair, Vater des berühmten Augsburger Malers Hans Burgkmair, schuf ein Doppelbildnis „mit Geschmack und Noblesse".

Die Majuskel-Inschrift am unteren Rand des Hochzeits-bildes lautet: „AM NEINTEN TAG INVARI IM 1498 JAR IN DER GESTALT KAME WIR ZU SAME VIRWAR." Somit fand am 9. Januar 1498 in Augsburg die Vermählung statt.

Die Braut, deren Gesicht fast puppenhaft wirkt, trägt auf dem Kopf eine ganz besonders kostbar geschmückte Samt-haube. Die rotblonden, gewellten Haare sind seitlich weit in das Gesicht frisiert. Während Jungfrauen ihr Haar offen und unbedeckt trugen, „galt es als Symbol der Abhängigkeit" der verheirateten Frau vom Willen ihres Mannes, das Haar unter einer Haube bedeckt zu tragen. So galt das „unter die Haube kommen" als Kennzeichen für die der Brautwerbung entzogene, nun verheiratete Frau. Das Brautkleid entspricht mit seinem eleganten Schnitt der burgundischen Mode. Als Zeichen der gegenseitigen Bindung tragen Jakob und Sibylla Ringe, Symbole der Liebe und Treue. Leider blieb die Ehe kinderlos. Ahnungsweise läßt sich sagen, daß die Kinderlosigkeit des Paares sich zu einer starken Belastung entwickelte. Sibylla

„Sie hat klainetter von gold
und edelem gestain gehapt,
darmit sie ain fürstin hat übertroffen."

Clemens Sender,
Benediktinermönch und Chronist
in Augsburg

lebte zudem in einer Umgebung, in der ihre Schwägerinnen und Schwestern ständig schwanger waren. Die durchschnittliche Kinderzahl im Hause Fugger lag bei zehn, es läßt sich aber auch ein Ehepaar mit 21 Kindern (darunter ein Zwillingspaar) nachweisen. Jakob Fugger trug sich wohl mit dem Gedanken, einen Buben an Kindes statt anzunehmen. Letztendlich setzte er seinen Neffen Anton zum Erben ein. Eigenartigerweise sind kaum Einzelheiten über das Alltagsleben des Ehepaares bekannt. Und dabei war das Ehepaar Fugger häufig Gastgeber für politisch wichtige Personen, besonders während des von Kaiser Maximilian I. im Jahr 1518 in Augsburg abgehaltenen Reichstages. Damals wohnte im Fuggerhaus der römische Legat, Kardinal Cajetan, und zitierte den Augustinermönch Dr. Martin Luther zu sich, der erstmals zu seinen 95 Thesen Stellung nehmen mußte. Faktoren aus allen europäischen Niederlassungen der Fugger gingen ein und aus. Sibylla Fugger war also Zeugin bedeutender politischer, wirtschaftlicher und religiöser Entwicklungen jener Zeit. Bis zur Zerstörung 1944/45 konnte man an den Fugger-

häusern in der Maximilianstraße in Augsburg eine Freskenmalerei bewundern, die Sibylla Almosen austeilend und zusammen mit ihrem Mann als Stifterin der ältesten Sozialsiedlung der Welt, der einzigartigen „Fuggerei", zeigte. In ihr werden bis zum heutigen Tage Ehepaare mit geringem Einkommen für eine symbolische Jahresmiete von 1,72 DM aufgenommen. Mit dem Tod des 65jährigen

Jakob Fugger berichten nun die Chroniken Augsburgs auch über die Witwe. „Jacob Fugger hat zu der ee gehapt Sibillam Artzatin. Die hat er also schen, eerlich und lieb gehalten, als ob sie ain fürstin were, und hait kain kind gehept", so schreibt der Benediktinermönch und Chronist Clemens Sender. „Er hat ir in seinem Testament ain gros gut an gold, silber und klainetter vermacht, auch ir leben lang die behausung und gärten, wann sie in dem Witwenstand beleib." Tatsächlich verheiratete sich die Witwe bereits sieben Wochen nach dem Tod ihres Mannes mit dem ebenfalls verwitweten Patrizier Konrad Rehlinger, Vater von acht erwachsenen Kindern, und wurde evangelisch.

Geschlechtertanzbild um 1500. Maximilianmuseum Augsburg 1. Reihe, 5. v. l.: Sibylla Fugger

Galla Placidia

um 390 in Konstantinopel † 450 in Rom

Vom Spielball politischer Mächte zur politischen Akteurin
Mächtige Kaiserin des Westens

Kaiserin Galla Placidia

Das Leben der oströmischen Kaiserinnen spielte sich im großen und ganzen in ihrer Residenz – in Konstantinopel oder Jerusalem – ab. Helfer und Helferinnen der Kaiserinnen scheinen in besonderem Maße Eunuchen und Hofdamen gewesen zu sein, die freilich auch zu Gegnern werden konnten. Gelegentlich bekamen diese etwas von militärischen Auseinandersetzungen zu spüren, doch waren die Unzuträglichkeiten geringfügig, wenn man sie mit den Schwierigkeiten vergleicht, denen ihre westlichen Cousinen ausgesetzt waren, allen voran Galla Placidia, die weströmische Kaiserin. Ihr Lebenslauf war äußerst abenteuerlich.

Als Tochter des römischen Kaisers Theodosius I. und seiner Frau Gallas, Tochter Valentinians I., symbolisierte sie die Verbindung der beiden Dynastien miteinander. Galla, im Jahr 390 geboren, verlor früh ihre Eltern. Sie kam in die Obhut von Theodosius' Nichte Serena, die mit Stilicho, dem germanischen Heermeister und Leiter der Politik des Westens, verheiratet war. Nach dessen Ermordung befand sich Placidia mit Serena in Rom, das von den Westgoten unter Alarich eingeschlossen war. Serena wurde der Prozeß gemacht und sie wurde in Rom hingerichtet. Galla Placidia geriet um 408 als Geisel in die Hände der Ostgoten. Ehrfurchtsvoll behandelt, zog sie mit ihnen nach Süditalien, dann nach Südfrankreich, schließlich nach Spanien. Möglicherweise richtete sich der Gotenkönig Athaulf durch

88

Gebetshaus, errichtet von Galla Placidia, Ravenna, um 450

Galla Placidias Einfluß immer mehr auf eine Zusammenarbeit mit den Römern ein. Galla Placidia wurde 414 in Narbonne Athaulfs Gemahlin. Nach dessen Tod (415) und dem Abschluß eines Vertrags zwischen Rom und den Westgoten nach Rom zurückgesandt, wurde Galla Placidia von ihrem Stiefbruder Honorius mit dem ungeliebten Heermeister und späteren Kaiser Constantius III. verheiratet, der sie 421 zur Augusta erhob. Im selben Jahr erneut verwitwet, floh sie, mit ihrem Bruder entzweit, mit ihren Kindern Honorius und Valentinian (III.) nach Konstantinopel zu ihrem Neffen Theodosius II., obwohl dieser ihren Augustatitel zunächst nicht anerkannte. Nach dem Tod von Honorius kehrte sie nach Rom zurück, sicherte ihrem Sohn den Thron (425) und führte für ihn bis 437 die Regierung; sie herrschte als mächtige Kaiserin des Westens. Unter ihr erlebte die Stadt Ravenna,

wohin Kaiser Honorius 402 seine Residenz verlegt hatte, ihre erste Blüte.

Konnte die Kaiserin bis zu diesem Zeitpunkt in eigener Initiative vornehmlich nur Kirchenpolitik betreiben, so handelte sie nun als Regentin des Reiches, wobei sie besondere Kenntnisse in der Rechtspolitik hatte. Die in Ravenna unter ihrer Regierung erlassenen Gesetze verraten dezidierte Ansichten zu Grundfragen des Rechts. Vor allem aber nahm die Verteidigungspolitik gegenüber den Germanen und Hunnen ihre Aufmerksamkeit in Anspruch.

Nach einer Rettung aus Seenot (425) ließ Galla Placidia in Ravenna die Kirche San Giovanni Evangelista erbauen. Weil der Evangelist auf der Insel Patmos gelebt hatte, galt er im griechischen Osten als ein starker Helfer in Seenot. Die Kirche Santa Croce, ebenfalls unter Galla Placidia entstanden, besaß als Anbau das heute

freistehende, nach ihr benannte Mausoleum (um 455).

Die Kaiserin wurde zunächst in Rom beigesetzt, soll dann aber nach Ravenna überführt worden sein. Das Mausoleum ist äußerlich ein schlichter Ziegelbau. Das Innere aber ist von großer Pracht: Boden und Wände aus Marmor, Fenster aus Alabaster, die gewölbte Decke ganz mit leuchtenden Mosaiken ausgeschmückt. Von den drei antiken Sarkophagen gilt der größte, schmucklose als der von Galla Placidia; der Sarkophag im linken Seitenarm mit dem mystischen Lamm soll der ihres Gatten Constantius III. sein, der im rechten Seitenarm mit drei Kreuzen in drei Nischen soll Gallas Sohn Valentinian III. bergen.

War Galla Placidia als junge Prinzessin ein Spielball der politischen Kräfte, so gelang es ihr letztlich doch, das westgotische Königtum mit der römischen Welt zu verbinden und danach noch einmal das römische Reich machtvoll zu regieren.

Münze mit Abbildung der Galla Placidia

Stéphanie Félicité Genlis

1746 auf Schloß Champércy bei Autun   † 1830 in Paris

Romanschriftstellerin und Verfasserin von Schriften
zur Kindererziehung
In der Französischen Revolution „Bürgerin Brûlart"

Madame de Genlis

Stéphanie Genlis, geb. Comtesse de Crest de Saint-Aubin, erhielt durch ihren beruflich recht glücklosen Vater eine sehr gute Erziehung im Geist der Aufklärung. Mit sechzehn Jahren wurde sie mit Charles Brûlart de Genlis,

Marquis de Sillery, verheiratet. Neben ihren drei eigenen Kindern – Caroline, Pulcherie und Casimir – nahm sie außerdem Casimir, den Sohn ihres Hausmeisters, zu sich, zusammen mit dem schönen „Waisenkind" Pamela, von dem behauptet

wurde, es sei die Tochter ihres Ehemanns.

Durch ihre Tante, Madame de Montesson, wurden Stéphanie die Türen zum Hof geöffnet. Sie wurde 1770 die Mätresse des Herzogs von Chartres, des späteren Philippe Égalité, der ihr die Erziehung seiner Kinder Adélaide und Louis-Philippe übertrug. Die Comtesse war eine sehr strenge Lehrerin, wie sich Louis-Philippe als König noch erinnerte: Die Unterrichtsstunden waren kein Zuckerlecken, sondern ein intensives tägliches Arbeiten ohne jedes Vergnügen.

Stéphanie Genlis legte ihre pädagogischen Ideen unter anderem in ihrem vierbändigen Werk „Théatre d'éducation" (Erziehungstheater für junge Frauenzimmer) von 1779 nieder, aber auch in ihren Werken „Adèle et Théodore", „Les Veillées du Château" sowie „Les Conseils sur l'éducation du Dauphin" (Ratschläge zur Erziehung des Erbprinzen), alles Bücher, die weitverbreitet waren und vor allem von Frauen erworben wurden. Sie wollten sich durch die Lektüre dieser Arbeiten umfassender bilden, um ihre eigenen Kinder für eine zukünftige, bessere Gesellschaft zu erziehen.

Den Ideen der französischen Revolution stand Genlis anfänglich aufgeschlossen gegenüber: aus der Comtesse wurde 1789 die „Bürgerin Brûlart". Da sie in eine Intrige zugunsten des Philippe Égalité verwickelt war, floh sie nach London. Dort führte sie ein kümmerliches Leben. Ihre Flucht ging weiter über Belgien in die Schweiz und nach Deutschland. In Berlin lebte sie in ärmlichen Verhältnissen, obwohl man ihr geraten hatte, an den Hof zu gehen. Doch sie kannte Prinz Louis Ferdinand und folgte diesem Rat nicht. Mit Unterricht in Französisch, dem Deklamieren und Verseschreiben hielt sie sich über Wasser. Zu ihren Schülerinnen zählte auch Henriette Herz, die in Berlin einen großen literarischen Salon unterhielt.

Stéphanie kehrte 1800 nach Frankreich zurück. Napoleon Bonaparte war ihr wohlgesonnen, gewährte ihr eine Pension von 6000 Francs und übertrug ihr die Aufsicht der Volksschulen in Paris. Doch sie trauerte ein wenig der Zeit des „Ancien

Grabmal von Madame Genlis auf dem Pariser Friedhof Père-Lachaise

Régime" nach und verfaßte Biographien über Personen dieser Zeit, wie „Madame de La Vallière" (1804), die Nichte von Napoleons Gemahlin Joséphine de Beauharnais, und „Madame de Maintenon" (1806), die 1684 die nicht standesgemäße Gemahlin von König Ludwig XIV. geworden war. In der nachnapoleonischen Zeit schrieb sie das Werk „Mémoires inédits sur le XVIIIe siècle et la Révolution" (1825), Enthüllungen, die einen Skandal auslösten.

Stéphanie de Genlis, eine brillante Gesprächspartnerin, war auch eine ausgezeichnete Musikerin, die vorzüglich Harfe spielte. Sie hinterließ neben den schon erwähnten Arbeiten ein umfangreiches literarisches

Werk, nämlich 140 Bände mit Romanen, Theaterstücken, darunter insgesamt 16 biographische Aufzeichnungen. Ihre letzten Lebensjahre verbrachte sie in großer Armut, da sie ohne jede Ordnung lebte und das „Geld zum Fenster hinausschmiß" (Victor Hugo, Choses vues). Die letzte große Liebe der Schriftstellerin war der brillante Anatole de Montequiou; als sie ihn kennenlernte, war er 17, sie bereits 55 Jahre alt: Eine platonische Hingabe, die in Tausenden von Liebesbriefen belegt ist. Madame de Genlis, „die alte Sibylle", starb mit 84 Jahren drei Monate nach der Julirevolution von 1830, die ihren früheren Schüler Louis-Philippe an die Macht brachte. Sie hatte unter 16 Regierungen und in 34 verschiedenen Wohnungen gelebt. Der König und seine Schwester ließen ihrer geliebten einstigen Erzieherin eine großartige Beerdigung auf dem Friedhof Père-Lachaise in Paris zukommen.

„Pour éclairer tu te consumes"
(„Um zu leuchten,
verbrauchst du dich.").

Madame Genlis

Artemisia Gentileschi

1597 in Rom   † 1652 in Neapel

Malerin des berühmten Gemäldes
„Judith mit dem Haupt des Holofernes"

*Artemisia Gentileschi,
Selbstportrait 1630*

auf diesen größten Erneuerer der italienischen Malerei zurück. Orazio, ihr Vater, der gleichfalls zu den bekannten „Caravaggisten" zählt, war ihr Lehrer. Der Vedutenmaler Agostino Tassi sollte der 15jährigen jungen Künstlerin Unterricht in Perspektive erteilen. Er vergewaltigte sie, und es kam zu einem Prozeß. Die Entehrte wurde damals mit Antonio di Vincenzo Stiattesi verheiratet. Artemisia verließ zusammen mit ihrem Vater Rom und hielt sich einige Jahre in Florenz, möglicherweise aber auch in Pisa auf.

Für Michelangelo Buonarroti d. J. malte sie an der Decke des Hauptraumes seines Hauses in Florenz, wohl zusammen mit ihrem Vater, die allegorische Figur der „Zuneigung", deren Nacktheit später von Baldassare Franceschini auf Veranlassung von Lionardo Buonarroti teilweise übermalt wurde. Artemisia und ihr Ehemann lebten ab 1614 in Florenz, wo sie sich an der Universität einschrieb. 1622 erbat sie von Großherzog Cosimo II. die Erlaubnis zur Rückkehr nach Rom. Dort richtete sie sich mit ihren zwei Töchtern Palmira

Lange Zeit war die Künstlerin Artemisia Gentileschi in Vergessenheit geraten. Erst Kunsthistoriker unserer Zeit erinnerten sich einer Malerin, die zu den eigenwilligsten Persönlichkeiten unter den

Nachfolgern Caravaggios gehört. Was sie in ihrer Malweise zeigt, geht sowohl bei den dramatischen Hell-Dunkel-Kontrasten, den am Manierismus orientierten Bildstrukturen als auch im Ambivalent-Erotischen

und Prudentia ein Atelier ein und nahm Porträtaufträge an, um ihren Lebensunterhalt zu finanzieren. In Florenz dürften die in mehreren Repliken vorhandenen Kompositionen der „Judith mit dem Haupt des Holofernes" entstanden sein. Es wurde ihr nachgesagt, daß sie mit den Szenen der Judith-Geschichte eine Art künstlerische Rache am männlichen Geschlecht nehmen wollte. Die bestürzende Grausamkeit eines ihrer Hauptwerke mit dem Titel „Judith enthauptet Holofernes" (Uffizien, Florenz), ist nicht zu übersehen. Es fällt schon auf, daß sie auch die alttestamentliche Frauen Susanna und Bathseba malte: Susanna wurde von zwei alten Männern im Bad belästigt, Bathseba von David verführt.

Grundsätzlich malte sie gerne Bilder zu Themen, in denen Frauen eine besondere Rolle spielten. Dabei ist in das Physiognomische vielfach eine gewisse Leidenschaft und Gewalt des Ausdrucks gelegt, wie etwa bei der „Magdalena" (Palazzo Pitti) und der „Susanna" (Pommersfelden). Ein auffallendes Stilmerkmal sind die merkwürdig gebildeten, rundlichen Hände mit ihren verdickten Knöcheln und starken Daumen. Es läßt sich eine Vorliebe für leuchtend gelbe Töne mit orangefarbenen Schatten und für Gewänder mit besonders sorgfältig gemalten Falten erkennen. Als berühmtestes Porträt von der Hand dieser Frau gilt das „Bildnis eines päpstlichen Ritters" (1632). Um 1626 erwarb der Herzog von Alcalá ein Gemälde der

Künstlerin. Von 1630 an arbeitete sie mit ihrem Vater zusammen in Neapel, um dann eine Einladung Charles' I. nach England anzunehmen. Sie half dort ihrem Vater, das Queen's House in Greenwich auszumalen. Obwohl sie Neapel nicht sehr schätzte, kehrte sie 1640 dorthin zurück. Sie erhielt einen bedeutenden Monumentalauftrag, nämlich drei Gemälde für den Chor der Kathedrale von Pozzuoli auszuführen.

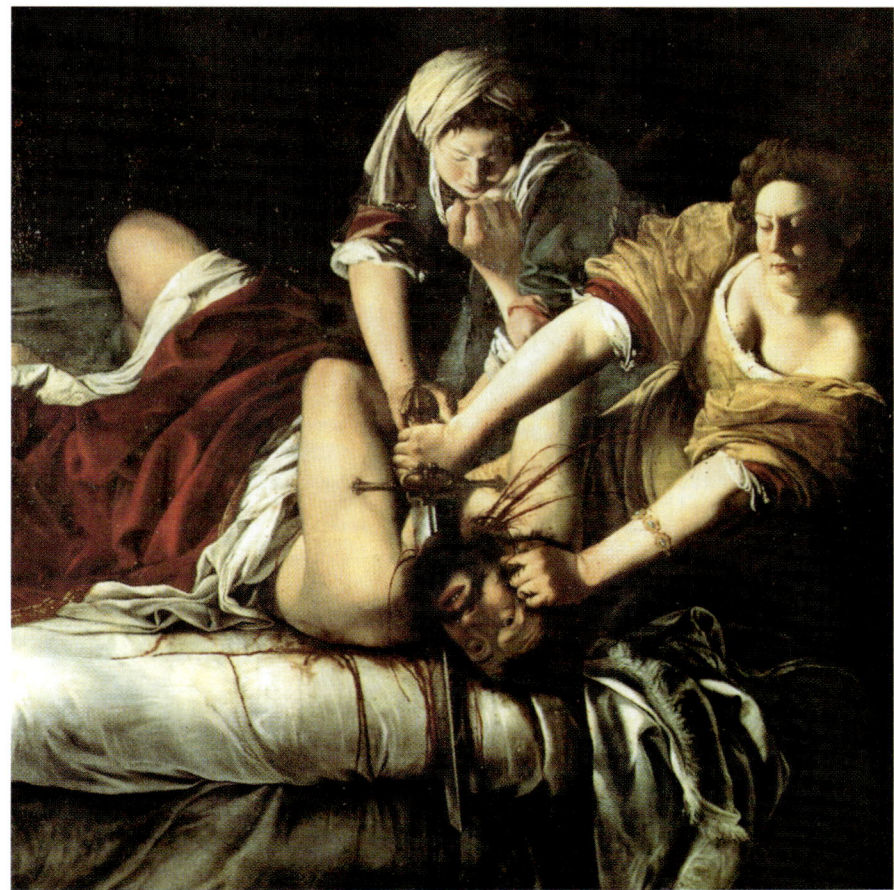

Judith enthauptet Holofernes. Gemälde von Artemisia Gentileschi, ca. 1620

93

Olympe de Gouges

*1748 in Montauban † 1793 in Paris

Verfasserin einer Frauenrechtserklärung:
„Die Zulassung der Frauen zum Bürgerrecht" (1791)
Strahlende Schönheit, Kurtisane und Schriftstellerin

*Olympe de Gouges
Anonymes Aquarell
1784*

Das Massenelend der französischen Frauen im 18. Jahrhundert schrie zum Himmel: keine Schulbildung, 85 Prozent Analphabetismus unter den Frauen, lange Arbeitstage, miserables Essen, viel zuviele Schwangerschaften. Allein in Paris gingen 30 000 Frauen der Armutsprostitution nach. Die Frauen des „Dritten Standes" hatten die Last der privilegierten ersten beiden Stände, Adel und Klerus, zu tragen. In der am 5. Mai 1789 von König Ludwig XVI. einberufenen Versammlung der Generalstände waren keine Frauen vertreten. Nach dem Sturm auf die Bastille, das französische Staatsgefängnis, erfolgte im August 1789 eine „Erklärung der Menschen- und Bürgerrechte": Frauen waren von diesen Rechten ausgeschlossen. Die Nationalversammlung verabschiedete am 3. September 1791 eine neue Verfassung, die die Frauen weiterhin vom Wahlrecht ausschloß. Doch dann stand eine auf, die mit voller Leidenschaft ihr Wort der Vernunft in die Waagschale werfen wollte: Olympe de Gouges. Sie ließ im September 1791 ihr Manifest über „Die Zulassung der Frauen zum Bürgerrecht" erscheinen. Diese Frauenrechtserklärung adressierte sie an die ranghöchste Frau in Frankreich, Königin Marie Antoinette, und erhoffte in ihrem naiven Royalismus von der Regentin tatsächlich eine Mitwirkung bei der „Revolution der Sitten". „Unterstützen Sie, Madame, eine so schöne Sache." Der erste Artikel der „Rechte der Frau und Bürgerin" lautete: „Die Frau ist frei geboren und bleibt dem Mann ebenbürtig in allen Rechten." Die „Nation" definiert Gouges als „Vereini-

gung von Frauen und Männern". Einer ihrer Aufrufe lautete: „Frau, erwache; der Weckruf der Vernunft findet im ganzen Universum Gehör; entdecke deine Rechte. Ungeachtet der Hindernisse auf unserem Weg liegt es in eurer Macht, euch zu befreien; ihr müßt nur wollen." Ein Jahr später ließ sie knallrote Plakate in den Straßen von Paris kleben. Das „amphibische Lebewesen Polyme" forderte Maximilien de Robespierre zum Duell: „Dein Atem verpestet die reine Lust, deine zuckenden Lider verraten die Niedertracht deiner Seele, und jedes einzelne deiner Haare steht für ein Verbrechen." Eifrige Flugschriftenleser dürften ohne große Mühe das Anagram „Polyme" entschlüsselt haben, es stand für Olympe de Gouges, eine strahlende Schönheit, Kurtisane und Schriftstellerin. Sie soll eine natürliche Tochter von König Ludwig XV. gewesen sein; sie selbst behauptete, Marie Gouze, die Tochter des Dichters Lefranc de Pompignan zu sein. Wahrscheinlich die Tochter eines Metzgers, wurde sie mit 16 Jahren mit einem sehr viel älteren, sehr reichen Mann verheiratet, doch schon bald wieder Witwe. Sie zog mit ihrem einjährigen Sohn nach Paris und nannte sich fortan Olympe de Gouges.
Olympe schrieb über 40 Theaterstücke. Ihr Ziel war ein Theater, in dem nur Stücke von Frauen gespielt werden sollten. Drei ihrer Werke wurden während der französischen Revolution aufgeführt: „Mirabeau aux Champs-Elysées", „Le

Couvent", „L'Entrée de Dumouriez à Bruxelles". Zusammen mit der Holländerin Myfrouw van Palm-Aelder gründete Olympe de Gouges den „Cercle social", einen Verband aus Männern und Frauen, der für die politische Gleichberechtigung der Geschlechter eintreten wollte. Die sie unterstützenden Girondisten unter dem Revolutionär Marquis de Condorcet stürzten im Sommer 1793. Erneut ließ sie ein rotes Plakat kleben, das Revolutionstribunal sei nichts als ein „verbrecherisches Blutgericht". Aufgrund des „Gesetzes über die Verdächtigen" wurde die frühe Frauen-

rechtlerin zum Tod auf der Guillotine verurteilt. Olympe de Gouges verteidigte sich vor dem Revolutionstribunal mit den Worten: „Erbleicht, ihr gemeinen Denunzianten, ihr Apostel der Anarchie und der Gewalt, ihr konntet mir nicht verzeihen, daß ich die Menschheit stets vor euch gewarnt habe. Es steht euch wirklich wohl an, eine Frau anzuschwärzen, der ein starker Charakter und ein republikanisches Herz schon in die Wiege gelegt wurde!" Für sie bewahrheitete sich unglücklicherweise der erste Teil ihres leidenschaftlich vorgetragenen Anliegens, während der zweite Teil nicht beachtet wurde: „Die Frau hat das Recht, das Schafott zu besteigen; gleichermaßen muß ihr das Recht zugestanden werden, eine Rednerbühne zu besteigen." Am 3. November 1793 rumpelte ein Karren durch Paris, auf dem Olympe saß, die Hände auf dem Rücken gefesselt, weiße Haube, nackter Hals. Fünf Tage später folgte ihr Manon Roland, auch eine Frau, die selbst denken wollte. Zwei Wochen zuvor rollte das Haupt der französischen Königin Marie Antoinette.

„Heutzutage sind diese liebreizenden Männer doch nichts anderes mehr als Spielzeugfiguren, aufgeblasene, buntscheckige und maskierte Adonisse, selbstherrliche miese Spötter, die sich den ganzen Vormittag gestiefelt und gespornt auf der Straße herumtreiben."

Olympe de Gouges

Kaiserin Helena

*255 in Drepanon in Bithynien (nach Helena später Helenopolis genannt)
† 330 in Nikomedien, heute Izmit (Türkei)

Herrscherin der Spätantike
Mutter Kaiser Konstantins des Großen
Schutzheilige der Färber, Nadler und Schatzgräber

Schon zu ihren Lebzeiten wurde die Kaiserin Helena (eigentlich Flavia Julia Helena) als edle Mutter und fromme Christin, als „Bekehrerin des Abendlandes" verherrlicht. Helena, Tochter eines heidnischen Schankwirts, war die Konkubine des späteren Kaisers Constantius I. Chlorus, der sie jedoch eines Tages verstieß, um eine ebenbürtige und legitime Ehefrau, nämlich Theodora, Tochter des älteren Kaisers Maximian, zu nehmen. Aus der Beziehung zwischen Helena und dem Kaiser stammte der um 273 geborene Sohn Konstantin, der als „der Große" in die Geschichte eingehen sollte. Als Konstantin 306 Kaiser wurde, holte er seine Mutter zu sich an den Hof. Sie ließ sich 312 bekehren und taufen. Die Christin Helena hatte als Mutter großen Einfluß auf die Einstellung ihres Sohnes zum Christentum. So gewährte der Kaiser 313 den Christen die volle Freiheit des Bekenntnisses und der Verkündigung. Nach den grausamen Christenverfolgungen seiner Vorgänger kam nun eine ruhigere Zeit. Konstantin selbst empfing erst auf dem Sterbebett das Taufsakrament (337).

Der Kaiser überschüttete seine Mutter mit Ehren. Sie erhielt eine Wohnung im Palatium Sessorianum in Rom, wurde „nobilissima femina" genannt und später zur Augusta erhoben (325). Konstantin der Große verlieh seiner Mutter das Recht, Münzen zu prägen und über den kaiserlichen Schatz zu verfügen. Nicht die kaiserliche Gemahlin Fausta, sondern Helena erhielt das Diadem. An Faustas Ersticken im Bad wegen angeblichen Ehebruchs mit Konstantins Sohn Crispus aus einer früheren Ehe soll Helena nicht unschuldig gewesen sein. Helena übernahm ihre öffentliche Rolle sehr selbstbewußt. Sie forderte den Ausbau Konstantinopels zur neuen römischen Hauptstadt. Dort ließ sie zahlreiche Statuen von sich aufstellen. Sie intervenierte bei religiösen Kontroversen; außerdem enthob sie den ihr nicht genehmen Bischof von Antiochien seines Amtes. Helena bemühte sich eifrig um das Christentum. Zusammen mit ihrem Sohn ließ sie zahlreiche große Kirchen bauen. So geht die Apostelkirche in Konstantinopel auf Helena zurück. Auf einer ihrer Pilgerfahrten ins Heilige Land soll sie die Grundsteine für die Geburtskirche in Bethlehem und für die Grabeskirche in Jerusalem gelegt haben.

Das Grabmal der Kaiserin Helena ist in der Kirche S. Maria in Aracoeli auf dem Kapitol in Rom. Eine kleine achtsäulige

Kapelle ist ihr dort geweiht. In dem zierlichen Grabmal werden in einer Porphyr-Urne Reliquien Helenas aufbewahrt. Reliquien von ihr zu haben, beanspruchen auch die Städte Hautvillers und Paris sowie Trier, wohin Helena die Reliquien des Apostels Matthias gebracht haben soll. Eine der sieben römischen Pilgerkirchen, S. Croce, ist ebenfalls auf Bitten Helenas von ihrem Sohn errichtet worden. Die Kirche galt als Aufbewahrungsort des Kreuzes Christi, das Helena 326 in Jerusalem angeblich gefunden hatte. Heute befinden sich in der Reliquienkapelle einige kostbare

Besitztümer: drei Bruchstücke des Heiligen Kreuzes, zwei Dornen der Dornenkrone Christi, ein Kreuznagel, ein Stück der Inschrifttafel des Kreuzes (INRI) sowie der Finger des „ungläubigen" Thomas. Kaiserin Helena zählt zu den starken Herrscherinnen der Spätantike. Sie wird als Heilige verehrt und ist die Patronin der Städte Frankfurt, Pesaro und Ascoli sowie der Bistümer Trier, Bamberg und Basel. Sie ist Schutzheilige der Färber, Nadler und Schatzgräber. In der Ostkirche wird der Gedenktag Helenas gemeinsam mit dem ihres Sohnes Konstantin am 21. Mai begangen.

Héloise

1101 in Paris † 1164 in Le Paraclet bei Nogent-sur-Seine

Schülerin und Geliebte des Philosophen Abaelard
Verfasserin zauberhafter Liebesbriefe

Héloise wird auf Wunsch Abaelards Nonne, Buchmalerei um 1500

Peter Abaelard (1019–1142) unterrichten. Sie studierten die Heilige Schrift ebenso wie weltliche Autoren, die Kirchenväter wie Ovid, Seneca und Lukan; er lehrte sie Latein, Griechisch und Hebräisch. Lehrer und Schülerin verliebten sich ineinander, sie gerade 17 Jahre alt – eine „leichte Beute", wie sie später selbst schrieb; er näherte sich der Vierzig. Über diese Tage des Glücks meinte Héloise: „Alle liefen zusammen, um Dich zu sehen ... Welche Königin und welche hochgestellte Frau beneidete mich nicht um meine Freuden und mein Bett ..." Ganz Paris schien sich für das Liebesverhältnis des umschwärmten Philosophen zu interessieren. Obwohl ein Paar wie dieses, Lehrer und Schülerin, nichts Seltenes ist, stellte Fulbert beide zur Rede und trennte sie. Doch „die körperliche Trennung brachte unsere Herzen einander noch näher, und unsere Liebe wurde um so glühender, je mehr ihre Erfüllung uns versagt blieb; obwohl wir uns des nicht wiedergutzumachenden Skandals bewußt waren, konnten wir darüber keinerlei Scham empfinden. Unsere Schuld erschien

Abaelard und Héloise sind nach Romeo und Julia wohl das berühmteste Liebespaar; ihr Leben ist eine der menschlichsten Liebestragödien, die es in der Weltliteratur gibt.

Héloise kam nach ihrer Erziehung im Kloster in die Obhut ihres Onkels, des Kanonikers Fulbert. Es ließ das 16jährige Mädchen von dem damals schon bekannten Kanonikus und Philosophen

uns geringfügig gegenüber der Süße der beiderseitigen Freuden.“

Bei ihrer Schwester in der fernen Bretagne brachte Héloise das Kind ihrer Liebe, Astrolabus, zur Welt. Unter dem Druck des Oheims Fulbert willigte Héloise in eine Heirat mit Abaelard ein, auch weil sie nicht wagte, ihrem Geliebten zu mißfallen. Doch die heimlich eingegangene Verbindung brachte ihnen keine Sicherheit, da Héloises Familie das Geheimnis preisgab. Abaelard entführte seine Frau und brachte sie als Nonne verkleidet nach Argenteuil. Fulbert geriet darüber so in Rage, daß er Abaelard von einem gedungenen Häscher im Schlaf überfallen ließ, der ihm den Körperteil abschnitt, „der das grausame Werkzeug seines sündigen Vergehens war“. Abaelard suchte in seiner verständlichen Verwirrung – „mehr aus Scham, denn aus wahrer Berufung“ – Zuflucht in der Abtei Saint-Denis. Er zerstritt sich mit dem Kloster, ging in die Einsamkeit von Quincey bei Nogent-sur-Seine und ließ dort das Oratorium „Le Paraclet“ erbauen, das er Héloise schenkte, die er zehn Jahre nicht mehr gesehen hatte und die auf seinen Wunsch hin Nonne geworden war. Der erhaltene Briefwechsel zwischen Héloise und Abaelard gehört zu den schönsten, die je über Liebe und Philosophie geschrieben wurden. Er zeigt aber auch die Spannung zwischen Frömmigkeit, Leidenschaft und scholastischer Lehre; außerdem spiegelt er das Universum der Kultur des 12. Jahrhundert wider. Es fällt allerdings auf, daß Abaelards Briefe immer mehr theologischen Belehrungen gleichen und wenig Herzlichkeit seiner Frau gegenüber – „jetzt meine Schwester in Christo“ – ausstrahlen. Er kümmerte sich kaum um sie; sie beschwor ihn, sie zu besuchen oder ihr ein paar Trostworte zu schreiben, an denen sie sich aufrichten könne. Héloise versicherte ihrem Mann stets ihre unendliche Liebe in Briefen, die in einer sorgfältigen Sprache und mit großer Ausdruckskraft verfaßt wurden: „Gott ist mein Zeuge, ich habe je und je in Dir nur Dich gesucht, Dich schlechthin, nicht das Deine ... Du bist mein Zeuge, nicht meine Lust, nicht mein Wille war je mein Ziel, nein, nur Deine volle Befriedigung ... Meine Liebe zu Dir ist so grenzenlos und unfaßbar gewesen, daß sie sich all dessen, was sie begehrte, sogar meiner selbst, beraubte ohne jede Hoffnung darauf, den einzigen Gegenstand meines Begehrens wiedererlangen zu können. Das habe ich getan, als ich, um Dir gehorsam zu sein, mit meinem Kleid auch meine Seele wandelte. Ich habe es getan, um Dir zu beweisen, daß einzig Du der Herr meines Leibes und meiner Seele bist.“

Kurz vor seinem Tode 1142 bat Abaelard seine Frau Héloise, ihn im Kloster „Le Paraclet“ be-

Grabstätte von Abaelard und Héloise auf dem Pariser Friedhof Père Lachaise

statten zu lassen, und zwar dort, wo sie selbst einst ruhen würde, was dann auch geschah.

1817 fand die feierliche Überführung der Gebeine des tragischen Liebespaares auf den altehrwürdigen Friedhof Père-Lachaise in Paris statt.

Caroline Lucretia Herschel

*1750 in Hannover † 1848 in Hannover

Ursprünglich als „Kometenjägerin" verspottete Astronomin
Entdeckerin von acht Kometen

Caroline Lucretia Herschel in einer zeitgenössischen Darstellung

Das 18. Jahrhundert kannte eine große Zahl von hochgebildeten Frauen, die sich in Naturwissenschaften auszeichneten, wie etwa Dorothea Erxleben, Dorothea Schlözer und Caroline Herschel. Der Regimentsmusiker Isaak Herschel ließ seinen zehn Kindern eine sorgfältige Ausbildung zukommen. Bei den Geschwistern Wilhelm und Caroline war die musikalische Veranlagung schon in jungen Jahren zu spüren. Wilhelm widmete sich für einige Zeit dem väterlichen Beruf, ging dann aber nach England. Über die Musiktheorie kam Herschel zur Astronomie. Nach dem Tod ihres Vaters 1772 zog es Caroline zu ihrem Bruder nach England, der bereits 1776 sein erstes Spiegelteleskop gebaut hatte. Ihren Lebensunterhalt verdiente sie anfänglich als Sängerin und Organistin. Doch gab sie nach einigen erfolgreichen Konzerten ihre künstlerische Laufbahn auf. Da sie selbst auch der Astronomie zugetan war, wurde sie die Assistentin ihres Bruders, bis zu dessen Heirat zugleich seine selbstlose Haushälterin. Zusammen hatten sie den bis dahin unbekannten Planeten Uranus, dann zwei seiner Satelliten (Titania und Oberon) entdeckt. Sie selbst entdeckte zwischen 1786 und 1797 acht Kometen. Mit einem Newtonschen Kometensucher von 37 Zoll Brennweite und 30facher Vergrößerung beobachtete sie Nacht für Nacht den

Himmel. Ihre Arbeit unterbrach sie nur, wenn hochgestellte Herrschaften in das Haus ihres Bruders in Slough kamen. Aus Rußland reiste Großfürst Michael an, „um den Jupiter in Augenschein zu nehmen". Tief beeindruckt hörte sich ein weiterer Gast, Joseph Haydn, Carolines Erläuterung zum nächtlichen Sternenhimmel an. Damals soll Haydn, erschüttert von der unermeßlichen Tiefe des Weltalls, der Gedanke zu seinem späteren Werk „Die Schöpfung" gekommen sein; ein weiterer illustrer Gast der Astronomin war der große Geiger Paganini. Caroline korrespondierte mit dem Astronomen und Physiker Carl Friedrich Gauß, Professor für Astronomie und Direktor der Sternwarte Göttingen, und mit Johann Franz Encke, Astronom der Preußischen Akademie der Wissenschaften in Berlin, die sie beide bewunderten. Ihre männlichen Kollegen hörten auf, sie mit dem Spottnamen „Komentenjägerin" zu belegen. Die bescheidene, fast übertrieben zurückhaltende Caroline überließ viele ihrer Entdeckungen ihrem Bruder. Doch 1798 veröffentlichte sie unter ihrem eigenen Namen den völlig neubearbeiteten Sternenkatalog „Historia coelestis Britannica" des englischen Astronomen

John Flamsteed (1646–1719). Das Vorwort schrieb ihr Bruder. Er wies mit sichtlichem Stolz daraufhin, daß seine Schwester Caroline 561 Sterne neu aufgenommen habe.

Nach dem frühen Tod ihres Bruders kehrte sie 1822 nach Hannover zurück. Sie erhielt von König Georg III. von England eine Pension zugestanden. Im Jahr 1828 machte sich die berühmte 78jährige Astronomin – sie wurde 98 Jahre alt – daran, einen Katalog über alle zusammen mit ihrem Bruder entdeckten Sternengruppen und Nebel zu erstellen, eine Arbeit, die ihr die Goldmedaille der Royal Astronomical Society von London einbrachte. Man ernannte

sie sogar zum Ehrenmitglied dieser Vereinigung, eine Ehre, die vor ihr keiner Frau zuteil geworden war.

Als Caroline in England ihre so erfolgreichen Forschungen betrieb, erschien dort in immer neuen Auflagen das Buch „Die wahre Pflicht der Frau". Ein „gebildeter" Herr gab darin gelehrten Frauen seiner Zeit lächerliche Ratschläge wie etwa: „Versuche nicht, etwas zu wissen, was für dich unschicklich ist; suche nicht nach verbotenem Wissen, denn glücklicher ist diejenige, die wenig weiß, als diejenige, die zuviel weiß ... Es ist nicht Sache der Frauen, die dunklen Quellen der Wissenschaft zu erforschen und die Sternenhaufen zu zählen." Und ein Pariser Modedichter sah sich bemüßigt, eine Satire über eine dumme Frau zu schreiben, die die Nächte durchwachte, um Sterne zu betrachten, und so ihre Schönheit mit solchen Kindereien verdarb.

> „Ich war sein bloßes Werkzeug, das er, aus Mangel an einem besseren, mit Mühe schärfte und für seine Zwecke tauglich machte."
>
> Caroline über ihren Bruder

Henriette Julie Herz

1764 in Berlin † 1847 in Berlin

Eröffnete den ersten literarischen Salon in Berlin
„Engelsgleiche Schönheit mit Verstand"

Zu allen Zeiten „verschafften" Schönheit und Jugend zeitweilig" den Frauen etwas mehr Freiraum. Als „beauté angelique", als engelsgleiche Schönheit bezeichnete Madame de Genlis Henriette Herz, was diese bestätigte und beflügelte. Die schöne junge Frau wurde 1778 porträtiert von Anna Dorothea Therbusch (1721–1782), die aus der bekannten polnischen Künstlerfamilie Lisziewska stammte. Sie war unter anderem bei Friedrich dem Großen, am russischen Hof und bei dem Kurfürsten von Mannheim tätig. Als Künstlerin voll anerkannt wurde sie Mitglied der Akademien in Berlin, Bologna und Paris. Nach einer längeren Pause wollte die damals 39 Jahre alte Malerin in Paris wieder tätig werden, was ihr aber nicht gelang. Es wurde ihr klar, daß Frauen in Paris in Ekstase ausbrechen müßten über die Arbeiten der großen männlichen Kollegen, Stunden bei ihnen nehmen, „einen guten Busen und Hintern haben und ihren Lehrern völlig ergeben sein".

Henriette Herz.
Gemälde von Dorothea Anna Therbusch,
Nationalgalerie der Staatlichen Museen zu Berlin

Das Porträt der Henriette Herz gelang der Künstlerin Therbusch großartig. Es zeigt die ungewöhnlich schöne 14jährige Berliner Arzttochter in höfisch-französischen Geschmack. „Sie inszenierte sie in mythologischer Verwandlung als Zeus und Heras Tochter Hebe, die Göttin ewiger Jugend und Schönheit". Die Darstellung des sehr jungen Mädchens als Hebe mag gleichsam ein Hinweis sein auf ihre künftige Rolle als Mundschenkin ihres Gatten, mit dem sie ein Jahr darauf, 1779, verheiratet wurde; es war der sehr angesehene, 17 Jahre ältere Berliner Arzt und Freund des Philosophen Kant, Marcus Herz (1747–1803).

Henriette war die Tochter des wohlhabenden jüdischen Arztes Benjamin de Lemos, der portugiesischer Herkunft war. Sie wuchs unter acht Kindern auf, die alle eine vorzügliche Ausbildung genossen. Henriette lernte Sanskrit, Türkisch und Malaiisch.

Das Ehepaar Herz zog in ein Haus in der Neuen Friedrichstraße in Berlin. Dort entstand der erste literarische Salon. Man traf bei Henriette Herz die Brüder Alexander und Wilhelm von Humboldt, den Philosophen Johann Gottlieb Fichte, den Künstler Wilhelm von Schadow, Prinz Louis-Ferdinand von Preußen, Friedrich von Genz, die Brüder Schlegel sowie Ludwig Börner, einen ihrer größten Bewunderer. Die Besucherinnen und Besucher lasen aus eigenen Schriften vor, führten aber auch kritische politische Diskussionen, so daß

„Die Frauen an seiner Spitze haben alle Konventionen über Bord geworfen und genießen eine überströmende Geistesfreiheit."

Henriette Herz über Frauen mit literarischen Salons

die Frauen mit der geistigen Entwicklung ihrer Zeit konfrontiert und vertraut wurden. Der literarische Salon von Henriette Herz hatte noch vor Rahel Varnhagen von Enses berühmtem Zirkel eine neue Form des geselligen Lebens geschaffen. Henriette Herz war zudem Begründerin eines Tugendbundes zusammen mit Wilhelm von Humboldt. Nach dem frühen Tod ihres Mannes (1803) wurde die nur vier Jahre ältere Henriette Herz die geist- und verständnisvolle Freundin (nicht Geliebte) des schon zu seinen Lebzeiten stark beachteten protestantischen Theologen und Philosophen Friedrich David Schleiermacher. Auf seine dringende Bitte, zum Christentum überzutreten, voll-

zog sie diesen Schritt 1817 nach dem Tod ihrer strenggläubigen Mutter.

Henriette beschloß, ihr Wissen an junge Mädchen weiterzugeben, die sie zu Lehrerinnen ausbildete. Den größten Teil ihrer Honorare ließ sie karitativen Einrichtungen zukommen, obwohl sie selbst um ihr Auskommen zu kämpfen hatte. Schließlich erhielt sie durch Vermittlung von Alexander von Humboldt 1845 eine königliche Pension zugesprochen. Es läßt sich leicht erahnen, welcher Verlust dadurch entstanden ist, daß Henriette Herz, aus Angst von Mißbrauch ihre gesamte Korrespondenz, die sie mit berühmten Zeitgenossen, so auch mit Goethe, führte, kurz vor ihrem Tod 1847 vernichtete.

Musikalischer Abend im Salon der Mme. Herz

Hildegard von Bingen

*1098 in Bermersheim   † 1179 im Kloster Rupertsberg bei Bingen

Äbtissin, Visionärin, Dichterin und Komponistin
Naturwissenschaftlerin, Kirchenpolitikerin und Ärztin
Eine der meistbeachteten Persönlichkeiten des Hochmittelalters

Hildegard von Bingen: „Die Seherin", Rupertsberger „Scivias"-Kodex

Die Nonnenklöster des Hochmittelalters waren Orte, an denen Frauen die beste Möglichkeit hatten, sich den Wissenschaften oder den Künsten zu widmen. Begabte Nonnen wurden gefördert und ausgebildet. Es zeigte sich, daß sie ihren Klöstern oft Ruhm brachten, wie etwa die Schriftstellerin Hrotsvitha von Gandersheim, ebenso Herrad von Landsberg, die Verfasserin eines Konversationslexikons, der ersten Enzyklopädie in Europa, der sie den reizenden Namen „Hortus Deliciarum" (Lustgarten) gab, und vor allem die Äbtissin, Visionärin, Dichterin und Komponistin Hildegard von Bingen, die zugleich Naturwissenschaftlerin, Kirchenpolitikerin und Ärztin war.

Hildegard von Bingen gehörte im 12. Jahrhundert zu den meistbeachteten Persönlichkeiten der Kirchenwelt. Und gerade in jüngerer Zeit hat sie wieder an Bedeutung gewonnen, nicht zuletzt durch ihre Lehren und Anschauungen über Gesundheit und Ernährung.

Die Eltern von Hildegard waren Hildebert und Mechthild von

*Hildegard von Bingen:
„Das Gebäude
des Heils",
Rupertsberger
„Scivias"-Kodex*

Bermersheim bei Alzey in Rheinhessen. Schon als kleines Mädchen verhielt sie sich oft sonderlich, und die Eltern brachten die Achtjährige der Nonne Jutta von Spanheim in die Frauenklause auf dem Disibodenberg. Dort erkannten die Nonnen bald, daß Hildegard regelmäßig Visionen hatte. Mit etwa fünfzehn Jahren legte das Mädchen das Gelübde des Ordens der Benediktinerinnen ab. Sie studierte die Schriften des Alten und Neuen Testaments und wurde sehr geprägt durch Liturgie und Stunden-gebet. Die Arbeit im Kräuter-garten gefiel ihr aber ebenso. 1136 wählten sie die Frauen zur Magistra, zur Leiterin der zum Konvent angewachsenen Frauengemeinschaft. Trotz des erheblichen Widerstands der Benediktinermönche wurde unter Hildegard von Bingen zwischen 1147 und 1152 der Bau des Frauenklosters auf dem Rupertsberg bei Bingen voran-getrieben. Hildegard wollte die innere geistliche Unabhängig-keit wahren, sich nach außen von den adeligen Schutzherren befreien und das Kloster dem Erzbischof von Mainz unter-stellen. 1152 weihte Erzbischof Heinrich I. von Mainz die große dreischiffige Kirche. Der Mönch Wibert von Gembloux, später Hildegards hochgebildeter Sekretär, äußerte sich 1177 sehr lobend über das Kloster. Er berichtete von einer wunder-baren Harmonie. „Die Mutter umfängt ihre Töchter mit sol-cher Liebe ... An Werktagen widmen sie sich in geeigneten Räumen dem Abschreiben von Büchern, dem Anfertigen von liturgischen Gewändern oder anderen Hausarbeiten ..."

nahe dem Rupertsberg gelegenen Pfalz Ingelheim erwartete 1154 Kaiser Friedrich Barbarossa die Äbtissin. Nichts ist über das vertrauliche Gespräch der beiden bekannt. Verbürgt sind Briefe, in denen Hildegard den Kaiser zunächst mit freundschaftlichen, später mit scharfen Formulierungen an seine Pflicht gemahnte.

Doch Hildegard blieb nicht nur die Äbtissin im Kloster, sie unternahm darüberhinaus mehrere Reisen zu Pferd, mit dem Ochsenkarren, der Kutsche oder dem Boot. Sie predigte in Kirchen, Klöstern und auf Marktplätzen. Überall forderte sie zur Umkehr und Erneuerung auf. „Auch Lieder mit Melodien zum Lobe Gottes und der Heiligen verfaßte und sang ich ohne die Belehrung eines Menschen, obwohl ich niemals Noten noch Gesang erlernt hatte", schrieb Hildegard. 77 Lieder, Antiphonen, Sequenzen und das Singspiel „Ordo virtutum" (Reigen der Tugenden) sind von ihr erhalten. Hildegards bedeutende Werke entstanden von 1141 bis 1174. Sie verfaßte das Buch „Scivias" („Wisse die Wege") mit großartigen Illustrationen. In 26 Visionen entwickelt sie darin ihr Weltbild. Im Vordergrund steht der Mensch in seiner Welt und die göttliche Schöpfung. Doch zeichnet Hildegard keine heile Welt, sie zeigt vielmehr den Menschen als Rebellen, der Chaos verursacht und seine eigene Welt zerstört. Die Elemente klagen: „Wir können nicht mehr laufen ..., denn die Menschen kehren uns um wie

Zu dem Kloster zogen „Prozessionen" von Hilfesuchenden aus Deutschland, Frankreich und Flandern. Menschen aller Stände holten sich Rat bei der Äbtissin. Sie pflegte einen regen Briefwechsel mit drei Päpsten, der heute noch mit 300 erhaltenen Dokumenten belegt ist, außerdem mit den Bischöfen von Mainz bis Prag, mit Herrschern und vielen Laien. In der

in einer Mühle ..."; die Lüfte, die Wasser schreien: „Wir stinken schon wie die Pest ..." Es folgten der „Liber Vitae meritorum" („Der Mensch in der Verantwortung") und das Buch „De operatione Dei" („Welt und Mensch") sowie die umfangreiche Natur- und Heilkunde „Causae et curae". Darin erfaßte Hildegard den Menschen in all seinen Nöten und Freuden und nahm – allerdings immer mit Bezug auf das Mystische und Schöpfungsgeschichtliche – eine Fülle modernster psychologischer Erkenntnisse voraus, die auch in unserer heutigen Sexualkunde einen wesentlichen Raum einnehmen. Sie machte konkrete Angaben zur Empfängnisverhütung, schrieb über Menstruationsbeschwerden und das Klimakterium. Zwischendurch ist sie dann wieder mittelalterlichem Denken verhaftet, etwa wenn sie feststellt: „Das Weib steht so lange unter der Dienstbarkeit des Mannes, bis beide zu einer Einheit werden."

Eine Konstitutionslehre besonderer Prägnanz leitete Hildegard aus der Farbe der Iris ab, bestimmte Ablagerungen der Körpersäfte brachte sie mit Augenkrankheiten in Verbindung. Das Herz als Sitz der

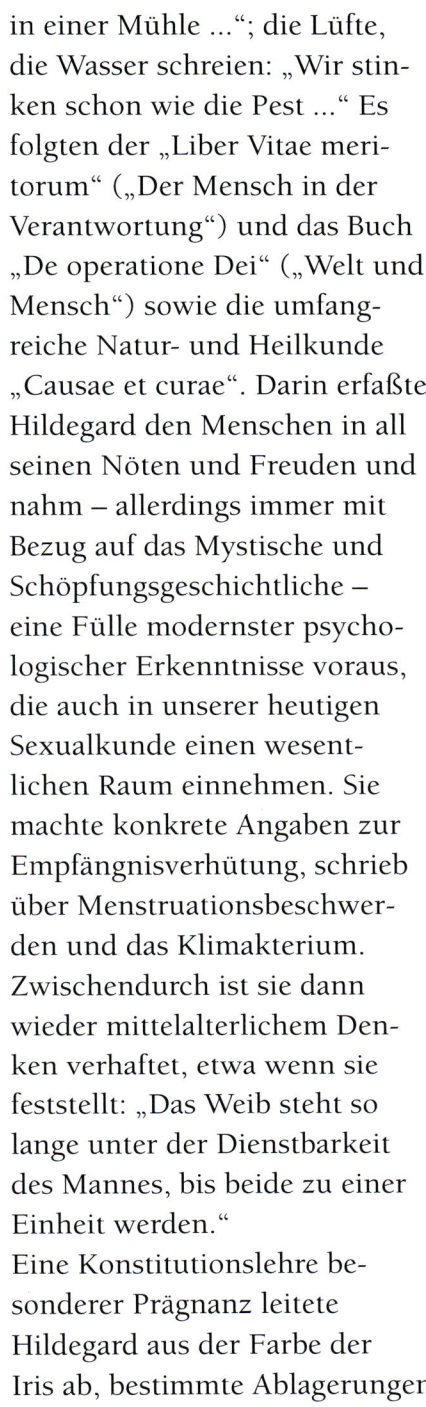

Seele ist Mittelpunkt des Organismus – so wie der Mensch Mittelpunkt der Schöpfung ist; es steuert und reguliert alle Funktionen.

Kein geringerer als Bernhard von Clairvaux und der Erzbischof Heinrich von Mainz empfahlen die Werke der charismatisch hochbegabten Äbtissin Papst Eugen III. Dieser anerkannte sie als Prophetin: „Du bist für viele ein Wohlgeruch des Lebens zum Leben geworden." Sie schrieb über den Papst: „Er sandte mir seinen Segen mit einem Schreiben, worin er mir gebot, das, was ich in der Vision sah und hörte, genau niederzuschreiben."

Der Reliquienschrein mit den Gebeinen der Hildegard von Bingen befindet sich heute in der Pfarrkirche von Eibingen bei Rüdesheim.

„Ich bin eine arme kleine Frau."

*„Von meiner Kindheit an ...
bis heute erfreue ich mich stets
dieser Schau in meiner Seele."*

Hildegard von Bingen

Hrotsvitha (Roswitha) von Gandersheim

um 935 in Sachsen   † 975 in Sachsen

Nonne aus sächsischem Adel
Verfasserin von Heiligenlegenden

Roswitha von Gandersheim

Das literarische Werk der Hrotsvitha (Roswitha) von Gandersheim stellt das umfangreichste erhaltene Œuvre des 10. Jahrhunderts dar. Dabei weiß man über diese Frau recht wenig. Sie stammte vermutlich aus einem sächsischen Adelsgeschlecht. Als sehr junges Mädchen wurde sie zur Erziehung in das braunschweigische Kanonissenstift Gandersheim gebracht. Rikkardis und Gerberga, letztere eine Nichte Kaiser Ottos I. und seit 959 Äbtissin, nahmen sich des Mädchens liebevoll an, und sie wurde deren gelehrige Schülerin. Das große Damenstift war eine reiche geistliche Anstalt, deren Äbtissin über ausreichende Mittel verfügte, um Baumaßnahmen durchzuführen und die Herstellung von Kunstwerken oder kostbaren Handschriften für die Bibliothek in Auftrag zu geben. Im Gandersheimer Stift hielt sich auch Theophano gern auf, jene hochgebildete byzantinische Prinzessin, die Otto II. im Jahr 972 geheiratet hatte, ein Jahr, bevor er seinem Vater als Kaiser auf den Thron nachfolgte. In Gandersheim wurden auch die beiden Töchter Theophanos, Adelheid und Mathilde, erzogen, die 977 und 979 geborenen Schwestern des späteren unglücklichen Kaisers Otto III. Adelheid war von 1039 bis 1043 sogar Äbtissin von Gandersheim.

Zu Hrotsvithas Zeiten war der angesehenste Mittler zwischen dem Stift Gandersheim und dem Hof jedoch zweifellos der Bruder des Königs, Brun, Herzog von Lothringen, Erzbischof von Köln und damit auch Kanzler des Reichs.

In Gandersheim lebte man nach der Benediktinerregel, allerdings in einem „gemischten System". Neben den eigentlichen Nonnen gab es die sogenannten „ancillae dei canonicae" oder „sanctimoniales", das heißt Kanonissen, die zu einer weniger strikten Befolgung der Regel verpflichtet waren. Mit einiger Sicherheit gehörte auch Hrotsvitha zu ihnen.

Hrotsvitha begann alsbald, die Legenden der Heiligen als Tischlektüre für ihr Kloster in Verse zu setzen. Sie verfaßte in mittellateinischer Sprache acht Verslegenden über Maria, Sankt Gangolf, Theophilus und andere, eine mittelalterliche Fassung des Fauststoffes in 455 Hexametern, sechs Dramen in Reimprosa, zum Beispiel „Dulcitus" und „Abraham". Die Kanonisse interessierte sich auch für Politik und Geschichte, besonders für die Geschichte der Päpste. Es entstand eine historische Dichtung in leoninischen Hexametern mit dem Titel „Carmen de gestis Oddonis I. imperatoris" („Die Taten Ottos des Großen") in 1500 Versen. Darin schilderte sie ausführlich auch Leben und Charakter der ottonischen Königinnen. Desweiteren verfaßte sie eine Geschichte der Gründung und Anfangszeiten des ottonischen Stifts Gandersheim von 846 bis 919.

In ihren Legenden und Dramen steht das Lob der Keuschheit im Mittelpunkt einer Welt der göttlichen Wunder, die an Märtyrern und Heiligen offenbar werden. Die Dramen sind die ältesten dramatischen Versuche des Mittelalters. Die „Ottonische Renaissance" kannte die heiteren Komödien des römischen Lustspieldichters Terenz. Hrotsvitha orientierte sich an diesem Dichter, verfolgte aber ausdrücklich das Ziel, den oft heidnischen und frivolen Geist durch tugendreiche Darstellung in ihren Arbeiten zu ersetzen. Ihr dichterisches Schaffen läßt sich für den Zeitraum von 960 bis 973 datieren.

Das Werk der Nonne wurde 1501 von dem Nürnberger Humanisten Konrad Celtis in einer Regensburger Handschrift entdeckt, zu der dann noch fünf weitere handschriftliche Zeugnisse kamen.

COMEDIA TERCIA CALLIMACHVS

Titelblatt der „Comedia Tercia Callimachus", 1501, von Roswitha von Gandersheim

109

Johanna von Orléans (Jeanne d'Arc)

* 1412 in Domrémy † 1431 in Rouen

Retterin Frankreichs
Als Zauberin und Ketzerin auf dem Scheiterhaufen verbrannt
1920 heiliggesprochen
Zweite Patronin Frankreichs

Jeanne d'Arc. Statue von Prosper d'Epinay, 19. Jh. Kathedrale von Reims

Die berühmte französische Dichterin Christine de Pisan verfaßte das einzige Werk zum Ruhm der von ihr bewunderten Johanna von Orléans, das zu deren Lebzeiten entstand: „Ditié de Jehanne d'arc". Christine de Pisan sieht das junge Mädchen als Gotteswerkzeug: „Welche Ehre für das weibliche Geschlecht, das offenbar auch Gott liebt!" Heute beschäftigen sich Historiker, Literaten, Theologen und Ärzte mit Johanna von Orléans, der Retterin Frankreichs. Ihr Leben wurde zu einem Stoff der Weltliteratur. Die romantisierende Glorifizierung zeigt sich besonders in dem Drama „Johanna von Orleans" (1801) von Friedrich von Schiller. Das Eingreifen des jungen Bauernmädchens in den „Hundertjährigen Krieg" zwischen England und Frankreich (1339–1453) bedeutete tatsächlich eine Wende zugunsten Frankreichs. Johanna, die sich selbst „Jeanne la Pucelle" (Johanna, die Jungfrau) nannte, kam am 6. Januar 1412 in Domrémy als Tochter wohlhabender Landleute zur Welt. Im Alter von dreizehn Jahren begann sie Stimmen zu vernehmen. Die heilige Katharina und die heilige Margarethe sollen zu ihr gesprochen haben: „Johanna, eile dem König von Frankreich zu Hilfe und du kannst ihm sein Königreich retten und Frankreich von den Engländern befreien".

Als Siebzehnjährige entschloß sie sich, in Männerkleidung nach Chinon zu reiten. Dort empfing sie am 6. März 1429 der Dauphin, den sie von ihrer Weisung überzeugen konnte. Sie hatte sich dann nach Blois zu begeben. Dort mußten die Herzoginnen von Alençon die Jungfernehre des Mädchens

> *„Durch den Weg das einst verlorene Königreich von einer Frau wiedererlangt wurde, was Männer nicht hatten tun können."*
>
> Christine de Pisan

bestätigen, denn schon öfter habe Gott durch eine unberührte Jungfrau Offenbarungen dem Volk gegeben. Der Teufel könne nämlich mit einer Jungfrau keinen Pakt schließen. In voller Ritterrüstung, mit dem Lilienbanner in der Hand, ritt Johanna am 23. April 1429 von Tours aus in das Lager der französischen Soldaten vor der von den Engländern eingeschlossenen Stadt Orléans. Schon am 8. Mai waren die Engländer in die Flucht geschlagen. Nach dem Sieg bei Patay am 18. Juni kam es zur Krönung des Dauphins in der Kathedrale von Reims, wohin ihn Johanna begleiten durfte. Sie kniete vor ihrem Gebieter, der sich jetzt König Karl VII. nannte, nieder und sprach: „Edler Herr, jetzt ist Gottes Wille vollbracht."
In den weiteren Kämpfen hatte Johanna weniger Erfolg. Als sie versuchte, Compiègne zu befreien, nahmen die Burgunder sie fest und verkauften sie an Heinrich VI. von England. Im Kerker wurde sie beschämenden Demütigungen ausgesetzt. Der französische Hof tat nichts für sie. In Rouen stellte man die junge Frau vor ein Inquisitionstribunal, das aus 60 Geistlichen unter der Leitung des Bischofs von Beauvais, Pierre Cauchon, bestand.
Johannas Männerkleidung war ein wesentlicher Anklagepunkt bei dem Schauprozeß, ebenso ihre Visionen und Stimmen. Das Tragen von Männerkleidung sei ein absoluter Skandal, ebenso die nach Art der Sklaventreiber kurz geschnittenen Haare. Dies alles sei bei „Gott und den

Menschen verwerflich und gegen das Gesetz Gottes, der Natur und der Kirche". Johanna wurde gehaßt, weil sie das tat, was offensichtlich nur Männern zustand: glanzvoll über die Feinde siegen. So wurde Johanna am 30. Mai 1431 im blühenden Alter von 19 Jahren zum Scheiterhaufen geführt, wo sie grausam und schrecklich im Feuer erstickte, bevor ihr Körper in den Flammen verbrannte. Sie war verurteilt worden als „Ketzerin, Rückfällige, Abtrünnige, Götzenanbeterin". Schon von ihren Zeitgenossen verehrt, hob Papst Calixtus II. am 7. Juli 1456 das Urteil auf. Johannas Mutter hatte schon bei seinem Vorgänger, Papst Nikolaus V., um die Revision des Prozesses gefleht. Der Seligsprechung im Jahr 1909 folgte die Heiligsprechung am 16. Mai 1920 zusammen mit der Ernennung zur zweiten Patronin Frankreichs. Der

Gedenktag für die Nationalheilige ist der erste Sonntag nach dem Fest Christi Himmelfahrt.

111

Katharina II. die Große

1729 in Stettin † 1796 in Zarskoje Selo

Machtbewußte deutsche Prinzessin Sophie von Anhalt-Zerbst
Als Zarin Katharina II. auf dem russischen Thron
Kluge Reformerin

Zarin Katharina II. von Rußland war eine der bedeutendsten Herrschergestalten in der europäischen Geschichte. Ihre mehr als 30 Jahre dauernde Regierungszeit leitete eine neue Phase des Aufstiegs Rußlands zur europäischen Großmacht ein. Am 2. Mai 1729 wurde in Stettin Prinzessin Sophie Auguste Friederike als älteste Tochter des Fürsten Christian August von Anhalt-Zerbst und der Prinzessin Johanna Elisabeth von Holstein-Gottorp geboren. Unter den deutschen Fürstenhäusern gehörte das Haus Anhalt-Zerbst zu den mittellosesten und unbedeutendsten. „Ich weiß nicht, ob ich als Kind wirklich so häßlich war", schrieb sie in ihren Memoiren, „doch ich erinnere mich, daß mir das oft gesagt wurde und man mir zu verstehen gab, ich sollte versuchen, Geist und andere Vorzüge zu erlangen. Das führte dazu, daß ich bis zu meinem vierzehnten oder fünfzehnten Lebensjahr überzeugt war, ein ziemlich häßliches Entlein zu sein und mich deshalb tatsächlich mehr bemühte, innere Vorzüge zu

erwerben, als mich auf mein Äußeres zu verlassen."
Auf Einladung der Zarin Elisabeth kam Sophie 1744 nach Rußland, um den russischen Thronfolger, den Neffen der Zarin, zu heiraten. Nach ihrem Übertritt zur orthodoxen Kirche nahm Sophie, die rasch Russisch lernte und später sogar ihre persönlichen Tagesnotizen auf Russisch geschrieben hat, den Namen Jekaterina (Katharina) Alexejewna an. In ihren Memoiren äußert sie sich recht offen über ihre Gefühle gegenüber ihrem Bräutigam: „Ich kann nicht sagen, daß er mir gefiel oder daß er mir nicht gefiel, aber um ehrlich zu sein, ich glaube, mir lag an der russischen Krone mehr als an seiner Person. Er war damals sechzehn Jahre alt, recht gutaussehend, aber sehr klein und kindlich, und sprach mit mir nur über Soldaten und Spielzeug. Ich hörte ihm höflich zu und er genoß es, sich lange Zeit mit mir zu unterhalten. Viele Leute hielten dies für Zuneigung, aber in Wirklichkeit kannten wir untereinander nie die Sprache der Zärtlichkeit. Er dachte auch gar nicht daran, was mich offengestanden nicht sehr zu seinen Gunsten einnahm."
Am 28. August 1745 wurde Katharina unter großer Pracht-

entfaltung mit dem Großfürsten Peter Feodorowitsch vermählt. Die Ehe mit dem psychopathischen Sadisten wurde ausgesprochen unglücklich. Ihr 1754 geborener Sohn, der spätere Zar Paul I., entstammte der Liebesbeziehung Katharinas zu Serge Saltykow.
Nach dem Tod der Zarin Elisabeth (1761) bestieg Katharinas Gatte als Peter III. den Thron. Dank seiner politischen Unfähigkeit hatte die ehrgeizige Katharina, die als kluge Frau darauf bedacht gewesen war, sich die politischen Gepflogenheiten und Sitten des Landes zu eigen zu machen, wenig Mühe, ihn mit Hilfe einflußreicher Petersburger Kreise und der kaiserlichen Garde zu stürzen. Am 28. Juni 1762 wurde Katharina durch einen Staatsstreich zur regierenden Kaiserin proklamiert. Der zur Abdankung gezwungene Peter wurde wohl ohne Katharinas Wissen am 6. Juli ermordet.
Als Regentin sehr arbeitsam, klug und tatkräftig, führte Katharina Reformen in Verwaltung und Rechtsprechung durch. Sie gründete mit dem Geheimen Staatsrat eine neue oberste Staatsbehörde und schuf die Gouvernements-Verfassung. Die innere Kolonisation förderte sie durch die Ansiedlung deutscher Siedler im Wolgagebiet.

Zur Erstellung eines neuen Gesetzbuches berief sie 1767 die Gesetzgebende Kommission, die aber aufgelöst wurde, ohne die Arbeit abgeschlossen zu haben. Katharina selbst hatte eine Instruktion für die Kommission, den Nakas, verfaßt, in der ihre fortschrittlichen Ideen Niederschlag fanden. Ihr Versuch einer Bauernbefreiung scheiterte am Widerstand des Adels, zu dessen Gunsten sie sogar noch die bäuerliche Leibeigenschaft verschärfte. Die dadurch ausgelösten sozialen Spannungen entluden sich in zahlreichen Bauernrevolten, besonders in dem großen von Pugatschows geleiteten Bauern- und Kosakenaufstand von 1773 bis 1775.
Erfolgreicher war Katharina II. auf außenpolitischem Gebiet.

Die junge Prinzessin Sophie von Anhalt-Zerbst, Gemälde von Antoine Pesne

Der geschickten Machtpolitikerin gelang es, Rußlands Grenzen bedeutend nach Westen und Süden auszudehnen. In zwei Kriegen gegen die Türkei gewann die Zarin in den Friedensschlüssen von Kütschük Kainardschi 1774 und Jassy 1792 sowie durch die Eroberung der Krim 1783 die Küste des Schwarzen Meeres bis zum Dnjestr. In den drei „Polnischen Teilungen" erwarb sie den Hauptteil Polens und konnte 1795 Kurland dem russischen Reich einverleiben.

Gegen Ende ihres Lebens erklärte Katharina, die in ihren politischen Ambitionen unersättlich geblieben war, einem ihrer Minister: „Wenn ich hun-

dert Jahre werden könnte, würde ich am liebsten versuchen, ganz Europa unter dem russischen Zepter zu vereinen. Aber ich habe nicht die Absicht zu sterben, bevor ich die Türken aus Konstantinopel vertrieben habe, den Stolz der Chinesen gebrochen und den Handel mit Indien aufgenommen habe."

Die hochgebildete und begabte Katharina schrieb zahlreiche Komödien, historische Dramen sowie Märchen und gab die Zeitschrift „Von Allem Etwas" heraus. Ihre wichtigste literarische Leistung sind ihre Memoiren. Katharina unterhielt einen regen Briefwechsel mit den führenden Vertretern der französischen Aufklärung, vornehmlich mit Voltaire. Auf ihre Einladung hin kam der Enzyklopädist Diderot für kurze Zeit nach Sankt Petersburg. Außer

einer Gesellschaft zur Übersetzung fremdsprachiger Bücher gründete Katharina auch die Russische Akademie, zu deren Direktorin sie die Prinzessin Daschkowar ernannte. Ihrer Zeit voraus ließ sie auch höhere Schulen für Mädchen einrichten. Sie holte Handwerker und Architekten aus Italien und Frankreich nach Rußland, russische Gelehrte und Künstler wurden von ihr zur Ausbildung ins Ausland geschickt. Durch umfangreiche Gemäldekäufe legte Katharina II. den Grundstock für die berühmte Gemäldesammlung der von ihr in Sankt Petersburg gegründeten Ermitage, die heute eines der bedeutendsten Kunstmuseen der Welt ist.

Wie die männlichen Herrscher ihrer Zeit erlaubte sich Katharina ein freizügiges Privatleben. Unter ihren zahlreichen Lieb-

114

habern und Günstlingen kam Gregorij Potjomkin eine besondere Rolle zu. Der Oberbefehlshaber der Armee behielt zeitlebens das Vertrauen Katharinas und großen politischen Einfluß. Zahlreiche Städtegründungen gehen auf ihn zurück. Es erscheint sogar wahrscheinlich, daß er und Katharina heimlich miteinander verheiratet waren. Als Katharina II., schon zu Leb-

zeiten die Große genannt, am 17. November 1796 in Zarskoje Selo starb, hinterließ sie ihrem Sohn Paul ein mächtiges Reich. Paul, der seine Mutter zeitlebens haßte, änderte die Regierungsform dahingehend, daß die männliche Thronfolge vorgeschrieben wurde.
Lassen wir Katharinas eigene Worte als Epilog für sich sprechen: „Ich bin sicher, daß ich

niemals etwas unternommen habe, ohne vorher überzeugt zu sein, daß es zum Guten des Reiches war. Rußland hat viel für mich getan, und ich glaube, daß alle meine in seinem Dienst eingesetzten Gaben kaum ausreichen, um dem Land meine ungeheure Schuld abzuzahlen. Denn alles, was ich für Rußland tun konnte, war nur ein Tropfen ins Meer ...".

Angelica Kauffmann

*1741 in Chur † 1807 in Rom

Schweizer Malerin
Eine der berühmtesten Künstlerinnen des 18. Jahrhunderts
Mittelpunkt einer kosmopolitischen Gesellschaft
von Fürsten, Künstlern und Gelehrten in Rom

*Angelica Kauffmann.
Selbstbildnis, 1787*

Die Schweizer Malerin und Radiererin Angelica Kauffmann zählt zu den erfolgreichsten und berühmtesten Künstlerinnen des 18. Jahrhunderts. Sie war eine hervorragende Porträt- und geschätzte Historienmalerin. Bevorzugt wählte sie die Themen ihrer Historienbilder aus Antike und zeitgenössischer Literatur. Außerdem malte sie einige Altarbilder.

Am 30. Oktober 1741 kam Maria Anna Angelica Catharina Kauffmann als einziges Kind des Malers Joseph Johann Kauffmann und seiner zweiten Frau Cleopha Luz in Chur zur Welt. Schon früh zeigte sich ihr malerisches Talent. Neben der künstlerischen Ausbildung bei ihrem Vater kopierte sie zur Vervollständigung ihrer Malkenntnisse die Werke alter Meister. Die als Wunderkind geltende Angelica unterstützte den Vater bei seiner Arbeit. Nach dem frühen Tod der Mutter schlossen sich Vater und Tochter noch enger aneinander. Gemeinsam bereisten sie Italien und kamen 1763 nach Rom. Angelica Kauffmann lernte dort den Archäologen Johann Joachim Winckelmann kennen, der sie in die Welt der Antike einführte. Großen Einfluß auf ihr Schaffen übte außerdem der in Rom tätige Maler Anton Raphael Mengs aus. Ihre Werke waren seitdem von klassischer Gemessenheit, in die aber noch die Leichtigkeit einer nicht völlig abgelegten Rokokomalerei einfloß. Angelica Kauffmann bekam in Rom zahlreiche

Porträtaufträge, vor allem von reichen Engländern.
Auf den Rat englischer Freunde hin ging sie 1766 nach London, wohin ihr Vater bald nachfolgte. Die liebenswürdige Künstlerin fand rasch Aufnahme in die Londoner Gesellschaft und wurde mit Aufträgen überhäuft. Die insgesamt fünfzehn Jahre, die sie in London verbrachte, bildeten den künstlerischen Höhepunkt ihrer Karriere. In ihren Einzelporträts und Gruppenbildnissen ließ sie sich von den führenden englischen Porträtisten Gainsborough und Reynolds beeinflussen. Sir Joshua Reynolds, der sich von ihr malen ließ, machte ihr einen Heiratsantrag, den sie ablehnte. Statt dessen heiratete Angelica Kauffmann 1767 den angeblichen schwedischen Grafen Horn, der sich aber als ein geldgieriger Betrüger entpuppte. Unter großen finanziellen Verlusten ließ sie sich ein Jahr später scheiden.
1768 gehörte sie, schon Mitglied berühmter italienischer Kunstakademien, zu den Gründungsmitgliedern der British Royal Academy – ein Beweis für

das hohe Ansehen, das sie genoß.

Auf Wunsch ihres Vaters heiratete sie im Sommer 1781 den venezianischen Maler Antonio Zucchi. Wenige Tage nach der Hochzeit verließen sie gemeinsam mit Angelicas Vater London, um zu Zucchis Familie nach Venedig zu reisen.

Im Januar 1782 starb Joseph Johann Kauffmann. Bald darauf siedelte das Ehepaar Zucchi nach Rom über, wo sie das ehemalige Haus Anton Raphael Mengs kauften. Das Haus entwickelte sich bald zum Mittelpunkt einer kosmopolitischen Gesellschaft von Fürsten, Künstlern und Gelehrten. Wieder bekam sie viele Aufträge für Porträts und Historienbilder.

Ein Besuch des Ateliers der Künstlerin gehörte zum obligaten Programm eines jeden nach Rom kommenden Aristokraten, obwohl sich wegen der hohen Preise nicht alle ein Gemälde von Angelica Kauffmann leisten konnten.

1795 starb Antonio Zucchi, der seiner Frau alle nichtkünstlerischen Aufgaben abgenommen und sie bei ihrer Arbeit unterstützt hatte. Nach seinem Tod verließ Angelica Kauffmann Rom nur noch kurzzeitig. Am 5. November 1807 starb sie in Rom und wurde in der Kirche Sant' Andrea delle Fratte beigesetzt.

> *„Bei aller demütigen Engelsklarheit und Unschuld ist sie vielleicht die kultivierteste Frau in Europa."*
>
> Johann Gottfried Herder

Ferdinand IV., König von Neapel, und seine Familie. 1783 schuf Angelica Kauffmann das Portrait des Königs Ferdinand IV., der Königin Marie Karoline und ihrer sechs Kinder vor dem Hintergrund einer Parklandschaft. Da das siebte Kind des Königspaares, für das schon ein Platz auf dem Bild vorgesehen war, tot zur Welt kam, übermalte die Künstlerin die für das Neugeborene leergelassene Wiege mit einer Decke. Liechtensteinische Staatliche Kunstsammlung, Vaduz.

Helen Adams Keller

1880 in Tuscumbia (Alabama) † 1968 Westport (Connecticut)

Buch-Autorin und Pazifistin
Stark im Meistern ihrer mehrfachen Behinderung

Helen Keller mit Doktorhut. Radcliffe College, 1904

Am Ende ihres Lebens sagte Helen Keller: „Ich bin blind, aber ich sehe; ich bin taub, doch ich höre." Ihr Freund Marc Twain nannte sie die größte Frau nach Johanna von Orléans, selbst Einstein war von ihrer unermüdlichen Wiß-begier tief beeindruckt. Helen Keller wurde zu einem Vorbild für die zielstrebige Überwindung mehrerer körperlicher Gebrechen: sie war taub, stumm und blind. Dabei kam sie als gesundes Mädchen zur Welt. Mit knapp zwei Jahren erkrankte sie an Scharlach, und das Unglück nahm seinen Lauf. Liebevoll umsorgt von ihren Eltern, wurde sie mit sieben Jahren in die Obhut von Anne Mansfield Sullivan, spätere Frau Macy (1866–1936), gegeben. Die damals zwanzigjährige Anne war ursprünglich selbst blind, konnte aber von der Krankheit fast ganz geheilt werden. Sie war in die Perkins Blindenschule in Boston gegan-gen. Mit unglaublicher Geduld brachte Anne der kleinen Helen die Taubstummensprache bei, ebenso die Braillesche Blinden-schrift. Außerdem lernte Helen bei Anne das Schreiben auf einer speziellen Schreib-maschine.

Lange Zeit gelang es Helen nur, sich mit hysterisch klingendem Lachen oder schlimmen Wut-anfällen zu verständigen. Im Alter von zehn Jahren konnte sie Buchstaben des Alphabets aufsagen. Sie hatte die Anfänge des Sprechens dadurch gelernt, daß sie ihre Finger auf den Kehlkopf ihrer Lehrerin preßte, um die Vibrationen zu „hören". Nach dieser großen Leistung bekam Helen einen neuen Leh-rer, nämlich Alexander Graham Bell, den Erfinder des Telefons. Unter größter Anstrengung schaffte es das kluge Mädchen, sich eine Sprechtechnik an-zueignen, mit der sie später sogar auf Vortragsreisen gehen konnte.

Am 8. Juli 1896 in einer Anspra-che in Mt. Airy bei Philadelphia, sagte sie: „Wüßten Sie, welche Freude mich erfüllt, daß ich imstande bin, heute zu Ihnen zu sprechen, wo würden Sie, glau-be ich, einen Begriff von dem Wert der Sprache für die Gehör-losen erhalten und verstehen, weshalb ich möchte, daß jedes gehörlose Kind auf dieser Welt die Chance bekommt, sprechen zu lernen."

Schon mit vierzehn Jahren trat sie in die Wright Humanson-Schule in New York ein und erstaunte dort alle, denn sie lernte spielend Deutsch, Latein und Griechisch, auch Mathema-tik und Physik fielen ihr zu. Der nächste Schritt war der Eintritt in das Radcliffe College in Boston, das sie 1907 im Alter von 27 mit dem Diplom und

Helen Keller in Stockholm (1957)

Geschichte meines Lebens" (1902), „Meine Welt" (1908), „Dunkelheit" (1913) und „Mitten im Leben" (1929). Mit diesen Aufzeichnungen wollte sie nichts anderes, als denen Mut machen, die sich in der dunklen, geräuschlosen Welt nicht zurechtfanden. Als Inspektorin der Blinden- und Taubstummenanstalten in den USA und als aktive Mitarbeiterin in vielen wohltätigen Organisationen bereiste sie nicht nur ganz Nord- und Südamerika und Kanada, sondern auch den Nahen und Fernen Osten, dann Europa. Die Schweiz besuchte sie, weil einer ihrer Schweizer Vorfahren der erste Lehrer für Taubstumme in Zürich war. Sie hat damit unzähligen Leidensgenossen Mut gegeben, sich auch einer Ausbildung zu unterziehen.

Die Schriftstellerin war aber auch politisch tätig und zählte, ganz besonders während des Ersten Weltkriegs, zu den Pazifistinnen. Helens Kindheit und das erfolgreiche Wirken ihrer Lehrerin Anne Sullivan schildert das von William Gibson geschriebene Stück „The Miracle Worker", das in New York im Oktober 1959 uraufgeführt, ein Jahr später mit dem Pulitzer-Preis ausgezeichnet und kurz darauf verfilmt wurde.

Das Alphabet in der Blindenschrift von Louis Braille

der Note „Magna cum laude" verließ. Sie schrieb mehrere Werke mit stark autobiographischem Charakter, so „Die

„Für das blinde Kind ist die Dunkelheit freundlich.
Es findet nichts Außergewöhnliches oder Schreckliches daran.
Dunkelheit ist seine vertraute Welt."

Helen Keller

Katharina Kepler

1547 in Eltingen   † 1622 in Leonberg

Als Hexe angeklagte standhafte Mutter des Astronomen
Johannes Kepler

*Katharina Kepler
verbrachte 1 ¹/₂ Jahre
im Kerker*

Um die Mitte des 16. Jahrhunderts begannen in Deutschland die Hexenverfolgungen. Gemäß dem „Hexenhammer" – einem 1486 veröffentlichten Lehrbuch zu allen Fragen der Hexenlehre – bestand der beste Beweis in einem Geständnis, denn „das allgemeine Recht verlangt, daß keine Hexe zum Tod verurteilt werden sollte, sie sei denn durch eigenes Geständnis überführt".

Alle Hexen waren angeblich mit dem Teufel im Bund und hatten mit ihm und anderen unheimlichen Kreaturen sexuelle Beziehungen; sie konnten angeblich zaubern, sogar fliegen, und nahmen am Hexensabbat teil. Hexen waren „... die bloßen Teufelshuren, die da Milch stelen, Wetter machen, auff Bock und Besen reytten, die ehlich Gliedmaßen bezaubern ... Mit Hexen und Zauberinnen soll man kein Barmherzigkeit haben." Die Inquisitoren des 16. Jahrhunderts, die über Gotteslästerungen von Frauen schrieben, schilderten Orgien des Hexensabbats mit Kannibalismus an Neugeborenen, unersättlicher Freßlust, Trunkenheit und unzüchtigen

Tänzen. Hexen wuschen sich nicht, kochten nicht; sie konnten fliegen, außerdem Männer impotent machen.
In den Verdacht der Hexerei kam man schnell. Von den der Hexerei Angeklagten waren je nach Region etwa 75 bis 90 Prozent Frauen, davon über die Hälfte Witwen. Katharina Kepler, Mutter des Mathematikers und Astronomen Johannes Kepler (1571–1630), war zwar nicht verwitwet, allerdings, als man sie der Hexerei anklagte,

von ihrem Mann längst verlassen worden. Sie wurde am 8. November 1547 als Tochter von Magdalene und Melchior Guldenmann in Eltingen geboren; ihr Vater war Gastwirt. Mit 24 Jahren wurde sie mit Heinrich Kepler, der aus einer angesehenen und wohlhabenden Familie stammte, verheiratet. Das junge Paar zog zu den Schwiegereltern nach Weil der Stadt, wo im Dezember 1571 ihr Sohn Johannes geboren wurde, dem noch sechs weitere Geschwister folgten. Doch das Zusammenleben der beiden Generationen in einem Haus war sehr schwierig.
Katharina brachte ihre ersten beiden Kinder zu den Eltern nach Eltingen und folgte ihrem Mann, der um 1574 als Soldat der spanischen Armee in den aufständischen Niederlanden kämpfte.
Ab 1575 lebte das Ehepaar Kepler in Leonberg. Katharinas Ehemann zeigte sich als unste-

> *„Sie hab sich sovihl erweint,
> da sie jetztmahls nit mehr weinen könde."*
>
> Katharina Kepler

ter Familienvater, außerdem als streitsüchtiger Gasthofpächter in Ellmendingen, der immer wieder das Soldatenleben dem geregelten Erwerbsleben vorzog. Nach fast zwanzigjähriger Ehe tauchte Heinrich Kepler endgültig unter. Schuld an der häuslichen Misere war aber nach Ansicht der Richter beim späteren Prozeß nicht etwa der Ehemann, sondern die Ehefrau Katharina, denn bei einem „ordentlichen, ehrlichen Weib" würde ein Mann gerne bleiben. Der verlassenen Ehefrau gelang es, die schlechte Finanzlage in den Griff zu bekommen und den Kindern eine ordentliche Ausbildung zu ermöglichen, ihrem Sohn Johannes sogar den Besuch der Lateinschule in Leonberg zu finanzieren, damit er Pfarrer werden konnte. Als es 1614 zwischen Katharinas Sohn Christoph und Ursula Reinbold, der Frau des Glasers Jakob Reinbold, in einer geschäftlichen Angelegenheit zu Streit kam, stellte sich die Mutter auf die Seite des Sohnes. Ursula Reinbold behauptete daraufhin, daß die Keplerin ihr einen Trank angeboten habe, der ihr ständigen Kopfschmerz verursache und sie ihr außerdem ein Unterleibsleiden angehext habe. Es traf Katharina schwer, als ihr Sohn Heinrich, den sie mit seiner Familie bei sich aufgenommen hatte, herumerzählte, sie lasse sie verhungern. Noch schlimmer war allerdings, daß er laut vernehmlich schrie: „Soll's der Teufel fressen, das Fleisch, soll's der Teufel fressen, das stinkige Hexenfleisch, auf dem sie mit ihm geritten ist." Er klagte

somit seine Mutter an, daß sie „khein rechte fraw", sondern eine Hexe wäre. Allerdings sei die Mutter immer geplagt „von nicht wenigen Fehlern, als da sind Geschwätzigkeit, Neugier, Jähzorn, Böses wünschend, hartnäckig sich beschwerend." Als Grund dafür meinte er, daß sie sich mit ihren vielen Kindern während der 28 Jahre ihrer Witwenzeit „unter dem gemei-

nen Gesindel sich habe wehren müssen, sich kärglich ernährt, ihr Gütlein gut gehalten, und sei dabei in allerhand Zank, Unlust und Feindschaft geraten." Von da an erreichten die Anschuldigungen gegen die der Hexerei verdächtige Frau einen unglaublichen Umfang. So wurde im Oktober 1616 ein Haftbefehl ausgestellt und der Vogt angewiesen, gegen Katharina

Links:
*Der junge
Johannes Kepler*

Rechts:
*Johannes Kepler
(1627)*

*Herzog Friedrich
von Württemberg*

Kepler den Hexenprozß zu
eröffnen. Es folgten Zeugenver-
nehmungen, Eingaben und Bitt-
schriften an den Herzog von

Württemberg, dem im Januar
1620 das Protokoll der Zeugen-
vernehmungen von Leonberg
zugestellt wurde. Da man Angst
hatte, daß Katharina zu ihrem
Sohn Johannes nach Linz fliehen würde, wurde sie am
7. August 1620 frühmorgens
bei ihrer Tochter Margarete im
Pfarrhaus von Heumaden verhaftet. Bei den Verhandlungen,
in denen 14 Belastungszeugen
aufgeboten wurden, stand
Katharina Rede und Antwort.
Allerdings war sie anfänglich
so eingeschüchtert, daß sie nur
sehr zögerlich antwortete. Als
ein Zeuge sie fragte: „Catherlin,
wann Ihr einen frommen Bluts-
tropfen in Euch hettet, so solt
euch auch einmal ein Aug yber-
gehen", da fehlende Tränen als
Hexenmerkmal galten. Katharina Keplers Antwort: „Sie hab
sich sovihl erweint, das sie jezt-

mahls nit mehr weinen könde."
Doch es war offensichtlich, daß
die Ankläger die vorgebrachten
Beschuldigungen so erhärten
wollten, daß die Folter angewendet werden konnte. Längst
hatte sich ihr Sohn Johannes in
den Prozeß eingeschaltet und
auf einem Rechtsgutachten der
juristischen Fakultät in Tübin-
gen bestanden. Man hielt seine
Mutter zwar auch dort für eine
Hexe, wollte sie aber aufgrund
der unzureichenden Indizien
nicht zum Tod verurteilen
lassen. Man entschloß sich,
der 74jährigen Frau ein fingier-
tes Folterurteil vorzulesen und
sie in die Folterkammer zu
führen. Wenn sie beim Anblick
der schrecklichen Instrumente
immer noch nicht geständig
wäre, solle ihre Unschuld angenommen werden. Katharina
Kepler blieb standhaft. Sie

wollte eher sterben, als die Unwahrheit sagen. Und so gelang es tatsächlich, die Mutter eines berühmten Mannes nach knapp eineinhalbjährigem Gefängnisaufenthalt freizukommen. Nur noch ein halbes Jahr war ihr in Freiheit zu leben vergönnt. Sie starb am 13. April 1622. Die schlimmen Haftbedingungen, angekettet in einem feuchten Raum des Güglinger Stadttors und von zwei Wärtern bewacht, hatten sicher das ihrige dazu beigetragen.

Das Foltern von Frauen kannte verschiedene Stufen der Tortur. Vor der Folter wurden die Frauen entkleidet, es wurden ihnen die Haare abgeschnitten beziehungsweise am ganzen Körper abgesengt, „damit kein Zaubermittel" verborgen bleibe. Die Prozedur wurde vom Henker vorgenommen. Die Demütigungen gingen weiter mit der Daumenschraube, gefolgt von der Zersplitterung der Knochen des Schienbeins. Wer immer noch nicht „geständig" war, wurde mit auf dem Rücken zusammengebundenen Händen aufgehängt oder mit brennendem Schwefel oder Pech beträufelt. Eine andere Möglichkeit des Erpressens von Geständnissen war die „Wasserprobe." Der vermeintlichen Hexe wurden die Hände an ihre Beine gebunden und sie wurde in einen Fluß geworfen. Wenn sie ertrank, war sie unschuldig, wenn sie obenauf schwamm, stand sie mit dem Teufel im Bund. Die Frau wurde herausgefischt und zum Tod auf dem Scheiterhaufen verurteilt.

Der Satan befiehlt den Hexen, das Kreuz mit Füßen zu treten

Verhörmethoden durch Zerquetschen von Körperteilen

Verdächtige Hexe bei der „Wasserprobe"

123

Klara von Assisi

1194 in Assisi   † 1253 in Assisi

Gründerin des Klarissinenordens
„Kleine Pflanze des seligen Franziskus"
Patronin der Blinden und des Fernsehens

Die hl. Klara.
Fresko von Tiberius von Assisi in der
Porziuncola-Kapelle in S. Maria degli Angeli

Im 12. Jahrhundert erfaßte eine Armutsbewegung das gesamte Abendland: ein riesiger Protest gegen Reichtum in Adel, Klerus und Bürgertum. Die Verkünder der freiwilligen Armut waren fast immer Laien. Verwirklicht haben diesen Armutsgedanken ganz besonders Franziskus von Assisi und seine geistliche Schwester Klara von Assisi.

Chiara dei Scifi, 1194 in Assisi geboren, wurde Zeugin des Wandels im Leben des zwölf Jahre älteren Franz, den sie bestens kannte. Sein Verzicht auf jeglichen Besitz faszinierte sie. Als 18jährige floh sie aus ihrem vornehmen Elternhaus und ging zu Franz in das Porziuncola-Kirchlein in der Ebene unterhalb von Assisi. Nach der Legende soll Franz der jungen Klara ihre schönen Haare abgeschnitten haben, bevor er ihr das Ordensgewand und den Schleier übergab. Zusammen mit ihrer Schwester Agnes, später auch ihrer verwitweten Mutter, sowie ihrer jüngsten Schwester Beatrice und einigen weiteren Gefährtinnen richteten sie sich ein „Nestchen der Armut" bei dem Kirchlein San Damiano ein, wo in der Folgezeit ein kleines Kloster entstand. Es war der Beginn des Klarissenordens, des Zweiten Ordens der Franziskaner. Franziskus erstellte für die Frauen eine kurze schriftliche Anweisung für das tägliche Leben. Um 1215 erlangte Klara von Papst Innozenz III. das „Privilegium paupertatis", das „besondere Recht der Armut", sogar der „Bettelarmut". Als ihr aufrichtiger Verehrer, Kardinal Ugolino, unter dem Namen Gregor IX. zum Papst gewählt worden war, lag ihm daran, den Schwestern ihr Los zu erleichtern und ihnen feste Einkünfte zu verschaffen. Klara jedoch bat ihn: „Heiliger Vater, sprich mich los von meinen Sünden, aber entbinde mich nicht von der Nachfolge Jesu." Klara wünschte eine Gemeinschaft, die „nur reich an Armut" sein sollte, um frei Christus nachfolgen zu können. Klara bezeichnete sich selbst als die „kleine Pflanze des seligen Franziskus". Dieser wiederum fühlte sich gehalten, für seine

*Grabeskirche
der hl. Klara in Assisi*

> *„Selige Armut, die denen,
> die sie lieben, ewige
> Reichtümer verbürgt."*
>
> Lebensmaxime
> der heiligen Klara

Schwester im Geiste, seine „Herrin", allzeit zu sorgen. Als großes Glück empfand es Klara, daß Franziskus im Sommer 1225 in einer Schilfhütte in dem kleinen Klostergarten seinen bis heute anrührenden „Sonnengesang" verfaßte. Nach seinem Tod am 3. Oktober 1226 trugen seine Gefährten seinen Leichnam nach San Damiano, ehe er in der Kirche von San Giorgio in Assisi beigesetzt wurde; dort fand auch die am 11. August 1253 an ihrem körperlichen Leiden verstorbene Klara ihr Grab, bis 1265 das angebaute Gotteshaus Santa Chiara fertiggestellt war. Die Heiligsprechung der Nonne erfolgte schon zwei Jahre nach ihrem Tod, am 15. August 1255, durch Papst Alexander IV. Zwei

Tage vor ihrem Scheiden aus dieser Welt durfte Klara noch erfahren, daß Papst Innozenz IV. ihrem Orden eine dem franzis-

kanischen Armutsideal verpflichtete Regel bestätigt hatte. Als Klara von Assisi starb, gab es bereits 70 Klarissenklöster. Heute besteht der Orden aus 494 Klöstern mit etwa 11 000 Nonnen. Ein Reformzweig sind die Klarissen-Kapuzinerinnen mit ca. 137 Klöstern. Die heilige Klara ist die Patronin der Klarissen, die Patronin ihrer Heimatstadt Assisi, aber auch die der Wäscherinnen, Vergolder, Stickerinnen, Glaser und Glasmaler; sie wird angerufen bei Fieber und Augenleiden. Heute ist sie auch die Patronin der Blinden und des Fernsehens.

Heiligenschrein

Käthe Kollwitz

1867 in Königsberg † 1945 im „Rüdenhof" bei Schloß Moritzburg

Graphikerin, Malerin und Bildhauerin
Ihre Maxime: Mitweinen, mitfühlen, mitkämpfen
1919 als erste Frau Mitglied der Preußischen Akademie der Künste
Im Dritten Reich als „entartete Künstlerin" verfemt

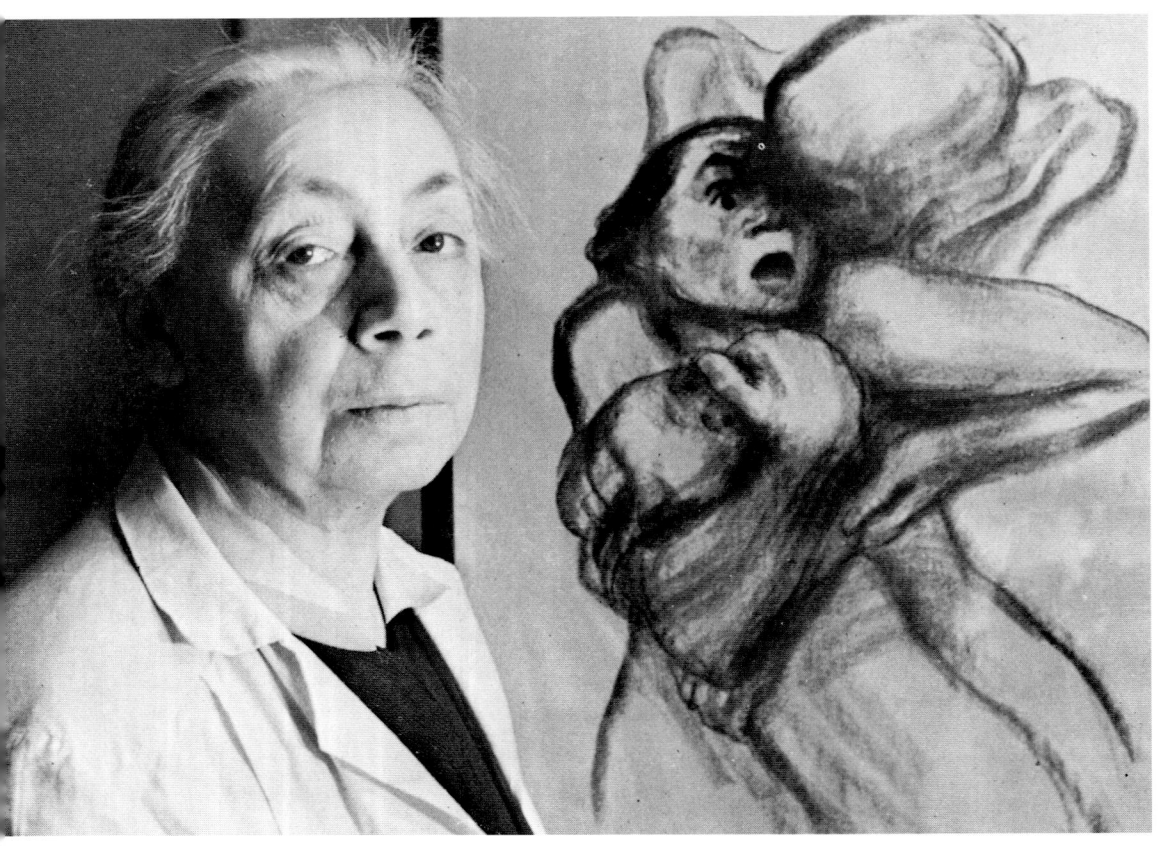

Käthe Kollwitz vor einer ihrer Zeichnungen Anfang der dreißiger Jahre

Die Graphikerin, Malerin und Bildhauerin Käthe Kollwitz schuf ein Werk, in dessen Mittelpunkt allein der Mensch steht; keine Landschaften, kein Stilleben. Sie arbeitet fast ausschließlich in Schwarzweiß. Mitweinen, mitfühlen, mitkämpfen – diese Impulse wollte Käthe Kollwitz durch ihr Werk wecken.

Mit 18 Jahren kam Käthe Schmidt nach Berlin an die Künstlerinnen-Schule von Karl Stauffer-Bern. Unzufrieden mit dem Unterricht, ging sie 1886 zurück in ihre Heimatstadt Königsberg. Dann zog es sie 1889 an die Künstlerinnen-Schule Ludwig Herterich nach München. Käthe verheiratete sich im Frühjahr 1891 mit Karl Kollwitz. Fortan lebte sie immer im gleichen Haus in der Weißenburger Straße, der heutigen Käthe-Kollwitz-Straße in Berlin. Dort hatte ihr Mann seine Kassenarztpraxis, dort wuchsen ihre beiden Söhne Hans und Peter auf.

Aus dem arbeitsamen Leben in Berlin ragt ein Ereignis besonders hervor: 1893 erfolgte die Uraufführung von Gerhart Hauptmanns Stück „Die Weber". Der revolutionäre Schwung dieses Stückes riß sie mit. Sie schuf das selbständige Werk „Ein Weberaufstand", ein Werk, mit dem sie vier Jahre lang rang und das ihr volkstümlichstes werden sollte. Weitere Akzente im graphischen Werk sind die Folge „Bauernkrieg" (1902), die Holzschnittfolge „Krieg" (1914), die Folge „Proletariat" (1925) und die Folge „Tod" (1934). Um sich künstlerisch inspirieren zu lassen, unternahm die junge Frau zwei große Reisen. Sie fuhr 1904 nach Paris, um die Bildhauerklasse an der Académie Julian zu besuchen sowie Auguste Rodin und Théophile

Alexandre Steinlen einen Besuch abzustatten. Drei Jahre später (1907) wurde ihr durch den von Max Klinger gestifteten „Villa-Romana-Preis" ein fünfmonatiger Aufenthalt in Florenz und eine Reise nach Rom ermöglicht.

In Berlin fand im Januar 1906 in der Alten Akademie die „Deutsche Heimarbeit-Ausstellung" statt. Das Ausstellungsplakat dazu entwarf Käthe Kollwitz. Es zeigt eine verhärmte, traurige Heimarbeiterin, ausgemergelt von der täglich 16 bis 18 Stunden dauernden schlechtbezahlten Heimarbeit. Die Kaiserin weigerte sich, die Ausstelllung zu betreten, solange dieses Plakat hing. Schon 1898 hatte Kaiser Wilhelm II. verhindert, daß der Künstlerin die von Adolph von Menzel vorgeschlagene Ehrung mit der Goldenen Medaille der großen Berliner Kunstausstellung zuteil wurde, da ihm die „Rinnstein-Kunst" der Kollwitz nicht gefiel. Bei der ebenfalls im Januar 1906 stattfindenden Konferenz der Internationalen Frauenliga für Frieden und Freiheit in

Frankfurt (IFFF) gehörte Käthe Kollwitz zusammen mit Selma Lagerlöf zum Ehrenkomitee. Vieles verband Käthe Kollwitz künstlerisch mit Ernst Barlach.

Die geheimnisvolle Wechselbeziehung zwischen ihr und ihm läßt sich an zwei Werken ablesen: an dem „Güstrower Engel" von Barlach und an der „Klage" von Käthe Kollwitz. „In den Engel ist mir das Gesicht von Käthe Kollwitz hineingekommen, ohne daß ich es mir vorgenommen hätte", so Barlach. Über ihr Relief „Klage", ein Selbstbildnis, äußerte sie, daß es unter dem Eindruck von Barlachs Tod und dem furchtbaren Unrecht, das er erlitten hatte, entstanden sei.

Im Tagebuch der Kollwitz steht unter dem 24.10.1914:

Pariser Kellerlokal, 1904

Ernst Barlach „Güstrower Engel" mit dem Gesicht von Käthe Kollwitz

zwei Steinfiguren, die 1932 am Eingang des Soldatenfriedhofs Roggevelde aufgestellt wurden. Ein Bronzeabguß ist heute in Sankt Alban in Köln zu sehen. Schon seit 1899 war die Künstlerin Mitglied der „Freien Sezession" Berlin, die 1917 zu ihrem 50. Geburtstag bei Paul Cassirer eine große Jubiläumsausstellung veranstaltete. Am 6. Februar 1919 erfolgte ihre Ernennung zum ersten weiblichen Mitglied der Preußischen Akademie der Künste unter gleichzeitiger Verleihung des Professorinnentitels. Ende 1927 reiste Käthe Kollwitz zusammen mit ihrem Mann in die Sowjetunion. Schon 1926 war sie in zwei großen Moskauer Ausstellungen vertreten. 1928 wurde sie mit der Leitung des „Meisterateliers für Graphik" beauftragt, 1929 erhielt sie den Orden „Pour le mérite" der Friedensklasse der Wissen-

„Die erste Nachricht von Peter. Er schreibt, sie hören schon Kanonendonner"; am 30. Oktober 1914 schreibt sie: „Mein Sohn ist gefallen"; am 12. Dezember 1914: „Peter – du deutscher, deutscher Junge, du Junge, du geliebter, geliebter Junge." Peter hatte sich freiwillig gemeldet und fiel bereits am 22. Oktober in Flandern bei Dixmuiden.

Über diese „sinnlose Opfer" für einen „hirnverbrannten Wahnsinn" kam sie nie hinweg. Ihre unendliche Trauer ließ sie lange Zeit nicht arbeiten. Dann aber entschloß sie sich, das für sie selbst notwendigste Werk zu schaffen, das Gefallenendenkmal: „Vater und Mutter",

128

Gipsfigur des „Vaters" des Gefallenendenkmals von Käthe Kollwitz, 1931/32

mengehen der SPD mit der KPD das Wort redete, zeigte dies schnell seine Folgen. Schon am 15. Februar mußte das Ehepaar ebenso wie Heinrich Mann aus der Preußischen Akademie der Künste „freiwillig" ausscheiden. Die Künstlerin bekam ab 1936 ein „inoffizielles" Ausstellungsverbot. Ihre Werke wurden aus bestehenden Ausstellungen in Deutschland entfernt. In London dagegen waren 1938 ihre Arbeiten auf der „Exhibition of 20th Century German Art" die einzigen Exponate der als „entartet" geltenden deutschen Künstlerinnen.

Im Juni 1944 vertraute sie ihrem Sohn Hans und der Schwiegertochter Ottilie an: „Von Euch fortgehen zu müssen, von Euch und Euren Kindern, wird mir furchtbar schwer. Aber die unstillbare Sehnsucht nach dem Tode bleibt ... Ich segne mein Leben ... ich habe nach meinen besten Kräften gelebt ... ich bitte Euch nur, laßt mich jetzt fortgehen, meine Zeit ist um." Käthe Kollwitz durfte am 22. April 1945 im „Rüdenhof" im Schloßpark von Moritzburg bei Dresden „fortgehen".

Nie wieder Krieg, Plakat zum mitteldeutschen Jugendtag, 1924

schaft und Künste. Zu ihrem 65. Geburtstag wurde 1932 in Moskau und Leningrad eine umfassende Präsentation ihrer Werke veranstaltet.

Im Juli 1932, angesichts der bevorstehenden Reichstagswahlen, unterzeichnete Käthe Kollwitz mit Albert Einstein, Heinrich Mann, Arnold Zweig und anderen einen Aufruf zur Einigung der Linksparteien gegen die faschistische Gefahr. Als die Künstlerin zusammen mit ihrem Mann Karl im Februar 1933 auch noch den „Dringenden Appell" mitunterzeichnete, der einem Zusam-

Ihre letzte Ruhestätte fand sie im Familiengrab auf dem Zentralfriedhof in Berlin-Friedrichsfelde, dessen Relief sie selbst gestaltet hatte.

„Es sind mir drei Dinge wichtig in meinem Leben: daß ich Kinder gehabt habe, daß ich einen solchen treuen Lebenskamerad gehabt habe und meine Arbeit."

Käthe Kollwitz

Käthe Kruse

1883 in Berlin   † 1968 in Murnau

Künstlerin und Erfinderin der nach ihr benannten
Käthe-Kruse-Puppen:
„Gefühl kommt von Anfühlen!"

Käthe Kruse an ihrem 75. Geburtstag (1958) in Donauwörth

Es war um Weihnachten 1905. Das dreijährige Mimerle wünschte sich ein Baby. So eines, wie es die Mutter gerade pflegte, wickelte, badete, stillte und lieb hatte. Eben wie dieses Schwesterchen. Also bat die Mutter, die mit ihren beiden Mädchen im Tessin lebte, deren Vater Max Kruse in Berlin um eine Puppe. Die Antwort war in Berlinerisch gehalten und schmeckte bitter: „Nee, ick koof Euch keene Puppen. Ick find' se scheißlich. Wie kann man mit einem harten, kalten und steifen Dings mütterliche Gefühle erfüllen. Macht Euch selber welche! – Eine bessere Gelegenheit, Dich künstlerisch zu entwickeln, kannst Du Dir gar nicht wünschen."

Das erste Resultat dieser „künstlerischen Entwicklung" sah sehr primitiv aus: eine Kartoffel, ein Handtuch (mit warmen Sand gefüllt), Arme und Beine einfach abgeknotet. Das „Dings" hielt allerdings nicht lange. Fünf Jahre später: die junge Mutter beteiligte sich an einer Ausstellung in Berlin mit dem Thema „Spielzeug aus eigener Hand". Ihre Puppen erregten Aufsehen. Plötzlich gab es eine Menge Leute, die solche Puppen wollten. Sollte nun mit einer Produktion begonnen werden? Den Ausschlag dafür gab schließlich ein Telegramm aus den USA: die Bestellung von 150 solcher „dolls". Käthe Kruse, die junge 27jährige Mutter, war über Nacht eine berühmte Frau, deren Puppen bald in alle Welt gingen. Käthe, gen. Kathel, wurde als uneheliches Kind des städtischen Beamten Robert Rogaske und der Näherin Christiane Simon 1883 in Breslau geboren. Die Mutter ermöglichte ihr unter größten Entbehrungen den Besuch der Mittelschule und erlaubte ihr, Schauspielerin zu werden. Mit 17 wurde die Elevin an das Berliner Lessing-Theater verpflichtet. Als Künstlerinnennamen wählte sie Hedda Somin und machte Karriere. Sie lernte viele Prominente kennen, so auch einen der berühmtesten Bildhauer der Jahrhundertwende: Max Kruse. Trotz des großen Altersunterschieds von 30 Jahren fanden sich die beiden. Max Kruse führte Käthe in die bildende Kunst ein und gab seiner, wie sich schnell herausstellte, künstlerisch sehr begabten Frau das Leitwort mit auf den Weg: „Gefühl kommt von Anfühlen!" Mit 19 Jahren (1902) wurde Käthe Mutter eines unehelichen Kindes, „Mimerle" (Maria), dann folgten Sofie und weitere sechs Kinder. Endlich wurde im März 1909 in München dann doch geheiratet.

Im Jahr 1910 hatte Käthe in München einen Fiamingo-Kopf gefunden, den sie entzückend fand. Sie überzog ihn mit Stoff und goß die Hülle mit Wachs aus. Daraus entwickelte sie ihren ersten berühmten Puppenkopf. 1912 begann Käthe in Bad Kösen an der Saale eine eigene Produktion aufzuziehen, nach dem Zweiten Weltkrieg

Käthe Kruse mit Maria und Sofie, um 1907

bauten ihre Söhne Max in Bad Pyrmont und Michael in Donauwörth die Firma wieder auf. Ab 1962 führte ihre jüngste Tochter Hanne zusammen mit

ihrem Mann Hans Adler die Firma in Donauwörth. Käthe Kruse wurde in Anerkennung ihrer weltweiten Verdienste im März 1956 das Bundesverdienstkreuz Erster Klasse verliehen. Sie ist eine der wenigen Frauen, die diese hohe Auszeichnung erhielt. Kurz vor ihrem 85. Geburtstag, am 19. Juli 1968, starb sie, bis zuletzt liebevoll umsorgt von „Mimerle", in Murnau. Mit ihren Puppen trägt sie bis heute dazu bei, daß Mädchen und Buben etwas zum Liebhaben im Arm halten können. Zu besichtigen sind ihre „Schatzstücke" im Käthe-Kruse-Puppen-Museum in Donauwörth.

Die Puppen Friedebald und Ilsebill, um 1929

Selma Lagerlöf

1858 und † 1940 auf dem Hofgut Mårbacka in Värmland (Schweden)

Berühmt für ihr Kinderbuch „Nils Holgersson"
Als erste Frau Trägerin des Nobelpreises für Literatur
Zeitlebens eine Kämpferin für den Frieden unter den Völkern

Selma Lagerlöf, Portrait von C. Larsson

Die Schwedin Selma Lovisa Lagerlöf erhielt im Jahr 1909 als erste Frau „in Würdigung des hohen Idealismus, der lebendigen Einbildungskraft und der durchgeistigten Darstellung, die sich in ihrem Werk offenbart", den Nobelpreis für Literatur. Seit 1907 war die Schriftstellerin Trägerin der Ehrendoktorwürde der Universität Uppsala; 1914 wurde sie als erste Frau in die Schwedische Akademie gewählt.

Sowohl die alten Volkserzählungen und Sagen von Värmland, die sie von Kind auf von ihrem Vater erzählt bekam, als auch ihr großes Interesse an Literatur regten sie frühzeitig zum Schreiben an. Als ihr Landsmann Strindberg in seelischer Zerklüftung viele Lebenskrisen durchmachte und Ibsen mit „Nora" hervortrat, widmete sich Selma Lagerlöf ganz dem Sagen- und Erzählschatz der Herrenhöfe ihrer Heimat und schuf ein verspätetes Werk der Romantik.

Ihr Roman „Gösta Berling", der von einem seltsamen, liebenswürdigen Menschen ihrer Heimat handelt, erschien in Buchform 1891 in Schweden, fünf Jahre später dann in deutscher Sprache. Eine Erzählung aus dieser „Gösta Berling-Saga" war bereits 1890 im Rahmen eines Preisausschreibens in der Frauenzeitschrift „Iduna" erschienen und brachte Selma Lagerlöf den ersten Preis ein. Das erfolgreiche Buch wurde verfilmt und kam 1924 erstmals in die deutschen Kinos. Greta Garbo spielte darin die Gräfin Elisabeth Dohna auf Schloß Ekeby. Es war ihre erste Filmrolle, und sie erzielte damit einen sensationellen Erfolg.

Reisen nach Italien (1895/1896) und nach Palästina (1899–1900) waren der Anlaß dafür, daß sich die Dichterin in ihrem Schaffen vorübergehend religiösen Motiven zuwandte, wie in „Herrgottssegen", „Christuslegenden" und dem zweibändigen Roman „Jerusalem", der im Grunde ein Bauernroman ist. Weniger beachtet sind Lagerlöfs autobiographische Schriften „Mårbacka" (1922), „Aus meinen

> „Seit meinem siebten Jahre schwebte mir
> als schönster Traum vor,
> einmal Schriftstellerin zu werden."
>
> Selma Lagerlöf

Lars Hanson und Greta Garbo als Gösta Berling und Elisabeth Dohna in Mauritz Stillers Verfilmung des „Gösta Berling" von 1924. Foto: Svenska Filminstitutet.

blieb. Als Selma Lagerlöf 82jährig auf ihrem elterlichen Gut „Mårbacka" starb, hinterließ sie ein Werk, das heute zur Weltliteratur zählt und sie zur bedeutendsten schwedischen Dichterin der Gegenwart machte.

In ihrem Leben und Werk wollte sie Zeugnis dafür geben, daß „die Güte und die selbstlose Liebe stets über egoistische Niederträchtigkeit und Härte siegen", wie sie dies selbst formulierte.

Kindertagen" (1931) und ihr „Tagebuch". Der größte literarische Erfolg kam für die frühere Lehrerin (1885-1895) in Landskrona durch das Kinderbuch, das sie im Auftrag für die schwedischen Schulen schrieb: „Die wunderbare Reise des kleinen Nils Holgersson mit den Wildgänsen". Der kleine Nils lernt, auf dem Rücken einer Wildgans dahinfliegend, seine Heimat kennen und der Leser erhält ein Bild von der Geschichte und dem Volkstum des Landes.

Zeitlebens war Selma Lagerlöf eine Kämpferin für den Frieden unter den Völkern. Am Ende des Ersten Weltkriegs wurde ihr Antikriegsroman „Bannlyst" („Das heilige Leben", 1919) veröffentlicht. Sie gehörte 1929 zusammen mit Käthe Kollwitz zum Ehrenkommitee der Konferenz der Internationalen Frauenliga für Frieden und Freiheit (IFFF) in Frankfurt. Es ging damals um die modernen Kriegsmethoden (Giftgaskrieg) und den Schutz der Zivilbevölkerung. Durch die Vermittlung von Selma Lagerlöf konnte die deutsche Nobelpreisträgerin Nelly Sachs 1940 nach Stock-

holm in Sicherheit gelangen, wo sie bis zu ihrem Lebensende

Selma Lagerlöf

Wunderbare Reise

des kleinen Nils Holgersson mit den Wildgänsen

Vollständige Ausgabe mit Original-Illustrationen von Wilhelm Schulz

NYMPHENBURGER VERLAGSHANDLUNG MÜNCHEN

Jenny Lind

*1820 in Stockholm † 1887 in Malvern Hill

Bedeutende Sängerin des 19. Jahrhunderts
„Schwedische Nachtigall"

Jenny Lind. Ölgemälde von Eduard Magnus, 1846

Die als „schwedische Nachtigall" gefeierte Jenny Lind war die wohl bedeutendste Sängerin ihres Jahrhunderts. Sie bezauberte ihre Zuhörer durch eine ausdrucksvolle, elegische Sopranstimme und beeindruckte durch eine makellose Technik.

Am 6. Oktober 1820 wurde sie in Stockholm als Kind armer Eltern unter dem Namen Johanna Maria geboren. Im Alter von zehn Jahren kam sie zur Ausbildung an die Opernschule des Stockholmer Hoftheaters und präsentierte sich dem Publikum schon bald in Kinderrollen. Ihr formelles Operndebüt gab Jenny Lind am 7. März 1838 in Stockholm als Agathe in Carl Maria von Webers Oper „Der Freischütz". In den folgenden drei Jahren stieg sie zu Schwedens unbestrittener Primadonna auf. Sie war noch keine 21 Jahre alt, als ihre Stimme Ermüdungserscheinungen zu zeigen begann, weshalb Jenny Lind 1841 nach Paris ging, um den bekannten Gesangslehrer Manuel García junior zu konsultieren. Nach einer längeren Ruhepause zur Schonung ihrer Stimme nahm sie bei García ein zehnmonatiges Studium auf und vervollkommnete ihre Gesangstechnik.

Im Herbst 1844 kam Jenny Lind auf Einladung von Giacomo Meyerbeer, dem berühmten Komponisten und Generalmusikdirektor der preußischen Hofoper, nach Berlin. Sie debütierte in der Titelrolle von Bellinis Oper „Norma" und sang im Dezember 1844 die

Partie der Vielka in „Ein Feldlager in Schlesien", die Meyerbeer für sie komponiert hatte. An ihren sensationellen Erfolg in Berlin schlossen sich ebenso erfolgreiche Gastspielauftritte in anderen deutschen Städten an. Nach ihrem umjubelten Auftritt als Norma am 22. April 1846 feierte sie in Wien weitere Triumphe in den großen Belcanto-Partien. Auch das Londoner Publikum eroberte Jenny Lind im Sturm, als sie 1847 in Anwesenheit von Königin Victoria und Prinz Albert als Alice in Meyerbeers Oper „Robert Le Diable" auftrat. Im Jahr 1847 sang sie auch in der Uraufführung von Verdis Oper „I Masnadieri" die Amalia. Nach Gastspielauftritten in der Provinz grassierte in ganz England das „Jenny Lind-Fieber". Während der nächsten zwei Jahre, in denen sie überwiegend in London und Stockholm auftrat, erreichte ihre Bühnen-

„Hier ist nicht Körper, Raum, noch Ton,
Ich höre deine Seele."

Franz Grillparzer

karriere den Höhepunkt. Anders als die meisten Primadonnen des 19. Jahrhunderts hatte die Schwedin ein distanziertes Verhältnis zur Oper, weshalb sie sich bereits 1849 von der Bühne zurückzog, um sich in Zukunft nur noch dem Konzertgesang zu widmen. Eine spektakuläre Konzerttournee, von dem Zirkusunternehmer Phineas T. Barnum organisiert, führte Jenny Lind von 1850 bis 1852 durch Nordamerika. Von den enormen Gagen, die sie dort erhielt, stiftete die Künstlerin einen großen Teil schwedischen Wohltätigkeitsorganisationen. Im Februar 1852 heiratete sie in Boston den deutschen Diri-

genten und Komponisten Otto Goldschmidt. In den kommenden Jahren beschränkte sie ihre Konzerttätigkeit vor allem auf Deutschland und England. Bei ihrem letzten öffentlichen Auftritt sang sie auf dem Niederrheinischen Musikfest in Düsseldorf 1870 das Sopransolo in dem Oratorium „Ruth", das ihr Gatte komponiert hatte. 1883 wurde sie Gesangsprofessorin am Royal College of Music in London. Am 2. November 1887 verstarb sie in ihrem Landhaus Wynd's Point zu Malvern Hill. Ein literarisches Denkmal hat ihr der Märchendichter Hans Christian Andersen in dem Märchen „Der Kaiser und die Nachtigall" gesetzt.

„Wir sind beglückt! Wir sind entzückt! Die Lind hat uns den Kopf verrückt", stand unter dieser zeitgenössischen Hamburger Karikatur

Liselotte (Elisabeth Charlotte) von der Pfalz

1652 in Heidelberg † 1722 in Saint-Cloud

Geschätzte Briefpartnerin vieler europäischer Fürsten
und Gelehrten
Schwägerin Ludwigs XIV.

*Liselotte von der Pfalz.
Gemälde von
Pierre Mignard*

Liselotte von der Pfalz ist eine der bekanntesten Frauengestalten ihrer Zeit. Dies verdankt sie ihrem Talent als Briefeschreiberin, das sich in einer umfangreichen Korrespondenz mit europäischen Fürstlichkeiten und Gelehrten niederschlug. Ihre erhaltenen Briefe (über 4000) vermitteln in derb-realistischer Manier ein lebendiges Bild vom Leben am Hof König Ludwigs XIV. von Frankreich. Am 27. Mai 1652 wurde Prinzessin Elisabeth Charlotte als zweites Kind des Kurfürsten Karl Ludwig von der Pfalz und seiner Gemahlin Charlotte von Hessen-Kassel in Heidelberg geboren. Als sich ihr Vater von der Mutter trennte, schickte man die siebenjährige Liselotte zu ihrer Tante väterlicherseits, Sophie von Hannover. Fast fünf Jahre verbrachte Liselotte bei der von ihr angebeteten Tante. Die Herzogin ließ ihrer lebhaften Nichte eine gute

Erziehung angedeihen. 1663 kehrte Liselotte an den väterlichen Hof nach Heidelberg zurück, wo sie weiterhin eine relativ unbeschwerte Jugendzeit verleben konnte. Obwohl sie die Pfalz nicht verlassen wollte, fügte sie sich dem väterlichen Willen und stimmte einer Heirat mit dem kurz vorher verwitweten Herzog Philipp I. von Orléans, „Monsieur", dem jüngeren Bruder Ludwigs XIV., zu. Vor der Trauung per procurationem in Metz am 16. November 1671 erfolgte der von Elisabeth Charlotte als reine Formsache betrachtete Übertritt vom reformierten zum katholischen Glaubensbekenntnis. In Châlons-sur-Marne begegnete Liselotte erstmals persönlich ihrem Gatten. Der von seinem regierenden Bruder in eine politisch bedeutungslose Rolle gedrängte Herzog Philipp widmete sich ganz einem oberflächlichen Wohlleben. Seit der Geburt des dritten Kindes im Jahre 1676 lebten die beiden in Charakter und Neigungen ungleichen Ehegatten getrennt, worüber Liselotte nicht unglücklich war. Ihre Liebe galt ihren Kindern, von denen sie das älteste noch vor dessen dritten Geburtstag verlor. Einer sich anbahnenden Wiederan-

näherung des Ehepaares setzte „Monsieurs" Tod 1701 ein Ende. Aufrichtige Bewunderung brachte Liselotte ihrem königlichen Schwager entgegen. Mit Ludwig XIV. verband sie die Freude an der Jagd, die Vorliebe für Theater und Oper sowie das mit Kennerschaft betriebene Sammeln antiker Münzen und Medaillen. Trotz ihrer glänzenden Stellung bei Hofe spielte sie politisch keine Rolle. Ambitionen in dieser Richtung hat sie sich ganz bewußt enthalten: „Ich habe mir selber Justice gethan und weilen ich wenig und gar geringe Opinion von meinem Verstande habe, die

Partie genommen, mich in nichts Hohes noch was die Regierung angeht zu mischen." Als die 1685 von Ludwig XIV. in ihrem Namen erhobenen Erbansprüche auf pfälzische Gebiete zum „Pfälzischen Erbfolgekrieg" führten, intervenierte Liselotte vergebens bei ihrem Schwager gegen die systematische Verwüstung ihrer alten Heimat durch französische Truppen. Durch ihre offen gezeigte Abneigung gegen Madame de Maintenon hatte sie das besondere Wohlwollen des Königs verloren. In Liselottes Augen war die heimliche Gattin Ludwigs XIV. nur „die alte zot". Nach dem Tod des Königs im Jahre 1715 wurde Liselottes Sohn Philipp Regent für den unmündigen Ludwig XV. Trotz ihrer Stellung als eine Art Königinmutter mischte sich Liselotte auch jetzt nicht in die Tagespolitik ein. Wenige Wochen nach der Krönung Ludwigs XV. starb sie am 8. Dezember 1722 in Saint-Cloud.

> „Sie war kräftig, mutig, überaus deutsch,
> ehrlich, aufrichtig, wohltätig und gut,
> vornehm und fürstlich in ihrem Auftreten,
> überaus kleinlich,
> handelte es sich um die ihr zukommende Stellung."
>
> Louis de Rouvroy Duc de Saint-Simon

Augusta Ada Countess of Lovelace

1815 in London   † 1852 in London

Einziges eheliches Kind von Lord George Byron
„Computer-Pionierin"

Ada Lovelace

Lord George Byron war Vater dreier Töchter aus der Verbindung mit drei verschiedenen Frauen. Ada war sein einziges eheliches Kind mit der mathematisch sehr begabten Annabella Milbanke, die er „my Princess of Parallelogisms" nannte. Die Ehe hielt nur ein knappes Jahr. Nach der Geburt von Ada 1815 schickte Byron seine Frau zu ihren Eltern zurück. Byron verließ damals London wegen eines Inzestverdachts und großer Schulden; er wurde von der englischen Gesellschaft geächtet und floh in die Schweiz, dann nach Italien. Ada blieb bei der Mutter, obwohl im damaligen englischen Recht die Erziehungsgewalt und das Sorgerecht allein in den Händen des Vaters lag.

Das Mädchen wurde von seiner intelligenten Mutter in Mathematik, Astronomie, Latein und Musiklehre unterrichtet und erhielt eine sehr streng naturwissenschaftliche Erziehung, möglicherweise als Gegengewicht zum „romantischen Erbe" des treulosen Vaters, der 1824 in Griechenland an Malaria verstarb. Ihre Mutter unternahm mit ihr im Alter von zehn Jahren eine erste Bildungsreise durch Europa. Mit 17 Jahren wurde Ada König Wilhelm IV. vorgestellt, womit ihr gesellschaftliches Leben begann. Ada entwarf schon früh Konstruktionspläne für verschiedenartige Maschinen. Sie korrespondierte mit der aus Schottland stammenden Mathematikerin Mary Sommerville und dem Mathematiker Charles Babbage. Sie galt als Förderin von Babbage, da sie Programme für die von ihm konzipierten ersten Rechenmaschinen mit Programmsteuerung entwarf. Außerdem übersetzte sie ein Buch von L. F. Menabrea, das Babbage's Analytical Engine erläuterte. Dabei stellte sie umfangreiche eigene Berechnungen an; letztendlich waren die Anmerkungen dreimal so lang wie der ursprüngliche Text. Die von Babbage 1833 entworfenen Rechenmaschinen sind die Vorstufe zum ersten Computer. Ada gelang es auch vorauszusagen, wie die Maschi-

Im Jahr 1975 ordnete das Pentagon die Entwicklung einer universell einsetzbaren Computersprache an; sie bekam den Namen ADA, zur Erinnerung an die „Computerpionierin" Augusta Ada Lovelace, geb. Byron.

Charles Babbage

nen zukünftig angewendet werden könnten. So seien sie zum Beispiel zum Komponieren von Musik zu verwenden.

Mit 19 Jahren wurde sie mit William Lord King, dem späteren Earl of Lovelace, verheiratet. Es wurde eine Ehe zu dritt, denn Lady Byron und ihr nur zehn Jahre jüngerer Schwiegersohn verstanden sich prächtig. Er las ihr jeden Wunsch von den Augen ab. Adas Hoffnung, durch ihre Heirat Distanz zu ihrer Mutter zu bekommen, erfüllte sich nicht.

William nannte die Mutter „hen" (Glucke), sie ihn „crow" (Krähe), und Ada wurde „bird" (Vogel) genannt.

Adas bester Freund und Vertrauter blieb Babbage, dem sie schrieb: „Ich glaube nicht, daß mein Vater ein ebenso guter Dichter war, wie ich eine gute Mathematikerin sein werde."

Doch nun wurde sie erst einmal Mutter von drei Kindern und hatte Hausfrauenpflichten zu übernehmen. Wenn es nur irgend ging, zog sie sich zurück und widmete sich der Mathematik und der Musik. Sie wurde immer exzentrischer, warf sich ins Gesellschaftsleben, wo sie immer nur als die Tochter des romantischsten aller romantischen Dichter Englands galt. Liebesaffären und der Verlust hoher Summen bei Pferderennen wechselten sich ab. Die letzten fünf Jahre ihres Lebens widmete sie der Arbeit an einem mathematisch ausgefeilten Wettsystem. Ihr Gesundheitszustand war desolat. Sie litt an Magersucht. Opium, Aderlässe, das damalige Allheilmittel, sowie Alkohol zerstörten sie sehr schnell. Erst 36 Jahre alt, starb sie an Krebs. Zum Entsetzen ihrer Mutter hatte sie in ihrem Testament bestimmt, daß sie an der Seite ihres Vaters begraben werden wollte.

*Adas Vater
George Gordon Noel
Lord Byron*

Pauline Lucca

1841 in Wien † 1908 in Wien

Koloratursopranistin mit unnachahmlicher Stimme

Pauline Lucca

„Gern trete ich auf an der herrlichen Hofoper", bekannte artig die preußische, aus Wien stammende Sängerin Pauline Lucca nach einem gefeierten Gastspiel im Interview der Wiener Zeitung, setzte aber sehnsüchtig hinzu: „Aber singen tät' ich zu gern im Goldenen Saal." Sie meinte den Goldenen Saal in dem von Theophil Hansen errichteten Gebäude des Wiener Musikvereins, der oft stärker beeindruckte als das Opernhaus.

Schon im Alter von 20 Jahren wurde Pauline Lucca durch Botho von Hülsen, Intendant des Berliner Hoftheaters, 1861 auf Lebenszeit in die preußische Hauptstadt verpflichtet. Die Künstlerin war so vielseitig, daß sie als Soubrette, in getragenen Rollen und zugleich für die große Oper eingesetzt werden konnte. Ihre Stimme galt als unnachahmlich, ihr Koloratursopran war großartig, und dazu kam noch ihr schauspielerisches Talent.

Pauline begann als Choristin der Karlskirche und der Kaiserlichen Hofoper in Wien. Ihre ersten Bühnenverpflichtungen bekam sie in Olmütz und Prag. Sie war allerdings auch eigenwillig, hielt sich oft nicht an die Intentionen des Komponisten und brachte Dirigenten zur Verzweiflung – eine kleine, graziöse Diva.

Im Sommer 1865 stieg Otto von Bismarck als Begleiter des preußischen Königs Wilhelm im Hotel Elisabeth in Ischl ab. Bei einem Spaziergang begegnete ihm auf der Esplanade die Sängerin Pauline Lucca, ohne die der Sommer in Ischl wie auch in Gmunden einfach unvollständig gewesen wäre. Man begrüßte einander respektvoll, doch in heiterer Stimmung. Die Lucca erkundigte sich anteilsvoll nach den anstrengenden Amtsgeschäften des Staatsmanns und fügte dann schelmisch hinzu: „Nun, Exzellenz, konferenzeln wir beide doch auch einmal."

Bismarck lustwandelte plaudernd mit der Sängerin, die mit untrüglichem Instinkt die Gelegenheit erkannte, ihren ohnedies schon eindrucksvollen Bekanntheitsgrad ins Unermeßliche zu steigern. Sie soll den Kanzler zu einem Foto überredet haben, das für ziemlich viel Wirbel sorgte. Alle Zeitungen zeigten schwarz auf weiß des Kanzlers Blick fest auf dem Anlitz der Sängerin ruhend. „Höchste kirchliche Stellen bekreuzigten sich ob einer solchen Schamlosigkeit, politische Feinde bliesen zur Jagd auf des Kanzlers keuschen Ruf."

Als im August 1871 Kaiser Wilhelm I. dem österreichischen Kaiser Franz Josef in Ischl einen Besuch abstattete, sang die Sopranistin die Festvorstellung im Theater. Zum Geburtstagsfest des Kaisers Franz Josef, der fast immer in Ischl gefeiert wurde, oft in Anwesenheit der

Kaiserin Elisabeth (Sisi), trat die Lucca nicht nur im Kurhaus auf, sondern lud die Herrschaften in ihre eigene Villa (heute Villa Friedmann) ein. Auf einem nahegelegenen Berg wurde eine „Lucca-Hütte" eingeweiht. Pauline Lucca genoß die zahlreichen Gastspielreisen, auch nach Rußland. Sie feierte unvergleichliche Triumphe. 1872 beschloß sie, Amerika zu erobern, was ihr mühelos gelang. Bei einem Gastspiel in New York brachten ihr 30 Indianerhäuptlinge im vollen Kriegsschmuck stehende Ovationen dar. Nach Europa zurückgekehrt, gehörte sie bis Januar 1889 mit unglaublichen Erfolgen der Wiener Hofoper an. Verheiratet war sie zuletzt mit dem Freiherrn von Wallhofen. Nach Abschluß ihrer Karriere widmete sie sich in Wien der Gesangspädagogik. Im März 1882 kehrte die „Ausreißerin" Pauline Lucca zum Geburtstag des Kaisers nach Berlin zurück. Sie sang die „Carmen" unter Begeisterungsstürmen, und der Kaiser begrüßte sie. Pauline rollten die Tränen aus ihren berühmten „Lucca-Augen" – ein wahrhafter Platzregen.

Pauline Lucca und Bismarck in Ischl, 1865

Hofoper in Wien (Postkarte um die Jahrhundertwende)

Luise von Preußen

*1776 in Hannover † 1810 in Hohenzieritz

Verkörperung weiblicher Tugenden und Vaterlandsliebe
Einsatz für Preußen in persönlicher Unterredung mit Napoleon

*Kronprinzessin
Luise von Preußen.
Portrait von Henriette
Félicité Tassaert*

Schon zu Lebzeiten populär, entstand um Königin Luise von Preußen nach ihrem frühen Tod ein regelrechter Kult, dessen Nachwirkungen noch heute zu spüren sind. Als Verkörperung weiblicher Tugenden und Vaterlandsliebe wurde sie nachgerade mystifiziert.

Luise wurde am 10. März 1776 als Prinzessin von Mecklenburg-Strelitz in Hannover geboren. Ihr Vater, Prinz Karl von Meck-

lenburg-Strelitz, residierte damals als Gouverneur des englischen Königs in Hannover, das in Personalunion mit England verbunden war. Luises Mutter Friedrike, eine geborene Prinzessin von Hessen-Darmstadt, starb schon 1782. Nach dem Tod der Stiefmutter 1785 kam Luise zusammen mit ihren Schwestern Charlotte, Therese und Friederike nach Darmstadt zu ihrer Großmutter Marie Luise. Dort verbrachte die lebhafte und eigenwillige Prinzessin eine glückliche Kindheit und Jugend. Ihr Lerneifer ließ allerdings zu wünschen übrig – ihre Allgemeinbildung war höchst mangelhaft.

Im März 1793 lernte Prinzessin Luise den preußischen Kronprinzen Friedrich Wilhelm in Frankfurt am Main kennen. Aufgrund echter Zuneigung heirateten sie am 24. Dezember 1793 in Berlin. Luise führte

mit ihrem Mann eine Musterehe von beinahe bürgerlichem Zuschnitt. In den Jahren von 1795 bis 1809 schenkte sie neun Kindern das Leben, darunter dem späteren König Friedrich Wilhelm IV. und dem späteren deutschen Kaiser Wilhelm I.

Nach der Thronbesteigung ihres Mannes Friedrich Wilhelm III. 1797 erlebte Preußen erstmals seit Friedrich II. wieder eine Königin an der Seite des Herrschers. Zunehmend überließ der König seiner schönen Frau die ihm unangenehmen Repräsentationsaufgaben, auch auf seinen Inspektionsreisen ließ er sich von ihr begleiten. Ihr Charme und ihre Herzlichkeit in Verbindung mit einer natürlichen Würde eroberten ihr rasch die Herzen.

Wenig begeistert zeigte sich Friedrich Wilhelm dagegen von Luises erwachtem Bildungs-

> „Dein Haupt scheint wie von Strahlen mir umschimmert;
> Du bist der Stern,
> der voller Pracht erst flimmert,
> Wenn er durch finstre Wetterwolken bricht!"
>
> Heinrich von Kleist

142

streben. Im Februar 1806 mußte Preußen, da es politisch isoliert war, ein Bündnis mit Frankreich schließen und erhielt gegen Abtretung von Kleve, Neuburg und Ansbach-Bayreuth das Kurfürstentum Hannover. Nachdem im August 1806 bekannt wurde, daß Napoleon England die Rückgabe Hannovers angeboten hatte, mobilisierte Preußen seine Armee. In dieser Zeit gab Luise, eine entschiedene Gegnerin Napoleons, dem stets unentschlossen wirkenden Friedrich Wilhelm III. mit ihrer unbeirrbaren Standhaftigkeit Halt. Nach der für Preußen vernich-

tenden Niederlage in der Doppelschlacht bei Jena und Auerstedt am 14. Oktober 1806 mußte das Königspaar im Januar 1807 vor den französischen Truppen über Königsberg nach Memel fliehen. Während der Tilsiter Friedensverhandlungen unternahm die Königin in der berühmten Unterredung mit Napoleon vom 6. Juli 1807 den vergeblichen Versuch, mildere Friedensbedingungen für Preußen zu erreichen.
Daß der preußische Staat einer gründlichen Reorganisation bedurfte, hatte Luise erkannt. Im April 1808 schrieb sie ihrem

Vater: „Wir sind eingeschlafen auf den Lorbeeren Friedrichs des Großen, welcher, der Herr seines Jahrhunderts, eine neue Zeit schuf. Wir sind mit derselben nicht fortgeschritten, deshalb überflügelt sie uns." Von einer echten Beteiligung der Königin an den Reformen kann aber nicht gesprochen werden.
Im Sommer 1810 erkrankte Königin Luise an einer Lungenentzündung und starb am 19. Juli im Alter von 34 Jahren in Hohenzieritz. Als Napoleon von ihrem Tod erfuhr, erklärte er, seine größte Feindin sei gestorben.

Links:
Grabdenkmal der Königin Luise von Preußen, Schloß Charlottenburg, Berlin

Rechts:
Doppelstandbild der Prinzessinnen Luise und Friederike von Preußen. Die berühmte marmorne Skulpturengruppe der beiden Schwestern schuf Johann Gottfried Schadow zwischen 1795 und 1797.

Rosa Luxemburg

*1870 in Zamosc † 1919 in Berlin

Verantwortlich für das erste Programm der Kommunistischen Partei Deutschlands Kampfgenossin Karl Liebknechts

Die junge Rosa Luxemburg

Am 15. Januar 1919 geschah in Berlin ein Doppelmord, dessen wahrer Tathergang vertuscht werden sollte. Die Presse meldete: „Liebknecht und Rosa Luxemburg erschossen. Der Kraftwagen, der den verhafteten Liebknecht aus dem Edenhotel ins Gefängnis bringen sollte, hatte im Tiergarten eine Panne. Liebknecht versuchte zu fliehen und wurde von der Begleitwache erschossen. Rosa Luxemburg wurde, als sie ins Gefängnis gebracht werden sollte, von der wütenden Menge niedergeschlagen und durch einen Schuß getötet. Ihre Leiche wurde entführt." Tatsache war, daß Rosa Luxemburg zusammen mit Karl Liebknecht ohne Haftbefehl festgenommen und ins Edenhotel gebracht worden war. Schon im Hotel wurde die Spartakistin schwer mißhandelt, wie dies ein Zimmermädchen beobachtet hatte: „Ich werde den Anblick nicht los, wie man die arme Frau niedergeschlagen und umhergeschleift hat." Auf dem Weg ins Berliner Gefängnis Moabit schlug man sie mit Gewehrkolben. Die Gefangene war bei vollem Bewußsein, als ein Bewacher ihr die Waffe an den Kopf setzte und abdückte. Die Leiche warfen die Soldaten der Reichswehr in den Landwehrkanal; erst am 31. Mai 1919 konnte sie geborgen werden. Höhnisch schrieb Paul Celan:

*„Der Mann ward zum Sieb, die Frau /
mußte schwimmen, die Sau, /
für sich, für keinen, für jeden. – /
Der Landwehrkanal wird nicht rauschen. Nichts /
stockt."*

Rosa Luxemburg war erst 48 Jahre alt, als man sie ermordete. Am 5. März 1870 in Zamosc im russischen Teil Polens geboren, schloß sie sich schon als Schülerin der sozialistischen Arbeiterbewegung an, emigrierte nach dem Abitur nach Zürich und studierte dort Volkswirtschaft und Philosophie. 1897 promovierte sie mit „magna cum laude".
Zusammen mit Leo Jogiches, der ihre erste große Liebe wurde, beteiligte sie sich maßgeblich an der Gründung der im Untergrund tätigen Sozialdemokratischen Arbeiterpartei des Königreichs Polen und Litauen.
Rosa Luxemburg zog es nach Berlin. Durch eine Scheinehe mit Gustav Lübeck, die im April 1903 in Basel geschlossen und 1908 geschieden wurde, kam sie zur deutschen Staatsbürgerschaft. Ihr Geliebter wurde später Kostja Zetkin, der Sohn von Clara Zetkin. Rosa engagierte sich in der SPD und entwickelte sich zur führenden Theoretikerin ihres linken Flügels. 1907 wurde sie Dozentin an der Parteihochschule der SPD in Berlin. Sie reiste durch

München, den 16. Januar 1919

Liebknecht und Rosa Luxemburg erschossen.

Berlin, 16. Januar.

Der Kraftwagen, der den verhafteten **Liebknecht** aus dem Edenhotel ins Gefängnis bringen sollte, hatte im Tiergarten eine Panne. **Liebknecht versuchte zu fliehen** und wurde von der Begleitwache **erschossen.**

Rosa Luxemburg wurde, als sie ins Gefängnis gebracht werden sollte, von der wütenden Menge **niedergeschlagen und durch einen Schuß getötet.** Ihre Leiche wurde entführt.

Druck von Knorr & Hirth in München

Absichtlich falsche Pressedarstellung über die Ermordung von Rosa Luxemburg und Karl Liebknecht

Deutschland und hielt zündende Reden „gegen Militarismus und imperialistischen Krieg!". Zusammen mit Karl Liebknecht begründete sie die „Gruppe International" (Spartakusbund). Bei all diesen politischen Aktivitäten arbeitete sie mit Clara Zetkin, August Bebel und Karl Kautsky, mit dessen Mutter Minna sie befreundet war, eng zusammen. Ihr Einsatz für den Sozialismus führte schon vor Kriegsbeginn zu ihrer Verurteilung: „Wenn uns zugemutet wird, die Mordwaffe gegen unsere französischen Brüder zu erheben, dann rufen wir: Nein, das tun wir nicht." Der

Ausbruch des Ersten Weltkriegs wurde für sie zur größten Katastrophe ihres Lebens. Alle Konferenzen der II. Internationale hatten mit dem Gelöbnis geendet, einen europäischen Krieg zu verhindern, was aber nicht gelang.
Von 1915 bis 1918 war Rosa Luxemburg mit Unterbrechungen inhaftiert. Nach ihrer Befreiung aus dem Gefängnis in Breslau gründete sie im November 1918 die Zeitung „Rote Fahne" und entwarf das Programm der am 1. Januar 1919 gegründeten KPD (Kommunistische Partei Deutschlands). Im Januar 1919 wurde sie schändlich ermordet.

Der Trauerzug nach Berlin-Friedrichsfelde, wo sie beigesetzt wurde, war unübersehbar. Rosa Luxemburg hat sich und Clara Zetkin als die beiden einzigen „Männer" der deutschen Sozialdemokratie bezeichnet. Rosa Luxemburg hinterließ ein umfangreiches Werk. Für ihre beste Arbeit hielt sie selbst das Buch „Die Akkumulation des Kapitals oder: Was die Epigonen aus der Marxschen Theorie gemacht haben. Eine Antikritik".
Clara Zetkin schrieb über Rosa Luxemburg: „Die kleine, gebrechliche Rosa war die Verkörperung beispielloser Energie. Wenn sie unter einer Überanstrengung zusammenzubrechen drohte, so ‚erholte' sie sich bei einer noch größeren Leistung. Bei Arbeit und Kampf wuchsen ihr Flügel."

„Die Freiheit ist immer die Freiheit der anders Denkenden."

Rosa Luxemburg

Margarete von Österreich

1480 in Brüssel † 1530 in Mechelen

Mit drei Jahren dem französischen Dauphin vermählt, mit elf Jahren verstoßen, mit 17 Jahren Witwe Regentin mit großem diplomatischen Geschick

Margarete von Österreich als Witwe von einem niederländischen Meister nach 1506

Mit drei Jahren wurde sie aus politischen Gründen mit dem französischen Dauphin, dem späteren König Karl VIII. „verheiratet" und zugleich von ihren Eltern zur Erziehung nach Amboise an den französischen Hof gegeben. Als Elfjährige mußte sie erleben, daß ihr „Gemahl" am 6. Dezember 1491 Anne, die Erbin der Bretagne, heiratete. Dies bedeutete, daß Margarete abgeschoben wurde. Daraufhin erklärte der verärgerte Kaiser dem untreuen Karl VIII. den Krieg und nahm ihm Flandern, Artois – das zur Mitgift von Margarete gehört hatte – und die Freigrafschaft Burgund ab.

Margarete war an den Hof ihrer Stiefmutter Margarete von York nach Mechelen zurückgebracht worden. So arrangierte Kaiser Maximilian I. für seine Kinder Philipp und Margarethe eine doppelte Verbindung mit den Kindern der katholischen Könige Ferdinand von Aragonien und Johanna von Kastilien. Es ging vor allem um die Erbansprüche auf den spanischen Thron. Eine prachtvolle Doppelhochzeit festigte die Bande zwischen dem Hause Habsburg und dem

spanischen Herrscherhaus. Doch die Erzherzogin Margarete wurde bereits fünf Monate nach der am 5. Oktober 1497 in Burgos mit dem Infanten Juan geschlossenen Ehe Witwe. Sie war erst 17 Jahr alt, und die Ehe war nicht vollzogen worden. Margarete kehrte daraufhin 1500 in die Niederlande zurück, um am 11. Dezember 1501 mit Herzog Philibert II. von Savoyen verheiratet zu werden. Nach knapp dreijähriger glücklicher Ehe starb auch dieser Gemahl. Margarete hatte schon zu Lebzeiten ihres Mann an der Regierung Savoyens mitgewirkt und im Schloß von Pont-d'Ain großartigen Hof gehalten. Da Margarete kinderlos geblieben war, kam es zu dem Spottvers: „Ci gist Margot, la gente demoiselle, Qu' eut deux maris et si mourut pucelle." („Seht Euch Margarete an, dies sanfte Fräulein. Sie hatte zwei Ehemänner und ist doch noch Jungfrau.") Margarete kehrte erst im November 1506 nach Mechelen zurück, um wegen des unerwarteten Todes ihres Bruders Philipp in Burgos die Erziehung ihres Neffen Karl und ihrer Nichten Eleonore, Isabella und

Hochzeiten zur Sicherung der politischen Machtstellung waren nichts Seltenes in den führenden Dynastien früherer Jahrhunderte – auch nicht im Hause Habsburg. Erzherzogin Margarete, die Tochter von Kaiser Maximilian und Maria von Burgund, galt als die begehrteste Erbtochter ihrer Zeit.

Maria zu übernehmen; Karl wurde später als Kaiser Karl V. inthronisiert. Die drei Kinder nannten Margarete „Frau Tante und gute Mutter". Sie verdankten ihr mütterliche Zuwendung und das wertvolle Vorbild einer wahrhaft fürstlichen Frau. Mit 27 Jahren ernannte sie ihr Vater am 8. März 1507 zur Regentin der Niederlande, wo sie sich größter Beliebtheit erfreute. Die Residenzstadt Mechelen, das Zentrum der Provinzialversammlungen, machte die kunstsinnige Regentin zu einem Treffpunkt von Gelehrten und Künstlern. Dorthin kamen etwa Bernard van Orley, Jan Gossaert genannt Mabuse, der Musiker Josquin des Prés, der belgische Poet und Chronist Jean Lemaire oder die Architekten Van Bodeghem und Van Pene, um nur einige zu nennen. Margaretes Regierungszeit wurde zu einer Periode des Wohlstands und Friedens, da die Regentin über sehr viel diplomatisches Geschick verfügte. Sie führte die Regentschaft von 1507 bis 1515, also bis zur Mündigkeit ihres Neffen Karl, der von 1515 bis 1518 dort regierte, allerdings wenig glücklich, so daß Margarete die Regierungsgeschäfte wieder übernahm und bis zu ihrem Tode im Jahre 1530 weiterführte.

1528 gelang es ihr, einen definitiven Frieden mit dem Herzogtum Geldern auszuhandeln. Ein Jahr später war sie maßgeblich beteiligt am sogenannten „Damenfrieden" von Cambrai, in dem Frankreich auf seine Souveränitätsrechte über Artois und Flandern verzichtete. Den

„Ich lasse Euch als meinen einzigen Erben und die mir anvertrauten Lande ... nach einer Regierung, für die ich Gottes Lohn, Eure Zufriedenheit und den Dank der Nachwelt erwarte."

Margarete von Österreich an Kaiser Karl V.

Frieden hatten – ohne kriegerische Verwicklungen – die beiden Frauen Margarete, stellvertretend für ihren Neffen Karl V., und Louise von Savoyen als Vertreterin ihres Sohnes, des französischen Königs Franz I., zustande gebracht.

Margarete war eine musisch sehr begabte Herrscherin. Sie malte Porträts, komponierte und dichtete. Ihre Kompositionen sind zum großen Teil erhalten. In den „Albums poétiques" faßte sie Gedichte und Kompositionen zusammen, die von ihr und Mitgliedern des Hofes verfaßt worden waren. Es finden sich darin Werke von Pierre de la Rue, Ockeghem und anderer Komponisten der niederländischen Schulen, die für Margarete arbeiteten. Der Arzt und Humanist Heinrich Cornelius Agrippa von Nettesheim widmete der von ihm bewunderten Frau seine zukunftweisende Schrift „De nobilitate et praecellentia feminae sexus". Er plädierte darin stark für eine volle Gleichstellung der Geschlechter. Ihre letzte Ruhestätte fand Margarete an der Seite ihres Mannes Philibert von Savoyen und dessen Mutter in der Kirche von Brou bei Bourg-en-Bresse. Margarete hatte in der einfachen Benediktinerklosteranlage eine

großartige Kirche, ein Meisterwerk der Spätgotik, errichten lassen, ebenso eine Grablege für ihren zweiten Gemahl, nach dessen Ableben sie sich nicht mehr zu einer erneuten Heirat entschließen konnte. An ihrem Grabmal ist die Regentin zweimal in einer Porträtstatue verewigt, als Herzogin mit Krone und als Frau mit langwallendem Haar, außerdem sieht man sie andächtig kniend in einem Glasfenster dargestellt.

Margaretes Nachfolge trat ihre Nichte Maria von Ungarn (1505–1558) an. Maria, die Schwester Karls V., vor allem wegen ihrer Toleranz gerühmt, hatte in Mechelen am Hof ihrer Tante – wie schon erwähnt – eine sorgfältige Erziehung genossen. Bereits 1515 verheiratete man die 10jährige Prinzessin in Wien in der spektakulären „Kinderhochzeit" mit dem ungarischen Thronfolger. Die 1522 endgültig geschlossene Ehe dauerte nur vier Jahre, mit 21 Jahren wurde Maria bereits Witwe. Auf abenteuerlichen Wegen floh sie zu ihrer geliebten Tante Margarete nach Mechelen. Dort wirkte sie ab 1530 als Regentin, wodurch die Tradition der weiblichen Thronfolge in den Niederlanden begründet wurde.

Kaiserin Maria Theresia

1717 in Wien † 1780 in Wien

Absolute Herrscherin: Königin von Böhmen und Ungarn,
deutsche Kaiserin
Regierte 40 Jahre mit Willensstärke und Staatsklugheit
Als Mutter von 16 Kindern „Schwiegermutter von halb Europa"

*Kaiserin Maria Theresia.
Gemälde von Jean-Etienne Liotard*

Kaiser Karl VI. und seine Gemahlin Elisabeth Christine von Braunschweig hatten ihr erstes Kind, einen Sohn, schon wenige Wochen nach der Geburt verloren; das zweite Kind, die Tochter Maria Theresia, erblickte am 13. Mai 1717 in Wien das Licht der Welt. Die Prinzessin kam in die Obhut von ausgewählten Erzieherinnen, von denen die verwitwete Gräfin Charlotte Fuchs, liebevoll „Fuchsin" genannt, für die Persönlichkeitsentwicklung Maria Theresias von großer Bedeutung war. Das Kind nannte die feinsinnige Frau „Mami".
Im Jahr 1717 erließ Maria Theresias Vater eine Staatsgrundsatzerklärung, die „Pragmatische Sanktion", in der es vor allem um zwei Punkte ging: die Unteilbarkeit der österreichischen Monarchie und, falls kein männlicher Erbe vorhanden wäre, um die weibliche Erbfolge. Als der Kaiser 1740 für immer die Augen

schloß, trat die Pragmatische Sanktion in Kraft; aus der 23jährigen, politisch wenig erfahrenen Erzherzogin von Österreich wurde eine absolute Herrscherin: Königin von Böhmen und Ungarn, schließlich deutsche Kaiserin. Ihr Gemahl, Franz Stephan von Lothringen-Toskana, wurde als römisch-deutscher Kaiser 1745 anerkannt und war somit ranghöher als seine Gemahlin; eine politische Funktion hatte er jedoch nicht. Der starke Mann an der Seite der Kaiserin wurde Staatskanzler Wenzel Anton Graf von Kaunitz im Jahre 1753.

Maria Theresia vereinte Willensstärke und Staatsklugheit; sie führte Reformen des Heeres, der Finanzen, der Verwaltung und auch des Schulwesens durch. So gilt sie als die Gründerin des Volksschulwesens in Österreich (1774).

Von ihrem Regierungsantritt an hatte Maria Theresia ihr Reich gegen die Herrscher der Nachbarstaaten, besonders gegen den Preußenkönig Friedrich den Großen zu sichern. Dessen Angriff auf Schlesien löste den „Österreichischen Erbfolgekrieg" (1740–48) aus,

in dem Maria Theresia Schlesien sowie Parma und Piacenza verlor.

Maria Theresia waren nur wenige Jahre des Friedens beschie-

den. Dann marschierte Friedrich II. 1756 überraschend in Sachsen ein. Dies führte zum „Siebenjährigen Krieg". Obwohl es der Kaiserin gelang, Preußen einige Niederlagen zuzufügen, mußte sie im Frieden von Hubertusburg (1763) endgültig auf Schlesien verzichten. Friedrich der Große schrieb über die Kaiserin: „... sie hat ihrem Thron und ihrem Geschlecht Ehre gemacht. Ich habe mit ihr Kriege geführt, aber ich war nie ihr Feind."

Maria Theresia, in jungen Jahren sehr lebenslustig, wurde mit zunehmendem Alter „streng

Maria Theresia im Kreis ihrer Familie. Anonymes Gemälde, Uffizien in Florenz

Auf den Tod der Kaiserin

Sie machte Frieden! Das ist mein Gedicht.
War ihres Volkes Lust und ihres Volkes Segen,
Und ging getrost und voller Zuversicht
Dem Tod als ihrem Freund entgegen.
Ein Welt-Eroberer kann das nicht.
Sie machte Frieden! Das ist mein Gedicht ...

Matthias Claudius

Maria Theresia mit ihren Söhnen Leopold II., Ferdinand Karl, Joseph II. und Maximilian Franz. Gemälde von Louis Joseph Maurice

tugendhaft in ihrer Aufführung und getreu ihrem Ehebett", was man von ihrem Gemahl, ihrer einstigen Jugendliebe, nicht behaupten konnte. Die Kaiserin kannte die jeweiligen Geliebten ihres Mannes sehr wohl, denn sie ließ ihn ständig überwachen. Das führte soweit, daß Maria

Theresia 1747 eine „Commission des Chasteté", eine Keuschheitskommission zur Bekämpfung und Verhinderung außerehelicher Beziehungen bei ihren Untertanen ins Leben rief. Die Sittenpolizisten hatten „herumstreunende Frauenspersonen" aufzuspüren und zu kontrollie-

ren. Ab 1774 durfte kein weibliches Wesen mehr in einem öffentlichen Lokal arbeiten. Ein Wirt, der das Verbot übertrat, verlor seine Konzession. Den Mädchen drohte die Strafe der Auspeitschung und der Einweisung in ein „Spinnhaus". Dies wiederum war gefürchteter als ein Gefängnis. Mädchen, die dort landeten, wurden zweimal im Jahr auf einen Donaukahn verladen und zusammengepfercht stromabwärts bis Temesvar gebracht. Dort erwartete sie Zwangsarbeit in urwaldähnlichen, kaum besiedelten Landstrichen. Die sittenstrenge Kaiserin ließ es auch zu, daß die kahlgeschorenen Mädchen, von Polizisten bis aufs Hemd ausgezogen, in einen Sack gesteckt, während des Sonntagsgottesdienstes vor einem Kirchentor angebunden, vom Pöbel mit Schmutz beworfen und von den Gerichtsknechten mit Ruten blutig geschlagen, anschließend aus der Stadt hinausgeworfen wurden.

Das Volk, das aus allen Teilen der Monarchie nach Wien strömte, war damals bitterarm. Einen christlichen Hausstand zu gründen, wie die fromme Kaiserin es wünschte, war vielen überhaupt nicht möglich.

Berühmt ist Kaiserin Maria Theresia wegen ihrer warmherzigen Mütterlichkeit. „Man kann nicht genug davon haben" soll sie stets gesagt haben, wenn sie auf ihre 16 während 18 Ehejahren geborenen Kinder angesprochen wurde. Der Kinderreigen begann mit drei Töchtern, denen dann 1741 der sehnlichst erwartete Thronfolger Joseph folgte. Ein Jahr später kam wieder ein Mädchen, Marie Christine, später die Lieblingstochter der Kaiserin. Wenn die Kaiserin in Wien war, sah sie ihre Kinder täglich drei oder viermal. In Schönbrunn und Laxenburg war nicht genug

Platz für die ganze Familie; die Kleinsten blieben dann in Wien. Fast alle Kinder hatten sich bei der Verheiratung politisch-dynastischen Plänen der Mutter zu fügen. So auch die 1755 geborene Tochter Maria Antonia, die als Fünfzehnjährige 1770 mit Ludwig Duc de Berry, dem späteren Ludwig XVI., vermählt wurde, um die Allianz zwischen Frankreich und Österreich zu festigen. Königin Marie Antoinette, strahlender Mittelpunkt am Hof in Paris, aber auch verhaßte „Autrichienne" (Österreicherin) endete tragisch. Während der französischen Revolution als Landesverräterin zum Tode verurteilt, wurde sie am 16. Oktober 1793 öffentlich auf der Place de la Revolution in Paris hingerichtet. Ihre Mutter mußte dies nicht mehr miterleben, sehr wohl aber die Tatsache, daß ihr Töchterlein in Paris als „mißratene", vergnügungssüchtige und maßlose Geldverschwenderin galt. Maria Theresia versuchte in vielen Briefen vergeblich, ihre Tochter zur Raison zu bringen. Am Ende ihres 63 Jahre währenden Lebens war Maria Theresia die „Schwiegermutter von halb Europa" – geliebt, geachtet und vom Volk verehrt. Außerdem konnte sie der neuen Dynastie Habsburg-Lothringen übergeben, was sie von dem letzten Habsburger, ihrem Vater, geerbt hatte – mit Ausnahme Schlesiens. Maria Theresia hatte 40 Jahre regiert. Als ihr Mann, ihr geliebter „Franzl", im Alter von 56 Jahren starb, ernannte sie ihren Sohn Joseph, den späteren Kaiser Joseph II., zum Mitregenten.

Marie Antoinette, Königin von Frankreich. Gemälde von Adolf Ulrich Wertmüller

Aus dem letzten Brief der Kaiserin Maria Theresia an ihren Sohn Leopold

Marie de France

um 1130 unbekannt   † 1200 unbekannt

Frühest bekannte französische Dichterin
Verfasserin von Versnovellen

Die Dichterin Marie de France am Schreibpult. Miniatur, 13. Jh.

Marie de France ist die früheste bekannte und schon bei ihren Zeitgenossen berühmte französische Dichterin; über ihre Person und ihr Leben ist jedoch kaum etwas bekannt. Sie schrieb über sich: *„Marie ai nom, si suis de France"* („Ich heiße Marie und bin aus Frankreich").

Als sicher darf angenommen werden, daß sie aus Compiègne an der Oise, der Landresidenz der französischen Herrscher im Mittelalter, stammte. Marie beherrschte neben ihrer Mutter-sprache Französisch auch fließend Latein und Englisch. Die gebildete Dichterin ist möglicherweise mit der illegitimen Tochter Gottfried IV. von Anjou, der Halbschwester Heinrichs II. Plantagènet und späteren Äbtissin von Shaftes-

> *„Ich heiße Marie und bin aus Frankreich."*
>
> Marie de France

bury, identisch. Zweifelsohne lebte sie längere Zeit am Hof von Heinrich II. in England, dem sie, wie heute allgemein angenommen wird, ihr literari-sches Meisterwerk „Les Lais" (laid bedeutet altirisch „Lied") widmete. Es handelt sich bei dem Werk um Versnovellen, deren Länge zwischen 100 und 1000 Versen schwankt. Die in ihrer Zeit vom adligen Publikum hochgeschätzten Versnovellen wurden auf Veran-lassung von König Håkon von Norwegen (1217–1263) ins Alt-nordische übersetzt und trugen den Titel „Strengleiker". Hauptmerkmal ihrer Erzähl-weise ist die Verbindung von märchenhaften Elementen der bretonischen Sagen mit kelti-schen Volksepen und Motiven der antiken Sagenwelt.

Das Werk von Marie de France war so erfolgreich, daß auch andere Dichter ihre Schriften „Lais" nannten.

Marie de France hinterließ zauberhafte Liebesgeschichten, die mit großem psychologi-schem Einfühlungsvermögen verfaßt sind. Ihr Werk „Le Chèvrefeuille" („Geißblatt"), eine Episode aus der Legende des „Tristan", beinhaltet den berühmten Vers, den der Held zu Isolde sagt: „Ni vous sans moi, ni moi sans vous" („Weder euch ohne mich, noch mich ohne euch"). Die Legendendichtung „Das Fegefeuer des heiligen Patrick" wurde von Marie de France ins Altfranzösische übersetzt und überarbeitet. Sankt Patrick, der Irenmissionar, soll auf der Insel im Laugh Derg (Roter See) in Irland ein Kloster gegründet haben, das heute noch das Ziel einer der berühmtesten und mühseligsten Wallfahrten ist. Die Patrick-Legende wurde europäisches Volksgut, aus dem Dante einzelne Züge in seine „Divina Comedia" übernahm.

Als literarische Kostbarkeiten gelten die von Marie de France ins Französische übersetzten Äsopschen Fabeln („Ysopet"). Zwei ihrer Werke, nämlich „Fresne" und „Lanval", wurden ins Englische übersetzt. Nach dem Tod der Dichterin geriet ihr Werk schnell in Vergessenheit; erst im 18. Jahrhundert wurde es wiederentdeckt.

Ein Zeitgenosse urteilte über Marie de France: „Und Dame Marie ebenfalls, die in Reimen schuf und baute und verfaßte Verse der ‚Lais', die ganz und gar nicht wahr sind; und doch wird sie darum viel gelobt und ihr Reim allenthalben geliebt. Denn gar sehr lieben sie und halten sie wert Grafen, Barone und Ritter. Diese lieben sehr ihre Schriften, lassen sie lesen und haben ihre Lust daran." In ihrem ganzen Werk zeigte sie den gleichen Stolz auf ihre Geschicklichkeit und

hielt sich an den gleichen Zweck: zu unterhalten und sachte zu belehren. Die Erzählung „Milun" eröffnete sie mit der Feststellung: „Wer verschiedene Geschichten bringen will, muß sie verschieden beginnen und so fesselnd berichten, daß sie den Leuten gefallen."

Marie de France zeigte in ihren Dichtungen das Vergnügen, das Frauen und Männer aneinander fanden.

Die Dame, die in „Lanval" König Artus' Hof in Erstaunen versetzte, war das Ideal weiblicher Schönheit – „Dar war kein einziger, der sie nicht angestarrt hätte und dem nicht vor hellem Entzücken warm ums Herz geworden

wäre." Anders als ihre männlichen Kollegen jedoch schilderte Marie de France die unstatthafte Liebe mit phantasievollen und originellen Wendungen.

In „Guigemar" fürchtete der häßliche Gatte die Schönheit seiner Frau und sperrte sie deshalb ein. In der Erzählung bot die Leidenschaft eines jungen Liebhabers der Dame die Mittel, der Ungerechtigkeit ihrer Welt zu entkommen. Die verzweifelte Frau sprang aus dem Fenster, kam aber nicht ums Leben, sondern wurde in eine Silberne Stadt geführt. Sie brachte den Sohn ihres Geliebten zur Welt, der als Erwachsener zurückkehrte und den bösen Ehemann tötete.

Das Ideal weiblicher Schönheit:

*„Sie war in ein weißes Hemd
und in ein langes weißes Unterkleid
aus Leinen gekleidet
und solcherart geschnürt,
daß beide Hüften sichtbar waren.
Sie war von zartem Wuchs,
die Hüften flach gewölbt,
ihr Hals war weißer noch
als Schnee auf Zweigen,
leuchtend waren ihre Augen,
hell das Gesicht,
schön der Mund,
die Nase gerade,
die Augenbrauen braun und klar
die Stirn, und der Kopf
war von blonden Locken umrahmt.
Goldfäden haben nicht solchen Glanz
wie ihr Haar im Licht des Tages."*

Marie de France

Marie Königin von Bayern

1825 in Berlin   † 1889 auf Schloß Hohenschwangau bei Füssen

Preußische Prinzessin aus der Dynastie der Hohenzollern
Mutter des Märchenkönigs Ludwig II.
Sozial engagierte Königin

Bayern war von 1806 bis 1918 ein Königreich, das fünf Könige als Regenten sah; vier von ihnen waren mit Prinzessinnen verheiratet, die aus den führenden Herrscherhäusern Europas stammten. Ein König blieb unvermählt: König Ludwig II., dessen Leben und Wirken in der Geschichtsschreibung immer noch große Aufmerksamkeit findet. Kaum Beachtung fand dagegen bisher seine Mutter, Königin Marie von Bayern, geborene Prinzessin von Preußen aus der Dynastie der Hohenzollern. Sie war eine Tochter der Prinzessin Marianne von Hessen-Homburg (1785–1846) und des Prinzen Wilhelm von Preußen (1782–1851).

Marie kam am 15. Oktober 1825 in dem inzwischen abgebrochenen Schloß von Berlin zur Welt. Am 23. Februar 1842 fand dort

*Kronprinzessin
Marie von Bayern, 1842.
Gemälde von Joseph Stieler*

die Verlobung des 30jährigen bayerischen Kronprinzen Maximilian (1811–1864) mit der 16jährigen Prinzessin statt; am 30. Juli wurde sie in Gegenwart ihres Bräutigams in der Dorfkirche von Fischbach in Schlesien, dem Sommersitz der Familie, konfirmiert. Die evangelische Prokurativ-Trauung im königlichen Schloß in Berlin erfolgte am 5. Oktober 1842 – an „Mariechens" Seite kniete in Vertretung des Bräutigams ihr Vetter Wilhelm, der spätere deutsche Kaiser. In München wurde am 12. Oktober die katholische Trauung in der Allerheiligenhofkirche vollzogen.

Eine sehr glückliche Ehe begann, die allerdings nur zweiundzwanzig Jahre währte. Marie wurde eine beliebte Königin, die sich zusammen mit ihrem

Mann sozial stark engagierte. So erfolgte 1853 die Gründung des überkonfessionellen Zentralvereins Sankt Johannis, der für Waisen, Blinde und Taube sorgen sollte. Die Königin trat auch für die Abschaffung der Kinderarbeit ein, was allerdings zu jener Zeit an dem „heiligsten Recht" der Eltern in der Verfügung über ihre Kinder scheiterte. Als Witwe rief sie 1869 zur Gründung eines „Bayerischen Frauenvereins vom Roten Kreuz" auf, dessen Leitung sie selbst übernahm. Nach einer Fehlgeburt durfte die Kronprinzessin am 25. August 1845 ihr erstes Kind, Erbprinz Ludwig, im Arm halten. „Wolle Gott mir dieses Glück erhalten, welches Er mir durch die Liebe meines Mannes und nun durch den Anblick meines Söhnchens geschenkt ...", schrieb sie. In den Revolutionswirren von 1848 kam am 27. April das zweite Kind, Prinz Otto, zur Welt. Des Königs früher Tod (im März 1864) veränderte das Leben der knapp 39 Jahre alten Königin sehr. Ihr gerade erst 18jähriger Sohn, der blendend aussehende und entsprechend umschwärmte König Ludwig II., verlieh ihr den Ehrentitel „Königinmutter". Ein schweres Los hatte die Königinmutter zu tragen, als die Geisteskrankheit ihres Sohnes Otto ausbrach und er interniert werden mußte; dazu kam, daß ihr königlicher Sohn Ludwig sehr exzentrisch sich verhielt. Als er sich durch den Bau seiner Schlösser Linderhof, Herrenchiemsee und Neuschwanstein hoch verschuldete, bot sie ihm

an, ihren äußerst wertvollen Schmuck zu verkaufen, um einen Teil der Schulden begleichen zu können.

An ihrem 60. Geburtstag (15. Oktober 1885) sah die Königinmutter ihren Sohn zum letzten Mal. Er zeigte ihr ganz allein das noch unvollendete Schloß Neuschwanstein. Am 13. Juni 1886 geschah das Unfaßbare: Königinmutter Marie von Bayern verlor ihren königlichen Sohn, der im Starnberger See ertrank. In unendlicher Trauer überlebte sie ihn um drei Jahre.

Da sie zum katholischen Glauben übergetreten war, wurde sie feierlich an der Seite ihres Gemahls in der Theatinerkirche in München beigesetzt. Eine Silberurne, geziert mit der Königskrone, den Wappen Preußens und Bayerns sowie einem Kranz von Alpenrosen und Edelweiß, birgt ihr Herz in der Gnadenkapelle von Altötting.

Mathilde von Tuszien

*1046 unbekannt   † 1115 Bondeno di Roncole bei Ferrara

Im Zentrum der italienischen Politik ihrer Zeit
Schenkte dem Papst die „Mathildischen Güter"
Als erste Frau in der Grabeskirche des Apostelfürsten
in Rom beigesetzt

REX ROGAT ABBATEM. MATHILDIM SUPPLICAT ATQ;

*Abt Hugo von Cluny, König Heinrich IV.
und Mathilde von Tuszien.
Malerei in der Handschrift „Vita Mathildis"
des Donizone von Canossa, ca. 1115*

Im 12. Jahrhundert bestimmten zwei Frauen maßgeblich die italienische Politik und die Reformbewegung der Kirche: Beatrix und ihre Tochter Mathilde; beide waren nacheinander Markgräfinnen von Tuszien. Mathilde wurde als erste Frau in der Grabeskirche des Apostelfürsten in Rom beigesetzt. Papst Urban VIII. gab 1632 den Befehl, ihre Gebeine, die ein halbes Jahrtausend in der Abtei von Polirone geruht hatten, nach Sankt Peter zu überführen. Mathilde war im Verlauf ihrer langen Herrschaft, vor allem während des Investiturstreits die verläßlichste Bundesgenossin der Päpste, die sie finanziell, militärisch und diplomatisch unterstützte. Mathildes Vater, Markgraf Bonifaz (985–1052), hatte als 50jähriger in zweiter Ehe die knapp 15jährige Beatrix von Lothringen (1015–1076) geheiratet. Unter Bonifaz stiegen die Canusier, wie die Familie nach ihrem Stammsitz Canossa hieß, zur stärksten Feudalmacht Oberitaliens auf. Die elfjährige Mathilde wurde mit ihrem Stiefbruder Gottfried von Niederlothringen verlobt, der wohl wenig ansehnlich war und den Beinamen der „Bucklige" trug. In ihrer ersten Ehe war Mathilde sieben Jahre verheiratet; sie wurde Mutter eines Sohnes, der aber nur wenige Tage lebte. Die Geburt dürfte im Jahr 1071 gewesen sein. Nach der Entbindung verließ Mathilde Niederlothringen und kehrte ohne ihren Mann nach Italien zurück. Die Ehe bestand auf dem Papier bis zum Jahr 1076, dem Sterbejahr ihres Mannes. Kurz darauf starb auch ihre Mutter. Nun war Mathilde zur mächtigen Alleinerbin eines umfassenden Besitzes geworden, der ihr große politische Macht einbrachte. Die Markgräfin ging mit Herzog Welf von Bayern eine zweite Ehe ein, die kinderlos blieb. Mathilde war 43, ihr Bräutigam dagegen erst 17 Jahre alt; ein lächerliches Zweckbündnis, das bald wieder zerbrach. Als im Dezember 1075 der sogenannte Investiturstreit zwischen dem Papst und Kaiser Heinrich IV. ausbrach, stand Mathilde auf der Seite des Papstes. Eine Synode in Worms erklärte den Papst für abgesetzt. Es wurde ihm vorgeworfen, daß er „die ganze Christenheit mit einem Weibersenat regieren wolle"; er halte mit einer fremden Frau Tischgemeinschaft und erfülle die Kirche mit dem „Gestank bösen Ärgernisses". Die Kaiserinmutter Agnes von Poitou war ständiger Gast in Rom, jeder wußte vom Vertrauensverhältnis

des Papstes zu Markgräfin Beatrix, als das größte „Übel" aber galt Mathilde. Zu einer Auseinandersetzung zwischen geistlicher und weltlicher Macht kam es, als Papst Gregor VII. Kaiser Heinrich IV. den Bannfluch der Kirche entgegenschleuderte. Heinrich machte die päpstliche Waffe dadurch unwirksam, daß er im Winter des Jahres 1077 nach Italien zog und schließlich in Mathildes mächtiger Burg Canossa vor ihr, dem Papst und dem Abt Hugo von Cluny, seinem Taufpaten, sich demütigte, um vom Kirchenbann gelöst zu werden. „Mächtige Kusine, geh, erwirke mir den Segen", hatte er sie gebeten. Die beiden begegneten sich sechs Jahre später wieder, als der König den Papst in der Engelsburg in Rom belagerte. Mathilde stand wieder auf der päpstlichen Seite, rief den Normannenherzog Robert Guiskard aus Sizilien herbei und nahm schreckliche Rache an den Anhängern Heinrichs, der während der Belagerung aus den Händen des Gegenpapstes Clemens III. im Petersdom die Kaiserkrone empfangen hatte. Um 1079 vermachte Mathilde ihre weitläufigen Besitzungen, die „Mathildischen Güter", dem Heiligen Stuhl, ein Erbe, das zum erneuten Zankapfel zwischen den Päpsten und den

deutschen Kaisern wurde, bis Kaiser Friedrich II. 1213 formell auf sie verzichtete. Aufgrund ihrer Schenkungen hatte der Papst der Markgräfin völlige Sündervergebung gewährt. Mathilde, die große Reformerin und Reichsfürstin, starb am 24. Juni 1115 in Anwesenheit ihres geistlichen Beraters Bernhard von Clairvaux. Mit ihr erlosch das Haus Canossa.

Grabmal der Markgräfin Mathilde von Tuszien. Das 1637 enthüllte Grabmal „der Frau mit dem Geist eines Mannes" („virilis animi foeminae", so das Epithaph) entwarf Gian Lorenzo Bernini; ausgeführt hat es sein Bruder Luigi mit einem seiner Schüler, Andrea Bolgi. Den Sarkophag schuf Stefano Speranza.

Mechthild
von Magdeburg

* um 1210 bei Magdeburg † 1282 oder 1294 in Helfta (Sachsen)

Mystisch begnadete Begine
Verfasserin des Werkes „Das fließende Licht der Gottheit"

S. MECHTILDIS. V.

Im Jahr 1230 wurde in Köln ein erster Beginenkonvent erwähnt. Beginen nannte man junge Frauen und fromme Witwen, die, ohne ein dauerndes Gelübde abzulegen, in Gemeinschaft miteinander lebten und deren Häuser oft in der Nähe von Klöstern oder Kirchen lagen, so daß sie von dort einen geistlichen Beistand hatten. Obwohl in vielen Beginenhäusern Frauen durch gemeinsame Arbeit materielle Versorgung erfuhren, war das Zusammenleben nicht immer unproblematisch.

Auch die aus einem alten sächsischen Adelsgeschlecht stammende Mechthild stellte sich als Begine unter den Schutz eines Klosters: Sankt Agnes bei Magdeburg. Sie lebte nach den Regeln der Dominikaner, scheute sich aber nicht, von ihr als Mißstände empfundenen Gegebenheiten in der Ordensgemeinschaft sowie im Klerus allgemein anzuprangern. Schon als Zwanzigjährige erfuhr Mechthild ihre erste mystische Begnadung. Sie durchlebte immer wieder mystische Erfahrungen, die sie etwa ab 1250 in Hymnen und Versen niederschrieb. Aufgrund der vielen Verleumdungen, die sie wegen ihrer Erlebnisse zu erleiden hatte, floh sie 1268 in das Zisterzienserinnenkloster zu Helfta, das zum bedeutendsten deutschen Zentrum der Frauenmystik wurde. Sie unterwarf sich harten Bußübungen und einer Askese, die bis an die Grenze der Erkrankung ging. Mit über 60 Jahren legte sie die Profeß ab.
In Helfta vollendete sie ihr großes mystisches Werk mit

dem Titel „Das fließende Licht der Gottheit", an dem sie insgesamt dreißig Jahre lang arbeitete. Ursprünglich niederdeutsch abgefaßt, ist es nur in der mittelhochdeutschen Übertragung Heinrichs von Nördlingen aus dem vierzehnten Jahrhundert erhalten. Diese Handschrift gehört zum kostbarsten Besitz der Klosterbibliothek von Einsiedeln. Mechthilds Werk nimmt in der theologischen Ausrichtung wie in der Bildersprache Traditionen der Mystik auf: die vom Hohen Lied bestimmte Mystik Bernhards von Clairvaux, auch Einflüsse Wilhelms von Saint-Thierry, Hugos und Richards von St. Victor.
Mechthild hat für die schöpferische Liebesbeziehung zwischen Gott und der Seele eine breite Palette von Ausdrucksformen entwickelt; manche erinnern stark an die höfische Minnedichtung. In Mechthilds Vorstellung lädt der Herr die Seele zum Tanz, die Seele entkleidet sich und nähert sich dem Brautbett, wo auch die Hochzeitsnacht stattfindet. Die Gottheit fließt

über von Liebe. In der Vereinigung mit Gott schmilzt die
Seele dahin.

„Du bist mein Lagerkissen,
Mein Minnebett,
Meine himmlische Ruhe,
Meine tiefste Sehnsucht,
Meine höchste Herrlichkeit.
Du bist eine Lust meiner
Gottheit,
Ein Trost meiner Menschheit,
Ein Buch meiner Hitze."

Als Mechthild von Magdeburg
ins Kloster Helfta kam, war
Gertrud von Hackeborn (1241–
1299) Äbtissin, der auch ihre
Schwester Mechthild ins Kloster
gefolgt war. Diese übernahm
später die Leitung der Kloster-
schule und wurde die erste
Mystikerin im Kloster Helfta.
Im Jahre 1261 wurde ihr als
Schülerin die fünfjährige Gertrud anvertraut, die später „die
Große" genannt werden sollte.

Diese hatte mit 25 Jahren ihre
erste Vision, die sie zu ihrem
Werk mit dem Titel „Gesandter
der göttlichen Liebe" inspirierte.
Gertrud von Hackeborn begann
erst im Alter von fünfzig Jahren
über ihre mystischen Erfahrungen zu sprechen, die sie als
„Buch der besonderen Gnade"
veröffentlichte. Mit Gertrud der
Großen begann frömmigkeits-
geschichtlich gesehen die inten-
sive Verehrung des „Herzens
Jesu".
Alle drei Mystikerinnen beschrieben, wie sie innerlich
ihren eigenen Willen nieder-
rangen, damit sie empfänglich
würden für die spirituelle Erfah-
rung. Mechthild von Magdeburg
verfaßte dazu folgende Zeilen:

„Als ich zum geistlichen Leben
kam
Und von der Welt Abschied
nahm,
Da sah ich meinen Leib an:
Der war kräftig gewaffnet
Gegen meine arme Seele
Mit großer Fülle einer starken
Macht
und mit vollkommen natürlicher
Kraft.
Das sah ich wohl, daß er mein
Feind war,
Und sah auch: Wollt ich dem
ewigen Tod entrinnen,

So mußt ich ihn niederzwingen
Und mußte mit dem Streit
beginnen."

Gertrud die Große
und Mechthild
von Magdeburg

Als Gedenktag für die Mystikerin und Schriftstellerin
Mechthild gilt der 15. August.
Es wurde ihr auch ein literarisches Denkmal gesetzt: Als
„Matelda", die „schöne Frau",
ging Mechthild in Dantes „Göttliche Komödie" ein; sie zeigte
dem Dichter das „irdische Paradies".

„Dieses Buch ist begonnen in der Liebe,
es soll auch enden in der Liebe.
Denn es ist nichts so weise,
noch so billig, noch so schön, noch so stark,
noch so vollkommen – wie die Liebe."

Mechthild von Magdeburg

Lise Meitner

*1878 in Wien   † 1968 in Cambridge (England)

Atomphysikerin
Enge Mitarbeiterin Otto Hahns, des Entdeckers der Kernspaltung

Lise Meitner, 1930

„Unsere Madame Curie" und „begabter als Frau Curie selbst" nannte Albert Einstein die aus Wien stammende Physikerin Elise Meitner. Als sie am 27. Oktober 1968 fast 90jährig in Cambridge starb, galt sie als eine Autorität, der unendlich viele Ehrungen zuteil geworden waren: Sie besaß die Mitgliedschaft in sieben Akademien der Welt, fünf Ehrendoktorwürden, den Orden „Pour le mérite", war „Frau des Jahres 1945" (eine Auszeichnung der amerikanischen Presse) und hatte fast alle Preise verliehen bekommen, die in der Atomphysik zu vergeben waren. Ein Preis ist ihr jedoch versagt geblieben, nämlich der

Nobelpreis für Chemie für die Entdeckung der Kernspaltung; ihn erhielt 1944 der Mann, mit dem sie dreiunddreißig Jahre wissenschaftlich zusammenarbeitete: Otto Hahn. Dabei war Lise Meitner schon 1924 und 1925, dann nochmals 1936 im Zusammenhang mit der Arbeit über das Protactinium (ein sehr seltenes radioaktives chemisches Element) für den Chemie-Nobelpreis vorgeschlagen worden. Wie sie selbst herausfand, hatte ein einflußreicher Gegner im Komitee gegen sie votiert: der schwedische Physik-Nobelpreisträger von 1924, Manne Siegbahn. Sah die Wissenschaftlerin in der Verleihung des Nobelpreises an Otto Hahn indirekt auch eine Krönung ihrer Arbeit, so konnte sie es doch nicht ertragen, immer mehr in den Schatten Hahns zu geraten. Im Jahr 1953 schrieb sie ihm: „Versuche Dich in meine Lage hineinzudenken! Was würdest Du sagen, wenn Du auch charakterisiert würdest als der langjährige Mitarbeiter von mir?"
Die Physikerin stammte aus einer sehr liberalen jüdischen Familie, die ihre acht Kinder

Lise Meitner und Otto Hahn im Labor des Kaiser-Wilhelm-Instituts für Chemie, Berlin 1913

protestantisch erzog. Im Alter von 23 Jahren hatte es Lise zwei Jahre nach Öffnung der Universitäten für Frauen (1901) geschafft, in Wien ein Studium der Physik und Mathematik aufzunehmen. Während des acht Semester dauernden Studiums brachte ihr der Physiker Ludwig Boltzmann „die Schönheiten der theoretischen Physik" nahe. Für ihre Doktorarbeit über „Wärmeleitung in inhomogenen Körpern" erhielt sie die Note: „einstimmig mit Auszeichnung". Als Lise kurz darauf in den Sitzungsberichten der Preußischen Akademie der Wissenschaften den Artikel „Einige Folgerungen, die sich aus den Fresnelschen Reflexionsformeln ergeben" veröffentlichte, reagierte die Fachwelt verblüfft. Lise Meitner plante, an die Sorbonne zu Marie Curie zu wechseln, bekam aber von dort eine Absage. Sie entschloß sich, nach Berlin zu übersiedeln, um bei dem Begründer der

Quantentheorie, Max Planck, Vorlesungen zu hören. Obwohl Planck von einem Universitätsstudium für Frauen überhaupt nichts hielt, da „die Natur selbst der Frau ihren Beruf als Mutter und als Hausfrau vorgeschrieben hat, und daß Naturgesetze unter keinen Umständen ohne schwere Schädigungen ignoriert werden können", zählte er Lise doch zu den besonders Begabten. Sie erhielt sogar eine Assistentenstelle: damit war sie Preußens erste Universitätsassistentin.

Als der frisch habilitierte Otto Hahn in Berlin einen Physiker suchte, erhielt Lise Meitner die ausgeschriebene Stelle. Ab 1918 gab es die Abteilung Hahn-Meitner. 1922 habilitierte sich Lise Meitner und wurde mit 48 Jahren außerordentliche, nichtbeamtete Professorin für experimentelle Kernphysik. 1933 entzog man ihr jedoch die Lehrerlaubnis an der Berliner Universität. Die Jüdin und

Wissenschaftlerin, die immer wieder Demütigungen ausgesetzt war, forschte allerdings am Kaiser-Wilhelm-Institut so lange weiter, bis ihre Lage lebensbedrohlich wurde. Über die Niederlande und Dänemark gelangte sie nach Schweden. Am Nobel-Institut für Physik in Stockholm bekam sie wieder einen Arbeitsplatz. Sie blieb in engem Briefkontakt mit Hahn, dem im Dezember 1933 der chemische Nachweis einer Kernspaltung gelang, der ihm dann den Nobelpreis brachte. Solange Otto Hahn und Lise Meitner zusammen forschten, galt die attraktive Kollegin, um die sich Hahn privat bemühte, oft als Führende im Forschungsteam. Sie soll zu Hahn gesagt haben: „Hähnchen, laß mich das machen, von Physik verstehst Du nichts!"

> *„Ihre Arbeit ist gekrönt worden mit dem Chemie-Nobelpreis für Otto Hahn."*
>
> Renate Feyl

Lise Meitner und Otto Hahn im Labor, Berlin 1909

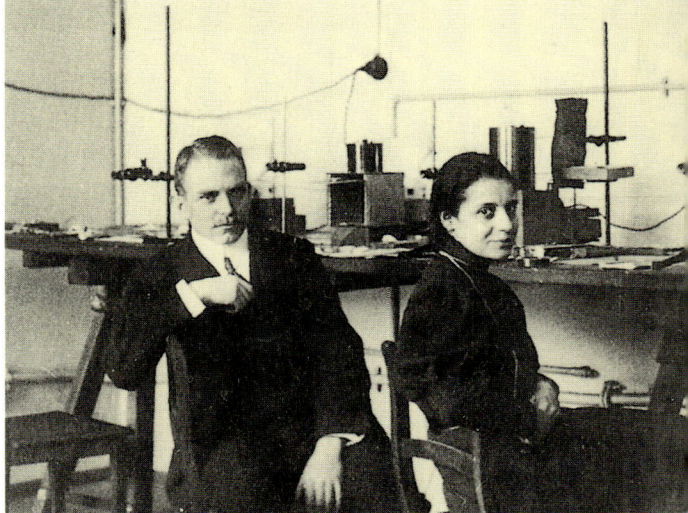

Sophie Mereau

*1770 in Altenburg † 1806 in Heidelberg

„Liebliche Dichterin"
Gemahlin des jungen Clemens Brentano

*Sophie Mereau.
Bleistiftzeichnung
um 1798*

*Was nur allein des Zufalls
Laune trotzet,
Die schöne Blüthe reiner
Menschlichkeit,
Das uns allein zu freien
Wesen gründet,
Woran allein sich unsre
Würde bindet,
Dies höchste Gut, es heißt –
Selbständigkeit.*

Diese programmatischen Verse schrieb Sophie Mereau, geb. Schubert, im Jahre 1800. Sie war seit 1793 mit Friedrich Ernst Karl Mereau verheiratet, einem angesehenen Juristen in der kleinen Universitätsstadt Jena, die eines der damaligen geistigen Zentren Deutschlands war. Mereaus Werbung hatte sie sich sechs Jahre lang widersetzt, doch dann zugestimmt, wohl wissend, daß ihr, der früh verwaisten, literarisch tätigen jungen Frau, nur eine Ehe die Voraussetzung für eine gesicherte und gesellschaftlich anerkannte Existenz bieten könne.
Tief beeindruckt war Sophie von der Tatsache, daß es Mereau gelungen war, Friedrich Schiller für ihre literarischen Versuche zu interessieren. Dieser beurteilte Sophies Arbeit sehr wohlwollend, druckte auch schon 1791 einige Gedichte in seiner Zeitschrift „Thalia" ab. Sie lebte damals in Jena und war geachtet als „eine liebliche Dichterin", die für Aufsehen sorgte, als sie an den privaten Vorlesungen des Philosophen Johann Gottlieb Fichte teilnahm.
Im „Berlinischen Damenkalen-

der auf das Jahr 1800" publizierte sie das folgende Gedicht, das im sinnfälligen Bild des künstlich gezogenen Baumes ein menschliches Dasein skizziert, das durch Zwang an freier Selbstentfaltung gehindert wird; unschwer ist in diesem Gedicht die Situation der Frau „im Korsett ihrer gesellschaftlich festgelegten Rolle" zu erkennen:

An einen Baum am Spalier

*Armer Baum! An deiner kalten Mauer
Fest gebunden, stehst du traurig da,
Fühlest kaum den Zephyr, der mit süßem Schauer
In den Blättern freier Bäume weilt
Und bei deinen leicht vorübereilt.
O! Dein Anblick geht mir nah!
Und die bilderreiche Phantasie
Stellt mit ihrer flüchtigen Magie
Eine menschliche Gestalt schnell vor mich hin,
Die, auf ewig von dem freien Sinn
Der Natur entfernt, ein fremder Drang
Auch, wie dich, in steife Formen zwang.*

Schon ein Jahr nach diesem Gedicht brach „Frau Professor" aus ihrer Ehe aus und betrieb die Scheidung: „O daß ich Sünderin das Weib eines Mannes ward, für den kein Ton in meiner Seele anspricht." Ihr Mann überließ ihr die Tochter Hulda und erklärte sich bereit, beiden eine jährliche Summe von 200 Reichstalern für ihren Lebensunterhalt zu bezahlen. Sophie zog mit ihrer Tochter von Jena zunächst ins kleine Camberg und später nach Weimar. Von nun an schrieb sie nahezu unaufhörlich bis zu ihrem Tod. Ihr Werk umfaßt Lyrik, zwei Romane, zahlreiche Erzählungen und kleinere Prosaarbeiten, zudem literarische Übersetzungen aus dem Französischen (von Madame de Staël), aus dem Englischen und Italienischen (Boccaccios „Fiametta") und aus dem Spanischen. Schon 1798 war Sophie Mereau dem zwanzigjährigen Studenten Clemens Brentano begegnet. Dieser, wohlhabend und mit dichterischen Ambitionen gesegnet, verliebte sich in die acht Jahre ältere Frau. Er heiratete sie erst, als sie ein Kind von ihm erwartete. Beide lebten zunächst in Marburg, dann in Heidelberg. Doch nur drei gemeinsame Ehejahre waren ihnen vergönnt. Den beiden älteren Kindern war nur eine kurze Lebenszeit beschieden, und bei der Geburt des dritten Kindes starb Sophie im Oktober 1806 zusammen mit dem Kind. Nach dem Verlust seiner geliebten Frau und den Kindern führte Brentano sein altes, von Ziellosigkeit geprägtes Leben weiter. Sophie hatte ihn „einen schweren, mit Blüten beladenen Zweig" genannt.

„Es müßte recht angenehm sein, in Deinen Armen und von Dir beweint zu sterben – besser aber noch ist's leben und sich mit Dir des goldnen Lichts zu erfreuen."

Sophie Mereau an Clemens Brentano

Clemens Brentano. Bleistiftzeichnung von Wilhelm Hensel, 1819

Nach den in der Königlichen Bibliothek zu Berlin befindlichen Handschriften zum ersten Mal herausgegeben von Heinz Amelung In zwei Bänden

Erschienen im Jahre 1905

Briefwechsel zwischen Clemens Brentano und Sophie Mereau

Erster Band

Im Insel-Verlag zu Leipzig

Maria Sibylla Merian

*1647 in Frankfurt am Main   † 1717 in Amsterdam

Entdeckungsfreudige Naturforscherin und Malerin
Berühmt durch ihr „Neues Blumenbuch" (1680)

Ein Frauenporträt, die Ansicht der Burg und der Stadt Nürnberg sowie eine Wespe als Symbol für wissenschaftliches und künstlerisches Wirken der Abgebildeten – soviel zeigt auf den ersten Blick die Vorderseite der 500-Mark-Banknote der deutschen Bundesbank. Beim genaueren Hinsehen entdeckt man den Namen der Frau, nämlich Maria Sibylla Merian, eine Naturforscherin und begabte Malerin. Sie war die Tochter des in Frankfurt am Main lebenden Schweizer Kupferstechers und Verlegers Matthäus Merian des Älteren, dessen Talent sie offensichtlich geerbt hatte. Ihren Vater verlor sie schon im Alter von drei Jahren, ihr Bruder, Matthäus Merian der Jüngere, übernahm den Verlag. Ihr Stiefvater, der Maler Jacob Marell, und der bekannte Miniaturmaler Abraham Mignon unterrichteten das junge Mädchen. Nach ihrer Heirat mit dem Maler John Graff (1665) übersiedelte sie mit ihm nach Nürnberg, gründete dort eine Malschule und zog einen Handel mit Malfarben auf. Ihre erste größere Veröffentlichung war 1679 das Buch „Der Raupen wunderbare Verwandlung und sonderbare Blumennahrung". In 50 Kupferplatten ritzte sie den Lebenszyklus vieler Insekten ein – vom Ei über die Raupe bis hin zum fertigen Wesen. Große Begeisterung löste das 1680 in Nürnberg erschienene „Neue Blumenbuch" mit seinen 36 Farbtafeln aus. Die Künstlerin hatte eine neue Drucktechnik entwickelt, um die lebendige Schönheit der Blumen wiederzugeben. Johann Wolfgang von Goethe rühmte das Meriansche Werk überschwenglich: Es „befriedigt die Sinne vollkommen; Blüten und Knospen sprechen zum Auge, und Früchte zum Gaumen".

„Die große blaue Lilie" aus dem „Neuen Blumenbuch" von Maria Sibylla Merian, 1680

zulösen. Die Frauen wollten keine Kinder zur Welt bringen, die später als Sklaven bei den Kolonialherren arbeiten mußten. Die klimatischen Verhältnisse zwangen Maria Merian, 1701 nach Amsterdam zurückzukehren. Sie hatte sich mit Malaria infiziert. Ihre Reise war dennoch ein großer Erfolg. Sie brachte exotische Pflanzen und in Branntwein konservierte Tiere mit, die der Bürgermeister in der Stadthalle ausstellen ließ. Nach ihrer Rückkehr begann die Naturforscherin und Abenteurerin mit der Arbeit an ihrem Hauptwerk „Metamorphosis insectorum Surinamensium". In 60 Illustrationen stellte sie die Lebenszyklen verschiedener Raupen, Würmer und Maden, Motten, Schmetterlinge, Käfer, Bienen und Fliegen in allen Einzelheiten dar.

Maria Merian hinterließ in der Insektenkunde ihre Spuren. Sechs Pflanzen, neun Schmetterlinge und zwei Käfer sind nach ihr benannt. Einer ihrer großen Bewunderer war Zar Peter der Große von Rußland, in dessen Studierstube ihr Portrait hing. Das Wissen der großen Forscherin und ihre Erfahrungen gab sie an ihre Töchter Johanna und Dorothea weiter, die den dritten Band des Surinam-Buches fertigstellten.

> „Ich habe mich von Jugend an mit der Erforschung der Insekten beschäftigt."
>
> Maria Sibylla Merian

Nach 20 Ehejahren trennte sich Maria Merian von ihrem Mann, nahm wieder ihren Mädchennamen an und schloß sich den Labadisten an, einer freien Religionsgemeinschaft auf Schloß Walta in Westfriesland. 1691 beschloß sie, nach Amsterdam zu ziehen, eine Stadt, die reich war an Raritäten aus Ost- und Westindien. Sie ernährte sich und ihre beiden Töchter durch den Handel mit gefärbten Stoffen und von ihr produzierten Malerfarben. Nachdem sie einige oft recht unvollständige Insektensammlungen, etwa die des Amsterdamer Bürgermeisters und Vorstehers der Ostindischen Gesellschaft hatte bewundern dürfen, reifte in ihr der Entschluß, „eine weite und teure Reise nach Surinam" anzutreten.

Im Jahre 1699 stach Maria Merian, damals 52 Jahre alt, zusammen mit ihrer Tochter Dorothea in See. Einige Zeit lebten die beiden Frauen bei der Missionsgesellschaft der Labadisten auf der Gummiplantage von Surinam. Es kam zu Konflikten mit den Pflanzern, denen die beherzte Forscherin die schlechte Behandlung der Eingeborenen vorwarf. Bei der Beschreibung der Pflanze Flos pavonis fiel ihr auf, daß der Samen gebraucht wurde, um absichtlich Fehlgeburten aus-

Karin Michaelis

1872 in Randers † 1950 in Kopenhagen

Eine der meistgelesenen nordischen Schriftstellerinnen
Pazifistin und Trägerin der Christiansen-Friedensmedaille

Karin Michaelis, um 1900

„Hohe Spiel" oder „Das Buch der Liebe" sowie das 1921 geschriebene Werk „Kleine junge Frau". 1948 erschien auch noch der autobiographische dreibändige Roman „Wunderbare Welt".

Karin Michaelis, geb. Katarina Marie Bech Brondum, wuchs als Tochter einfacher Eltern in Randers auf. Nach Abschluß der Schulzeit ging sie nach Kopenhagen und studierte Literatur- und Musikwissenschaft. 1895 heiratete sie den Schriftsteller Sophus Michaelis. Das Paar finanzierte seinen Lebensunterhalt durch Theaterrezensionen. Die junge Ehefrau veröffentlichte Romane, in denen sie das einsame Aufwachsen von Mädchen und die Ehekonflikte Erwachsener schilderte. Es kam bald zu einer Trennung und Scheidung des Paares.

Im Jahre 1910 hatte Karin Michaelis ihr Buch „Das gefährliche Alter" herausgegeben, das sie sehr bekannt machte. In diesem Brief- und Tagebuchroman schilderte sie das Ausbrechen einer Frau um die 40 aus einer bis dahin intakten Ehe und die Zuwendung zu einem wesentlich jüngeren Mann und letztlich ein Ende in Einsamkeit.

Viele Jahre bevor Astrid Lindgren ihre uns heute so vertraute „Pipi Langstrumpf" schuf, gab es schon eine Mädchenbuchreihe mit dem Namen „Bibi", in der sich ein sehr selbständiges Mädchen die Welt eroberte. Die in ihrer Zeit bedeutende Kinderbuchreihe „Bibi" schrieb die Dänin Karin Michaelis. In ihren eigenen Lebenserinnerungen mit dem Titel „Der kleine Kobold" gibt sie ein lebhaftes Zeugnis ihrer unkonventionellen Art zu denken und zu handeln.

Zu Unrecht in unserer Zeit vergessen, sollten ihre Bücher wieder aufgelegt werden, wie etwa das 1898 entstandene

Mit tiefem psychologischen Feingefühl beschreibt sie das geschlechtliche Erwachen des Mädchens, das innere Leben einer Frau, die Probleme ihrer Ehe und ihren Kampf um die Gleichberechtigung. Mit dem Titel des Romans „den farlige Alder" prägte sie den Begriff des „gefährlichen Alters". Dieses Thema brachte ihr allerdings viel Haß der bürgerlichen Frauenwelt ein.

1912 heiratete sie dann selbst einen wesentlich jüngeren Mann, den amerikanischen Diplomaten Ch. Stangeland, der ihr allerdings die Bedingung stellte, die Schriftstellerei aufzugeben. Doch darauf konnte und wollte sie sich nur kurze Zeit einlassen, was wieder eine Trennung zur Folge hatte. Nun erwarb sie ein kleines Haus auf Thurö. Dort nahm sie viele auf, die vor den Nationalsozialisten aus Deutschland geflohen waren, u.a. auch Helene Weigel und Bertold Brecht. Karin Michaelis war eine Frau, die schon früh und energisch vor Mussolini und Adolf Hitler gewarnt hatte. Seit Mai 1932 war sie zusammen mit Clara Zetkin, Käthe Kollwitz, Helene Stöcker sowie der Schriftstellerin Clara Viebig Mitglied im internationalen Frauenkomitee, das den „Antikriegskongreß" in Amsterdam Ende August 1932 vorbereitete.

Während der Besetzung Dänemarks im Zweiten Weltkrieg mußte sie selbst in die USA ins Exil gehen. Sie schlug sich mehr schlecht als recht durch mit dem Übersetzen amerikanischer Drehbücher ins Dänische.

> *„Karin Michaelis war eine Individualistin, unbequem nach allen Seiten, zuverlässig in Freundschaften und impulsiv im Umgang mit Liebesdingen."*
>
> Melitta Walter

Heimweh führte sie 1946 wieder nach Kopenhagen zurück. Sie mietete sich in einer kleinen einfachen Pension ein, verkaufte ihren wertvollen Briefwechsel mit vielen namhaften Persönlichkeiten zu einem Spottpreis an einen Autographensammler. Kurz vor ihrem Tod wurde ihr die Christiansen-Friedensmedaille überreicht.

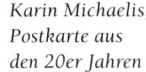

Karin Michaelis, Postkarte aus den 20er Jahren

Maria Anna Thekla Mozart

*1758 in Augsburg † 1841 in Bayreuth

Das Bäsle – „schön, vernünftig, lieb, geschickt und lustig"

Das „Bäsle". Bleistiftzeichnung 1777/78

Maria und den beiden Kindern, dem elfjährigen Nannerl und dem siebenjährigen Wolfgang Amadeus, im vornehmen Hotel Drei Mohren ab. Damals lernte Wolfgang seine fünfjährige Base Maria Anna Thekla Mozart kennen.

Nach drei Konzerten ging die Reise weiter, und es sollte bis 1777 dauern, bis das Schicksal den damals 21jährigen Wolfgang Amadeus mit seiner 19jährigen Base wieder in Augsburg zusammenführte. Voll Begeisterung berichtete Mozart seinem Vater nach Salzburg: „... und betheuere ich daß unser bäsle, schön, vernünftig, lieb, geschickt und lustig ist; und daß macht weil sie braf unter die leüte gekommen ist. sie war auch einige Zeit zu München. daß ist wahr, wir zwey taugen recht zusammen; dann sie ist auch ein bischen schlimm. wir fopen die leüte mit einander, daß es lustig ist."

Vater Mozart hielt seinem Sohn in Augsburg allerdings vor, daß das Bäsle zuviel Umgang mit geistlichen Herrn hätte. Darauf schrieb Wolfgang entrüstet zurück an den Vater:

Am 10. Juni 1763 brach Familie Mozart von Salzburg aus zu einer großen, drei Jahre dauernden Europareise auf. Dabei zog es den fürst-bischöflichen Kapellmeister Leopold Mozart auch in die Stadt, in der er 1719 geboren wurde, also nach Augsburg. Er stieg mit seiner Frau Anna

„Mein liebs Bäsle, welches sich beyderseits empfehlt, ist nichts weniger als ein Pfaffenschnitzel. Gestern hat sie sich mir zu gefallen französisch angezogen, da ist sie um 5 p cento schöner." Die beiden jungen Menschen verbrachten die Tage in Augsburg gemeinsam. So besuchten sie zusammen mit Mutter Mozart auch den Augsburger Orgel- und Klavierbauer Johann Andreas Stein. Bei ihm, dem Erfinder des Hammerklaviers (mit „deutscher Mechanik"), erwarb Wolfgang Amadeus ein kleines Übungsklavier. Zum Abschied am 25. Oktober 1777 schrieb er seiner Base in ihr Poesiealbum: „Si vous aimés ce que aime vous vous aimés donc vous mème" („Wenn Ihr das liebt, was ich liebe, so liebt Ihr Euch selbst").
Nun führte die Reise Mutter Mozart und ihren Sohn von Augsburg nach Mannheim. Damals begann Mozart seine

„berühmt-berüchtigten" Liebesbriefe an sein „liebstes Bäsle Häsle" zu schreiben. Im Januar 1779 traf er das Bäsle kurz in München. Auf Mozarts Wunsch reiste sie zu ihm nach Salzburg und wohnte dort für einige Wochen bei ihren Verwandten im Haus am Hannibalplatz. Ihre Hoffnung auf eine engere Bindung an ihren Vetter erfüllte sich jedoch nicht.
Während sich Wolfgang Amadeus 1782 verheiratete, mußte das geliebte Bäsle in Augsburg das Schicksal einer ledigen Mutter ertragen. Im „Ledigenstrafbuch des Geheimen Strafamts der Reichsstadt Augsburg" steht zu lesen: „1784. 23. Februar Maria Anna Motzartin hiesige bürgerliche Buchbinderstochter und Louis de Barbier haben wegen fleischlicher Vermischung Straf erlegt 72 Gulden." Der mit dem Namen de Barbier angegebene Kindsvater war der wohlhabende adelige Domherr Abbé Theodor Franz Freiherr von Reibeld. Bäsles Tochter Josepha wurde die Ehefrau des Postwagenexpeditors Franz Xaver Streitel. Das Ehepaar nahm die Mutter zu sich. 1814 fand der Umzug nach Bayreuth statt.
Mozarts Bäsle schloß am 25. Januar 1841 im Alter von 83 Jahren die Augen für immer. Heute erinnert eine Gedenktafel an der Alten Postei in Bayreuth, wo sie fast 30 Jahre lang wohnte, an die Frau, die nicht zu den Großen ihrer Zeit gehörte, die aber doch aus dem Lebenslauf eines der Größten im Reich der Töne nicht hinweggedacht werden kann.

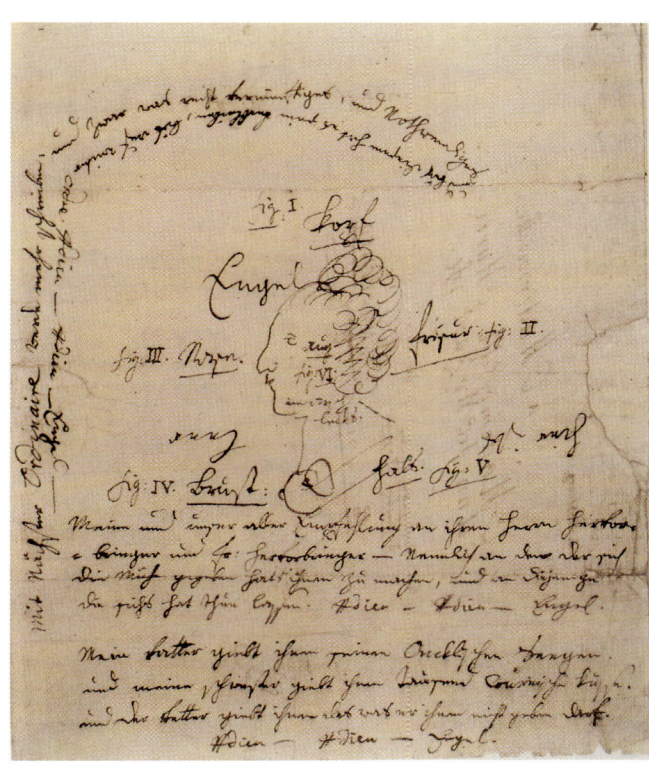

Portrait des Bäsles gezeichnet von Wolfgang Amadeus Mozart im Brief vom 10. Mai 1778. Dazu schrieb er:

Eine Zärtliche Ode! –
Dein süsses Bild, O Bäschen,
schwebt stets um meinen Blick
allein in trüben Zähren
daß du – – es selbst nicht bist.
Bey Jenen Thales Blumen
die ich ihr leesen will,
bey Jenen Myrtenzweigen
die ich ihr flechten will
beschwör ich dich Erscheinung
auf, und verwandle dich
Verwandle dich, Erscheinung
und werd – O Bääs'chen selbst.

Schießscheibe mit einem Gedicht von Leopold Mozart zum tränenreichen Abschied Mozarts vom Bäsle in Augsburg 1777.

Friederike Caroline Neuber

*1697 in Zwickau † 1760 in Laubegast bei Dresden

Aus dem bürgerlichen Dasein geflohene Wanderschauspielerin
„Theatralische Lehrmeisterin"

Friederica Carolina Neuberin

Eine „Wegbereiterin des deutschen Theaters" wird Friederike Caroline Neuber genannt. „Nichts als eine Comödiantin" – so bezeichnete sie sich selbst mit vollem Selbstbewußtsein und wies in ihren vielen Publikationen darauf hin, daß der Berufsstand der Wanderschauspieler kein besonderes Ansehen genoß und Bühnendarstellerinnen schlechtweg als sittenloses, unehrliches Gesindel galten. Ihren eigentlichen Durchbruch erlebten die deutschen Bühnenkünstlerinnen erst im 18. Jahrhundert. Vorher gab es eine Art „Warnliteratur", die darauf hinzielte, die Theaterlust der höheren Töchter zu bremsen und das Bühnenleben in den düstersten Farben zu schildern. Doch immer wieder gab es junge Frauen, die von zu Hause ausbrachen, oft um einer bürgerlichen Konvenienzehe zu entgehen.
Auch Friederike Caroline Weißenborn stammte aus dem Bürgertum. Am 9. März 1697 in Zwickau geboren, verlor sie sehr früh ihre Mutter. Ihr Vater, der tyrannische Advokat Daniel

Weißenborn, konnte mit einer Tochter nichts anfangen. Er feierte den Geburtstag der Tochter immer als einen Unglückstag. Vor den Peitschenschlägen floh die Fünfzehnjährige leider erfolglos. Der zweite Fluchtversuch gelang zusammen mit dem Studenten Johann Neuber, der sie heiratete. Sie wollte Schauspielerin werden und fand Aufnahme in der „Spiegelbergschen Komödiantentruppe". Zehn Jahre später übernahmen sie und ihr Mann die Prinzipalschaft der „Haack-Hoffmannschen Gesellschaft". Friederike Neuber regierte mit starker Hand. Sie bestand auf einem geregelten, fast bürgerlich ablaufenden Tagesplan, auf festen Probezeiten, Sauberhaltung der Bühnengarderobe und einer Einschränkung des Wirtshauslebens von Seiten der Junggesellen in der Truppe. Dies brachte ihr die Bezeichnungen „theatralische Lehrmeisterin", „strenge Moralistin" und „pädagogische Prinzipalin" ein. Was die „Neuberin" anstrebte, war ein festes Haus und ein Publikum, das im Theater etwas anderes suchte als Hanswurstiaden oder blutrünstiges Spektakel. Als Direktorin des Theaters setzte sie zusammen mit dem Aufklärer Johann Christoph Gottsched eine entscheidende Reformierung des deutschen Bühnenstils durch. Seit 1727 besaß die Neuberin das Privileg,

als königlich polnische und kurfürstlich sächsische Hofkomödiantin auftreten zu dürfen.

Es war ein großer Erfolg, daß ihr August der Starke in Leipzig einen festen Aufführungsort zuweisen ließ: den „Boden, über den aus dem Naschmarkte nach der Reichsstraße führenden Fleischbänken", das sogenannte „Fleischhaus".

Zehn Jahre später in Frankfurt zählten die renommiertesten Schauspieler Deutschlands zu der Truppe der Neuberin. Ihr Erfolg war es, daß von nun an das gebildete Publikum eine deutsche Schaubühne besuchte, wie dies schon 1701 die Theaterprinzipalin Catharina Elisabeth Velten propagiert hatte. Friederike Neuber sagte dazu: „Man hält mir als einer deutschen Frau nicht vor übel, daß ich ganz allein mich zur Verbesserung der deutschen Schaubühne angetrieben und allem Vorschub, so wohl bey Hohen als Niedrigen, Gelehrten und Ungelehrten, aufs eyfriste dazu gesucht habe." So verbannte sie von ihrer Bühne die Rolle des Harlekins und bemühte sich sehr um ein differenziertes Rollenrepertoire für Frauen. Nach großen Erfolgen in Kiel, Hamburg, Dresden, Frankfurt, Wien und Sankt Petersburg war die Glanzzeit des Reformunternehmens (1730–1739) vorüber. Selbst die Zusammenarbeit mit

dem jungen Gotthold Ephraim Lessing, dessen erstes Stück „Der junge Gelehrte" die Truppe 1748 aufgeführt hatte, half nicht aus dem Debakel. Die letzten Lebensjahre verbrachte das Ehepaar Neuber, das 1760 kurz nacheinander in Laubegast bei Dresden starb, in größter Armut.

Goethe setzte der Schauspielerin und Direktorin Friedrike Neuber ein literarisches Denkmal in der Gestalt der Madame de Retti in „Wilhelm Meisters Wanderjahre".

Theaterzettel der Truppe von Friederike Caroline Neuber für eine Faust-Aufführung im Opernhaus Hamburg, 1738

> *„Die Lust soll ehrbar seyn, bezaubernd und gelehrt."*
>
> Caroline Neuber

Florence Nightingale

1820 in Florenz † 1910 in London

Krankenschwester im Dienste englischer Soldaten an vorderster Front
Autorin mehrerer Lehrbücher zur Krankenpflege
Mit 88 Jahren zur Ehrenbürgerin Londons ernannt

Florence Nightingale

Es war tröstlich, Florence auch nur vorbeigehen zu sehen. Zu manchen sprach sie ein Wort, vielen anderen nickte und lächelte sie zu, aber das konnte sie nicht bei allen tun; wir lagen dort zu Hunderten, sehen Sie, aber wir küßten ihren Schatten, wenn er auf uns fiel, und legten uns befriedigt aufs Kissen zurück." Diese rührende Schilderung stammt von einem verwundeten Soldaten in Üsküdar.

Florence Nightingale, geboren 1820 in Florenz, war die Tochter reicher englischer Eltern. Sie entwickelte sich zu einer gebildeten und schönen jungen Frau und war als Heiratskandidatin sehr begehrt. Doch die gläubige Florence entschied sich, ihr Leben den Kranken zu widmen und Krankenschwester zu werden. Ihre Eltern allerdings erlaubten der 25jährigen Florence nicht, im Krankenhaus von Salisbury zu arbeiten. Sie schrieb damals „Cassandra", eine leidenschaftliche Anklageschrift gegen das eingegrenzte Leben der höheren Töchter. Es dauerte zehn Jahre, bis sie ihre Familie endgültig von ihrer Berufung zur Krankenschwester überzeugt hatte. Sie hatte damals schon in verschiedenen Krankenhäusern von London und Edinburgh gearbeitet und in dem von Theodor Fliedner gegründeten Diakonissenmutterhaus in Kaiserswerth eine Ausbildung gemacht, die sie später bei den Barmherzigen Schwestern in

Paris vervollkommnete. Aus ihrem Privatvermögen errichtete sie eine kleine Krankenanstalt in der Harley-Straße in London. Florence besaß ein unglaubliches Organisationstalent. Dies veranlaßte das englische Kriegsministerium, Florence Nightingale zusammen mit 38 Krankenschwestern nach Skutari am Bosporus und nach Balaklawa auf der Insel Krim in die Lazarette der englischen Soldaten zu senden. In den Jahren des Krimkriegs (1853–1856) gelang es ihr trotz des oft erbitterten Widerstands der Lazarettärzte, das Sanitätswesen von Grund auf zu reformieren. Sie mußte anfänglich dem Sterben von über 4000 Soldaten hilflos zusehen, da sie unzulänglich oder überhaupt nicht versorgt wurden. Innerhalb weniger Monate setzte sie die Schaffung menschenwürdiger Unterkünfte durch und ließ neue Lazarette eröffnen. Durch die verbesserten hygienischen Bedingungen gingen Cholera, Typhus und Ruhr zurück, und die Sterblichkeitsrate sank von 42 auf 2 Prozent. Am Ende des Krimkrieges

erkrankte Nightingale selbst an Cholera und wurde gegen ihren Willen nach England zurückgebracht. Vom Krankenbett aus nahm sie den Kampf gegen der Verwahrlosung der Kasernen und Spitäler auf und entwarf einen Plan für die militärische und zivile Krankenpflege. Im Jahr 1860 gründete sie in London eine Schule für Krankenpflege; sie erreichte auch, daß die Krankenpflege als Lehrberuf anerkannt wurde. Von Anfang an hatte sie einen besonders heftigen Kampf gegen jene Ärzte auszufechten, die

Krankenschwestern für „dummes, schmutziges und trunksüchtiges Pack hielten, das auszubilden sich nicht lohnte". Mit ihrer steigenden Wertschätzung kam es dann zu einer Neubewertung von Krankenschwestern und Hebammen. Florence Nightingale verfaßte zur Ausbildung der Schwestern mehrere Lehrbücher, so 1859 das Werk „Notes on Nursing", das 1878 unter dem Titel „Rathgeber für Gesundheits- und Krankenpflege" in Deutschland erschien. Als erste Frau erhielt sie 1907 vom englischen König den Orden für hohe Verdienste um das Britische Reich und die Menschheit; mit Vollendung ihres 88. Lebensjahres wurde sie Ehrenbürgerin Londons. Sie galt damals schon fast als eine Heldin, weshalb man sie in Westminster begraben wollte. Dies hatte sich die bescheiden gebliebene Frau allerdings in ihrem Testament verbeten. Henri Dunant, der durch ihr Beispiel zur Gründung des Roten Kreuzes veranlaßt wurde, starb wie sie 1910.

Florence Nightingale als Krankenschwester in einem englischen Lazarett in Skutari.

Ida Pfeiffer

*1797 in Wien   † 1858 in Wien

Abenteuerlustige Weltenbummlerin
Autorin von „Eine Frauenfahrt um die Welt"

Ida Pfeiffer, geb. Reyer, wuchs als einziges Mädchen unter sechs Brüdern auf. Dem Vater gefiel die sportliche Tochter, doch die Mutter bestand darauf, daß „aus dem wilden Jungen eine bescheidene Jungfrau" würde. So wurde sie früh verheiratet und bekam zwei Kinder, die sie vorbildlich erzog. „Eine besonnene Hausfrau, eine vernünftige, liebende

Mutter war und wird ewig das Ideal des Weibes bleiben" schrieb sie. Doch mit der Volljährigkeit der Kinder und dem Tod ihres Mannes beschloß sie, die Welt kennenzulernen. Mit einer Fahrt auf der Donau trat Ida Pfeiffer ihre erste Reise ins „Gelobte Land" an. 1846, also im Alter von 49 Jahren, stand für sie fest, daß sie nun eine Weltreise unternehmen wollte. Sie begann diese Tour mit einer Atlantiküberquerung und fuhr nach Südamerika und Polynesien; weiter ging es nach China und Indien. Da es ihr in Ceylon so gut gefiel, blieb sie bis 1848, um sich dann nach Persien zu begeben. Als sie über die Türkei und Griechenland nach Wien zurückkehrte, wurde sie herzlich empfangen und galt als Berühmtheit. Der König von Frankreich ließ ihr eine Medaille als Geschenk

überreichen, die österreichische Regierung übergab ihr einen größeren Geldbetrag, der es ihr ermöglichte, die zweite Weltreise zu unternehmen. So befand sie sich 1853 in Kalifornien und bereiste von dort Peru, überquerte die Anden, unternahm eine Flußschiffahrt auf dem Mississippi, um dann über Kanada nach New York zu gelangen. 1855 hielt sie sich wieder einmal kurz in Wien auf. Ihr nächstes Reiseziel sollte die Insel Mauritius sein, um dann nach Madagaskar weiterzureisen. Bei ihrer Ankunft in Tananarive ließ sie Königin Ranavalona, die keine Europäer in ihrem Land wollte, ins Gefängnis sperren. Sie warf Ida Pfeiffer vor, daß sie eine Spionin sei. Es gelang der Gefangenen, zu fliehen und nach Wien zurückzukehren. Einen Monat nach

> *„Ich reise, um die Welt zu sehen. Immer gerade dorthin, wo die Anziehungskraft für die geheime Magnetnadel in der Seele geübt ward und wohin diese unwillkürlich mit Sehnsucht verlangte."*
>
> Ida Pfeiffer

ihrer Rückkunft, am 15. September 1858, schloß die 61jährige ihre Augen für immer. Sie starb an Malaria.

Erfreulicherweise hat Ida Pfeiffer bei ihren Reisen auch Aufzeichnungen gemacht, die sie 1850 in dem dreibändigen Werk „Eine Frauenfahrt um die Welt" veröffentlichte. Der Band über die Reise nach Madagaskar wurde 1980 neu aufgelegt.

Besonderes Interesse zeigte Ida Pfeiffer auf Reisen an den Lebensbedingungen von Frauen. Sie fand, daß die meisten Frauen außerhalb Europas ein recht bequemes Leben führen würden. So zum Beipiel die Inderinnen, deren Ehemänner alle schweren Arbeiten verrichteten, „selbst in die den Weibern zugehörigen Arbeiten greifen sie ein", schrieb sie. Über einen Besuch des öffentlichen Frauenbades in Bagdad schrieb sie: „... und das schlimmste war, ein großer Theil der Gesellschaft mußte wohl vermeinen im Paradiese

zu sein, und zwar zur Zeit, wo des Apfels noch nicht gedacht wurde. Die hier geführten Gespräche sollen, was sich auch leicht denken läßt, dem Benehmen entsprechen."

Unerträglich war ihr auch das sittenlose Leben auf Tahiti. Sie stellte fest, daß ein unverheiratetes Mädchen „so ungebunden als nur ein Wüstling zu leben vermag – selbst als Weiber sollen sie nicht die treuesten Gattinnen sein." Ida Pfeiffer widerstrebte der Müßiggang ihrer dortigen Geschlechtsgenossinnen. Ihrer Meinung nach besteht das Leben der Frau in Pflichterfüllung und Entsagung. Lust und unbeschwerte Fröhlichkeit haben darin keinen Platz.

Christine de Pisan

*1364 in Venedig   † nach 1429 in Poissy

Schriftstellerin und eigenständige Ernährerin ihrer Familie
Als erste Frau im Mittelalter im Kampf für die Rechte
der Frauen engagiert

Christine de Pisan wird von den Tugenden der Prudentia, Justitia und Rectitudine bei der Niederschrift der „Cité des Dames" inspiriert. Französische Buchmalerei, 15. Jh.

Schergen der Justiz mir mein jämmerliches Hab und Gut davontrugen ... Oh Gott, wie viele Belästigungen und widerliche Blicke, wieviel Spott aus dem Munde angetrunkener Männer, die selbst im Überfluß lebten, mußte ich mir gefallen lassen."

Diese Zeilen sind ein beredtes Zeugnis der Lebenssituation einer früh verwitweten Frau und stammen aus dem stark autobiographischen Roman „Avision Christine", den Christine de Pisan um 1410 verfaßte.

Christine, in Venedig geboren, kam mit ihren Eltern als Vierjährige nach Paris, wohin ihr Vater, der Astrologe Tommaso di Pizzano, durch Karl V. als Astrologe und Leibarzt berufen worden war. Das Mädchen erhielt Unterricht in Französisch, Latein, Arithmetik und Geometrie. Später meinte sie: „Wenn es der Brauch wäre, kleine Mädchen zur Schule zu schicken, würden sie genausoviel lernen und die Wissenschaften begreifen ..., denn so sehr der Körper der Frauen weicher ist als der des Mannes, so sehr ist ihr Verstand dort,

Mein Äußeres und meine Kleidung verrieten kaum etwas von den Sorgen, die mich bedrückten; unter meinem pelzgefütterten Mantel und dem abgeschabten scharlachfarbenen Überwurf spürte ich jedoch nur allzu oft Angst und zitterte sehr, und in meinem prächtigen wohlgeordneten Bett verbrachte ich viele schlaflose Nächte. Schmalhans war Küchenmeister: so gehörte es sich eben für eine schwache Witwe. Gott allein weiß, was ich auszustehen hatte, wenn bei mir Zwangsvollstreckungen ausgeführt wurden und die

wo sie ihn gebrauchen, beweglicher und schärfer."

Mit 15 Jahren wurde sie mit dem um zehn Jahre älteren Notar Etienne Castel verheiratet, der allerdings früh starb, gefolgt von Christines Vater. Gerade 25 Jahre alt, hatte sie nun für ihre drei Kinder, zwei unmündige Brüder und ihre Mutter zu sorgen. Um den Lebensunterhalt zu verdienen, begann sie zu schreiben. Das für ihre Kinder verfaßte Erziehungsbuch, das „Buch der Klugheit", verkaufte sie dem Herzog von Burgund, Philipp dem Kühnen. Bei einem Dichterwettbewerb fanden ihre Balladen 1390 großen Anklang. Von 1399 bis 1405 schrieb sie nach eigener Aussage fünfzehn Bände. Sie ließ ihre Bücher von der Handschriftenmalerin Anastasia mit schönen Miniaturen verzieren. Der Herzog von Berry, der große Ästhet, zählte ebenso zu ihren Kunden wie Herzog Johann; letzterer erwarb 1406 Christines Geschichtswerk „Buch der Taten und guten Sitten Karls V." Johanns Bruder, Anton von Burgund, zeigte sich ihr gegenüber ebenfalls großzügig.

Die Schriftstellerin beschäftigte sich mit aktuellen politischen Themen, wie etwa in ihrem

„Buch über den Frieden". Sie kämpfte als erste Frau im Mittelalter für die Rechte der Frauen. In ihrem Werk „Die Stadt der Frauen" forderte sie keine Neuordnung der sozialen Rollen, sondern die Verteidigung der Frauen gegen die verbalen und sexuellen Angriffe der überheblichen Männer. Die Stadt, die erbaut werden sollte, war als allegorischer Zufluchtsort ausschließlich für die „glücklichen Bürgerinnen im Königreich Fémenie" gedacht. Das Baumaterial sollte die im Buch geschilderten rühmenswerten Taten und Werke kluger und gelehrter Frauen vergangener Zeiten sein. Christine de Pisan gab die englische Übersetzung für „Die Stadt der Frauen" selbst in Auftrag. Jean de Meung verfaßte damals den zweiten Teil seines „Rosenromans"; er mußte sich herbe Kritik von Christine de Pisan gefallen lassen, da er ein äußerst negatives Frauenbild propagierte. Sie zerpflückte die jahrtausendealte Lehre von der geistigen und moralischen Minderwertigkeit der Frau regelrecht. Ihre 649 Verse umfassende Erzählung „Le dit de la rose" (1401) ist der Höhepunkt ihrer Polemik gegen Jean de Meung. Ermutigt

Christine de Pisan unterrichtet ihren Sohn

Buchmalerei, 15. Jh.

durch die Unterstützung der Königin Isabella gründete sie den „Court amoureuse", ein mit eigenen Statuten ausgestattetes Minnegericht.

König Heinrich VIII. von England wünschte, daß Christine „die Zierde" seines Hofes werde. Ihren Sohn Jean hatte der König schon unter seine Fittiche genommen. Doch sie lehnte ab. Als alte Dame war es ihr Wunsch, sich in das Kloster der Dominikanerinnen von Saint-Louis in Poissy zurückzuziehen. Noch ein Jahr vor ihrem Tod griff sie abermals zur Feder. Sie verfaßte ein Gedicht über die von ihr bewunderte Johanna von Orléans: „Le Dittié de Jehanne d'Arc".

Christine de Pisan ist die modernste Dichterin des Mittelalters gewesen, hochverehrt von ihren Zeitgenossen, den Dichtern Eustache Deschamps, Jeans de Montreuil und Jean Gerson.

> „Ich besaß plötzlich ein starkes tapferes Herz
> und wunderte mich darüber;
> dies zeigt mir jedoch,
> daß ich wahrhaftig ein Mann geworden war."
>
> Christine de Pisan

Jeanne-Antoinette Poisson, Dame Le Normant d'Etoiles, Marquise de Pompadour

*1721 in Paris † 1764 in Paris

Schlüsselfigur der französischen Politik, Kunst, Kultur und Gesellschaft
Als Geliebte Ludwigs XV. von großem Einfluß am Hof

Als König Ludwig XV. von Frankreich 1745 Jeanne-Antoinette Le Normant d'Etoiles kennen- und liebenlernte, begann der unerhörte Aufstieg der aus der Pariser Bourgeoisie stammenden jungen Frau zu einer Schlüsselfigur der französischen Politik, Kunst, Kultur und Gesellschaft der ersten Hälfte des 18. Jahrhunderts. Sie erhielt Zugang zum Hof und den Rang der Mätresse „en titre" des Königs, der sie zur Marquise de Pompadour erhob. Dufort de Cheverny beschrieb sie folgendermaßen: „Groß, aber nicht zu groß für eine Frau, herrlich gewachsen, hatte sie ein rundes Gesicht, regelmäßig in jedem Zug. Teint,

Hände und Arme waren wunderschön, die Augen eher klein, aber von so viel Glanz und Geist und Feuer, wie ich bei Frauen nie gesehen habe. Nichts an ihr war eckig, alle Formen, jede Bewegung abgerundet. Sämtliche Damen bei Hof, unter denen manche sehr schön waren, stellte sie in den Schatten."
Am 29. Dezember 1721 in Paris als Tochter des Kutschers und späteren Heereslieferanten François Poisson und der Madeleine de La Motte geboren, erhielt Jeanne-Antoinette durch den reichen Liebhaber ihrer Mutter, den Generalpächter Le Normant de Tournehem, eine ausgezeichnete Erziehung

und wurde im März 1741 mit dessen Neffen Charles-Guillaume Le Normant d'Etoiles verheiratet. Nach der Bekanntschaft mit Ludwig XV. ließ sie sich Ende des Sommers 1745 von ihrem Ehemann, mit dem sie zwei jung verstorbene Kinder hatte, scheiden. Die Pompadour entwickelte sich zu einer Mäzenin der Künstler und Wissenschaftler. Schützend hielt sie ihre Hand über die Enzyklopädisten Diderot und d'Alembert. Besonders der Schriftsteller und Philosoph Voltaire verdankte ihr viel; durch ihre Fürsprache wurde er zum königlichen Historiographen ernannt. Vor allem wußte die mit ausgezeichnetem Geschmack begabte Marquise den König für die Bau- und Ausstattungskunst zu interessieren und zu begeistern. Der König schenkte ihr mehrere Schlösser, die sie auf das erlesenste ausstatten ließ. Wenige Jahre nach ihrem Einzug in Versailles diktierte die Pompadour den „bon ton" der Lebensführung und war maßgebend in allen Modefragen. Insbesondere widmete sie sich der Förderung der Porzellanmanufaktur von Sèvres. Während die französischen Kunsthandwerker und der Luxushandel unter ihrer Ägide eine Blütezeit erlebten, regte sich im Volk Kritik an ihrer Verschwendungssucht. Auch die politischen Entscheidungen Ludwigs XV. verstand die intelligente Marquise zu beeinflußen. Von König Friedrich II. von Preußen mit bösem Spott bedacht, leitete sie 1756 den Anschluß Frank-

reichs an Österreich gegen Preußen in die Wege, was zur Umkehrung des europäischen Bündnissystems führte und zum Siebenjährigen Krieg beitrug.

Eine wenig glückliche Hand bewies die Pompadour allerdings während des Krieges bei der Ernennung der französischen Heerführer. Beteiligt war sie außerdem an der Berufung des Duc de Choiseul-Amboise zum Außenminister. Obwohl sich ihr Verhältnis zu Ludwig XV. um 1751/52 änderte, konnte die Pompadour trotz zahlloser Liebesaffären des Königs ihre Position bei Hofe bis zu ihrem frühen Tod am 15. April 1764 wahren und wurde 1756 sogar zur Hofdame der Königin ernannt, ein Amt, das sonst nur dem hohen Adel vorbehalten war.

Marquise de Pompadour. Gemälde von François Boucher, 1759

„Soviel ich gesehen,
liebte sie der König wie keine andere, und mit Recht.
Als Mätresse war sie liebenswerter als alle."

Prince de Croy

Gegenüberliegende Seite: Marquise de Pompadour. Zeitgenössisches Gemälde von Jean Marc Nattier

179

Margaret Roper

1505 in London † 1544 in London

Von ihrem Vater Thomas More geprägte Humanistin

Die Familie des Thomas Morus. Gemälde von Hans Holbein d. J., 1527 Vorne rechts Margaret Roper

Der aufkeimende „weibliche" Humanismus in England empfing seine größte Inspiration vielleicht von Sir Thomas More, der mit Erasmus von Rotterdam, John Colet und anderen großen Geistern zu Beginn des 16. Jahrhunderts befreundet war. Sir More unterwies seine drei Töchter (zusammen mit deren Bruder) selbst in den klassischen Studien, und zwar auf höchstem Niveau – unter Einschluß des Griechischen, der Rhetorik,

der Philosophie und der Mathematik.

In einem Brief an den späteren Privatlehrer seiner Töchter erläuterte er, daß Bildung für Mädchen ebenso nützlich sei wie für Jungen: „Beide tragen den Namen des Menschen, dessen Natur sich durch die Vernunft von der des Tieres unterscheidet; beide also sind gleichermaßen geeignet für den Erwerb von Bildung, durch welche die Vernunft kultiviert wird und wie gepflügtes Acker-

land eine Ernte reifen läßt, wenn der Samen guter Prinzipien gesät worden ist." Er hatte nicht die Absicht, seine Töchter zu Berufsgelehrten heranzuziehen, sondern tüchtige Mütter und freundliche Gemahlinnen für die Beherrscher Englands aus ihnen zu machen. Thomas More hatte seine Töchter unterrichtet, aber, dem späteren Ratschlag Fénelons entsprechend, eben nur zur eigenen Erbauung. Seiner Tochter gab er den Rat, diese Kenntnisse „nicht um des öffentlichen Ruhms willen zu suchen oder zu schätzen, ... sondern um der großen Liebe willen, die Du für uns hegst, betrachte uns – deinen Gatten und mich – als genügend großen Leserkreis für alles, was du schreibst."

Eine Zeitgenossin der Margaret Roper, die französische Dichterin Louise Labbé (1524–1566) schrieb: „Ich trainierte meinen Verstand, meinen Körper und meine Sinne mit tausend großartigen Werken". Sie empfahl den Frauen, „der Welt wissen zu lassen, daß wir, wenn wir auch nicht zum Befehlen geschaffen sind, deswegen als Begleiterinnen sowohl im Haus wie in der Öffentlichkeit nicht verachtet werden dürfen von

Thomas Morus, Vater von Margret Roper. Gemälde von Hans Holbein d. J.

Verse, die sie gelegentlich dem Vater schickte, wenn dieser auf Reisen war. Von ihrer Hand haben wir eine englische Übersetzung von Erasmus' Kommentar zum Vaterunser, die sie mit neunzehn Jahren abschloß und sich durch bemerkenswerte theologische Sensibilität auszeichnet. Dieses Werk, ihr wichtigstes erhaltenes, wurde noch zu ihren Lebzeiten von Richard Hyrde herausgegeben, dem Übersetzer von Vives' „Institutio feminae christianae", der in seiner Einleitung wertvolle Argumente für die klassische Bildung von Frauen lieferte. Erasmus nannte Margaret „eine junge tugendhafte, hochgebildete adlige Dame."

Die genaue Zahl von Margarets Kindern ist nicht bekannt; es überlebten fünf: Elizabeth, Mary, Margaret, Thomas und Anthony. Margaret unterrichtete ihre Töchter zusammen mit der Tochter ihrer Amme. Von Mary ist überliefert, daß sie die Kirchengeschichte des Eusebius aus dem Griechischen in die lateinische und die englische Sprache übersetzte. Diese Arbeit wurde nicht veröffentlicht. Mary Roper-Basset brachte aber ein lateinisch verfaßtes Werk ihre Großvaters in englischer Übersetzung heraus: „Treatise of Passion".

Zurück zum Kind Margaret: Sie war also die Tochter des jungen Anwalts Thomas More und dessen Ehefrau Jane, geb. Colt. Die Mutter starb nach der Geburt des vierten Kindes, ihres ersten Sohnes, im blühenden Alter von 23 Jahren. Um seinen kleinen Kindern wieder eine

denen, die regieren und denen man gehorcht."

Von den drei Töchtern war Margaret das „glänzendste Produkt" von Mores häuslichem Schulunterricht. Als 16jährige mit dem zwölf Jahre älteren Juristen William Roper vermählt, schien sie als intellektuelle Gefährtin ihres gelehrten Gatten und als Mutter künftiger Generationen weiblichen Talents dem Ideal ihres Vaters zu entsprechen. Das junge Paar blieb im Moreschen Elternhaus,

in dem immer eine reges Familienleben herrschte. Ein häufiger Gast war dort Erasmus von Rotterdam. In einem Brief an Margaret, der sich auf die von Hans Holbein dem Jüngeren gezeichnete Skizze der Moreschen Familie bezieht, wies er ganz besonders darauf hin, „wie sehr er durch ihre schöne Gestalt hindurch die noch schönere Seele erkannt habe". Margaret befaßte sich als junge Frau mit medizinischen Studien. Sie schrieb auch gerne

Mutter zu geben, heiratete Thomas More die Witwe Alice Middleton, die eine Tochter aus erster Ehe mitbrachte. Margarets Vater wurde 1529 von König Heinrich VIII. zum Lordkanzler ernannt. Seine Amtsführung war von einem ausgeprägtem Rechtsempfinden gekennzeichnet. Er verurteilte daher des Königs Scheidung von seiner ersten Frau Juana und blieb den Krönungsfeierlichkeiten der neuen Königin Anne Boleyn fern. Als er sich 1534 auch noch weigerte, den Suprematseid (die Anerkennung des Königs als Oberhaupt der Anglikanischen Kirche) abzulegen, wurde er seines Amtes enthoben und im Tower eingekerkert.

Es begann eine fünfzehn Monate dauernde Leidenszeit, gleichzeitig eine noch größere Herzensverbundenheit zwischen Vater und Tochter. Bei all ihren Besuchen im Gefängnis versuchte sie, den Vater vor dem sicheren Tod zu retten. Margaret bat ihren Vater immer wieder, sein Gewissen zu erforschen, ob er nicht wie alle anderen Bischöfe und Äbte den Eid auf den König leisten könne. Dieser seinerseits tröstete sie: „Margaret, fasse Dich, quäle Dich nicht mehr, es ist der Wille Gottes. Du kennst das Geheimnis meines Herzen schon lange." Schließlich akzeptierte sie des Vaters Entschluß, betete mit ihm und versuchte, ihm die Tage bis zur endgültigen Trennung von ihm, ihrem „most entirely beloved father" – ihrem von ganzem Herzen geliebten Vater – erträglich zu machen .

Nach einer weiteren Verhandlung wurde Sir More kurz vor der Vollstreckung des Todesurteils durch das Beil begnadigt; es war nur ein Aufschub. Als Margaret ihren Vater sah, wie er in den Tower zurückgeführt wurde, rannte sie in die Menge der Bogenschützen und Lanzenträger und umarmte ihn schluchzend.

Am Morgen des wirklichen Todestages betete Margaret in der Nähe des Schafotts in einer Kirche, nachdem sie schon in anderen Kirchen viel Geld an die Armen verschenkt hatte. Nach der Hinrichtung hüllte sie, zusammen mit einer Dienerin, den Leichnam in ein Leinentuch und begrub ihn in der Tower-Kirche. Doch damit noch nicht genug der Demütigungen für

König Heinrich VIII. Gemälde von Hans Holbein d. J., um 1536

Margaret, ihren Mann – der auch für kurze Zeit inhaftiert wurde – und ihre Kinder. Des Königs Haß war unersättlich. Er befahl, den Kopf des einstigen Lordkanzlers zur Abschreckung auf der Towerbrücke auf einen Pfahl zu stecken und ihn der Verspottung durch das Volk preiszugeben. Nur durch die Bestechung der Wächter gelang es Margaret, den Kopf heimlich abzunehmen, um ihn in in der Familiengruft beisetzen zu lassen. Daraufhin wurde sie vor den königlichen Rat geladen. Sie gab unumwunden zu, das Haupt ihres Vater gerettet zu haben. Sie konnte sich so verteidigen, daß sie nicht inhaftiert wurde, blieb aber ein Dorn im Auge der Überwachungsbehörden, die sie wohl nicht zu Unrecht in Verdacht hatten, einer altkirchlichen Gruppe anzugehören und an konspirativen Treffen teilzunehmen.

Thomas Morus wurde am 19. Mai 1835 von Papst Pius XI. in den Kreis der Heiligen aufgenommen.

In seinem letzten Abschiedsbrief am Tag vor seiner Hinrichtung versicherte ihr der Vater: „Dein Benehmen war mir nie lieber, als da Du mich zuletzt küßtest. Ich sehe es gern, wenn töchterliche Liebe und zartes Mitgefühl sich über weltliche Etikette hinwegsetzen."

Die Lehensgüter ihres Vaters wurden allerdings eingezogen. Dann steckte man ihren Ehemann in den Tower, ließ ihn nach einiger Zeit wieder frei. Weitere Verwandte gerieten in den Verdacht des Hochverrats.

Margaret (Meg) selbst blieb dem König immer suspekt. Er ließ sie beobachten auch in der Annahme, sie würde nach diesem Schicksalsschlag nicht mehr mit dem Leben zurechtkommen. Doch man fand Margaret „nicht in Tränen und nicht jammernd, sondern voll Eifer ihre Kinder unterrichtend. ... Und so viel Würde und Weisheit war in ihrer Rede, daß wir höchst erstaunt und voll Bewunderung waren."

Die „tugendhafte, hochgebildete adlige Dame" überlebte ihren geliebten Vater nur um fünf Jahre. Sie starb kurz vor ihrem 40. Geburtstag und ruht in der Alten Kirche in Chelsea.

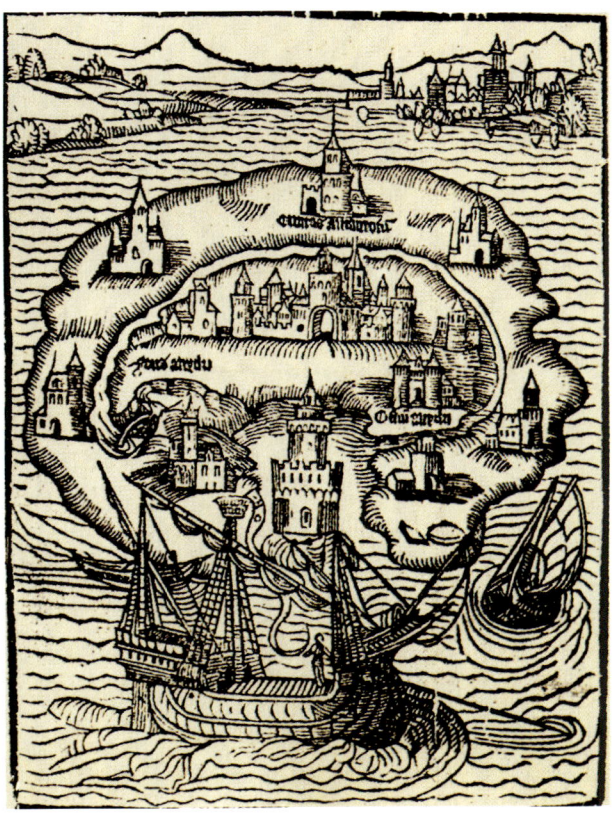

Rachel Ruysch

*1664 in Den Haag   † 1750 in Amsterdam

Bedeutende holländische Künstlerin mit großer Detailtreue
Malerin am Hof des Kurfürsten Johann Wilhelm von der Pfalz

*Rachel Ruysch
Gemälde von
Constantine Netscher*

Eine der bedeutendsten holländischen Künstlerinnen des 17. Jahrhunderts ist die Blumenmalerin Rachel Ruysch, die die Stillebenmalerei bis ins 19. Jahrhundert hinein beeinflußte. Schon die Zeitgenossen schätzen ihre Bilder sehr und bezahlten dementsprechend hohe Preise: zwischen 750 und 1250 Gulden pro Gemälde.

Wegen ihrer detailgetreuen Malweise ist das Gesamtoeuvre allerdings nicht sehr umfangreich; bislang sind etwa 230 Gemälde von Rachel Ruysch bekannt. In der Mehrzahl sind es Blumen-, gelegentlich auch Früchtestilleben vor einem dunklen Hintergrund, die sich durch Naturtreue, sorgfältige Ausführung und geschmackvolles Arrangement auszeich-

nen. Als belebendes Beiwerk auf diesen diagonal komponierten Bildern dienen Insekten, Raupen und Schmetterlinge. Seltener malte Rachel Ruysch Waldbodenbilder mit Stauden, Disteln, Reptilien und Schmetterlingen.

1664 kam Rachel Ruysch in Den Haag als Tochter von Frederic Ruysch und Maria Post zur Welt. Ihr Vater war ein namhafter Anatom und Botaniker, der aber auch als Blumenmaler dilettierte. Ihre Mutter war eine Tochter des bedeutenden holländischen Architekten Pieter Post, der unter anderem Schloß Huis ten Bosch bei Den Haag und das Maastrichter Rathaus erbaut hatte. Zwei Jahre nach Rachels Geburt zog die Familie nach Amsterdam, da der Vater eine Professur an der dortigen Universität erhalten hatte. Weil Rachel seit ihrer Kindheit ein bemerkenswertes Talent für Malerei an den Tag legte, gab sie ihr einsichtiger Vater, von dem sie in die Anfangsgründe der Naturwissenschaft und Malerei eingeführt worden war, 1679 als Fünfzehnjährige in die Lehre zu dem bedeutenden Stillebenmaler Willem van

Aelst. Drei Jahre später entstanden ihre ersten selbständigen Bilder, die sie auch signierte.

Nebenher erteilte sie ihrer Schwester Anna Elisabeth, die als Malerin nur wenig bekannt

„Euer Name, talentierte Ruysch,
Der Unsterblichkeit geweiht,
Soll reich an Glanz stets funkeln
Wie ein Stern im Dunkeln."

Sara Maria van der Wilp

wurde, Unterricht in der Blumenmalerei.

1693 heiratete Rachel Ruysch den Porträtmaler Juriaen Pool, dessen Werk relativ unbekannt geblieben ist. Der glücklichen Ehe entstammten zehn Kinder. Im Gegensatz zu vielen anderen holländischen Künstlern des 17. Jahrhunderts lebte das Malerpaar in guten finanziellen Verhältnissen. Nicht nur daß Rachel Ruysch, die einer wohlhabenden Familie entstammte, für ihre Bilder sehr gut bezahlt wurde, 1723 gewann das Ehepaar bei einer Lotterie 60 000 Gulden. Selbst nach ihrer Heirat signierte Rachel Ruysch ihre Bilder weiterhin mit ihrem Mädchennamen. 1701 ging das Ehepaar nach Den Haag, wo beide Ehepartner als Mitglieder in die dortige Malergilde aufgenommen wurden. 1708 wurden Rachel Ruysch und ihr Mann zu Hofmalern des kunstliebenden Kurfürsten Johann Wilhelm von der Pfalz ernannt, der bis zu seinem Tod (1716) sämtliche in diesen Jahren entstandenen Arbeiten seiner Hofmalerin erwarb. Dadurch, daß der Kurfürst einige ihrer Bilder an den Großherzog von Toskana verschenkte, wurde Rachel Ruysch auch in Italien bekannt. 1716 ließ sich Rachel Ruysch mit ihrer Familie endgültig in Amsterdam nieder.

Bis ins hohe Alter hinein blieb sie künstlerisch produktiv, allerdings ließ ihre Schaffenskraft allmählich nach. Am 12. August 1750 starb sie im Alter von 86 Jahren in Amsterdam, nachdem sie fünf Jahre zuvor Witwe geworden war.

Stilleben mit Blumen und Früchten. Gemälde von Rachel Ruysch, 1707

185

George Sand

*1804 in Paris † 1876 in Nohant

Frankreichs große Schriftstellerin mit männlichem Pseudonym
Befürworterin der „freien Liebe"

*George Sand
Gemälde von Auguste
Charpentier, 1838*

Am 29. April 1840 fand im Théâtre-Français in Paris die Uraufführung des Dramas „Cosima" von George Sand statt. Alles, was in Paris Rang und Namen hatte, schien sich im Theater eingefunden zu haben. Heinrich Heine schrieb dazu in der Augsburger Allgemeinen Zeitung: „Der Ruhm des Autors ist so groß, daß die Schaulust aufs höchste gespannt war; der kühne Autor, der durch seine Romane bei der Aristokratie und bei dem Bürgerstand gleich großes Mißfallen erregte, sollte für seine ‚irreligiösen und immoralischen Grundsätze' öffentlich büßen."

George Sand, der „größte Schriftsteller, den das neue Frankreich hervorgebracht hat", dieses „unheimlich einsame Genie", war eine Frau. Sie hieß Amandine Aurore Lucie Dupin. Über ihre Großmutter väterlicherseits, Madame Dupin de Francueil, war sie eine direkte Nachfahrin von Moritz von Sachsen. Ab ihrem vierten Lebensjahr wuchs Aurore bei ihrer Großmutter auf. Ihre 1822 mit Casimir Dudevant geschlossene Ehe wurde bereits 1830 wieder geschieden. Ihr großes Glück waren ihre beiden Kinder, der 1823 geborene Maurice und die 1828 geborene Solange. Mit dem Schriftsteller Julien Sandeau (daher ihr Pseudonym) ging sie 1831 nach Paris. Sie wurde Mitarbeiterin von „Le Figaro" und „La Revue des Deux Mondes". Sandeau half ihr damals auch beim Schreiben ihres ersten Romans „Rose et Blanche". In Paris sah man sie in der Öffentlichkeit in Männerkostümen und Zigarre rauchend.

George Sand war von der „freien Liebe" überzeugt. Von 1833–1835 unterhielt sie eine Liebesbeziehung zu Alfred de Musset. Es folgten stürmische Beziehungen zu Franz Liszt, Hector Berlioz, Honoré de Balzac sowie Gustave Flaubert. Fast neun Jahre lang dauerte die Liebesgeschichte zwischen ihr und Frédéric Chopin. Unter dem Einfluß von Pierre Leroux, mit dem sie 1841 die „Revue Indépendante" gründete, näherte sie sich frühsozialistischen Idealen an, engagierte sich in der Februarrevolution 1848 auch politisch, zog sich aber noch vor dem Scheitern der Zweiten Republik auf ihr Landgut in Nohant-Vic zurück. Dort entstand ein sehr umfangreiches Werk, Liebesromane und Theaterstücke. Bis zuletzt spürbar bleibt der autobiographische Hintergrund. Hier sollen die Romane „Indiana", „Horace", „La Mare au diable", „Impressions et Souvernir" und vor allem „Lélia" erwähnt werden. „Lélia" war das erste Werk, von dem eine deutsche

*George Sand.
Gemälde von
Edouard Dubuje*

Übersetzung erschien (1834), die großen Anklang fand, wenngleich der Kritiker Wolfgang Menzel den Roman als „französische Affenschande" bezeichnete.

Befreundet war George Sand auch mit der Sängerin Marie Viardot-García und mit Marie d'Agoult, aus deren Liebesbeziehung zu Franz Liszt Tochter Cosima stammte, die spätere Ehefrau Richard Wagners.

George Sand schrieb mehr als sieben Jahre lang an der Geschichte ihres Lebens. Am 14. Juni 1855 zog sie im Schlußkapitel das Fazit: „Ich hatte in dieser ganzen Periode meines Lebens kein Glück besessen – es gibt für niemanden Glück. Aber ich hatte glückliche Augenblicke gehabt, das heißt, mancherlei Freuden in der Mutterliebe, in der Freundschaft, im Denken und Träumen. Und das war genug, um dem Himmel zu danken ..."

Nach einer schweren Typhuserkrankung verbrachte George Sand im Frühjahr 1861 mehrere Monate im milden Klima von Tamaris bei Tonbon. Damals wurde sie zu dem Roman „Mademoiselle La Quintinie" inspiriert: eine katholische junge Frau entschied sich für das Freidenkertum ihres Mannes. Nach dem Erscheinen dieses Buches wurde das gesamte Werk von George Sand vom Heiligen Offizium auf den Index gesetzt. 1867 beschloß der französische Senat, es auch aus den öffentlichen Bibliotheken zu verbannen.

Als die „gute Dame von Nohant" am 10. Juni 1876 zu Grabe getragen wurde, verlas Paul Meurice eine Botschaft von Victor Hugo: „Ich beweine eine Tote und grüße eine Unsterbliche. Ich habe sie geliebt, ich habe sie bewundert, ich habe sie verehrt ..." Die Nachrufe auf die Schrifstellerin waren zahlreich und international: Hippolyte Taine, Ernest Renan, Turgenjew, Dostojewskij und Emile Zola äußerten sich zu ihrem Tod. Gustave Flaubert weinte bei ihrem Begräbnis wie ein Kind: „Arme liebe große Frau! Stets wird sie eine der Großen und eine einzigartige Zierde Frankreichs sein."

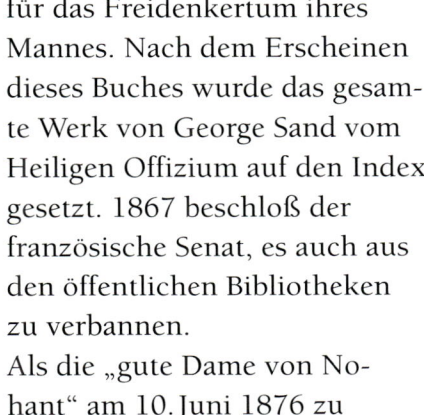

*Franz Liszt
und George Sand.
Karikatur
von ihrem Sohn
Maurice Sand*

Clara Schumann

*1819 in Leipzig † 1896 in Frankfurt am Main

**Bedeutendste Pianistin des 19. Jahrhunderts
1838 vom österreichischen Kaiser
zur „k. und k. Kammervirtuosin" ernannt**

*Clara Schumann
Lithographie von
Straub, um 1840*

Clara Schumann, die zuerst unter ihrem Mädchennamen Clara Wieck bekannt wurde, gilt als bedeutendste Pianistin des 19. Jahrhunderts. Anerkennung fand sie auch als Lehrerin, dagegen trat ihr kompositorisches Schaffen in den Hintergrund. Sie selbst unterschätzte ihre Werke. Mit zwanzig Jahren schrieb sie: „Einst dachte ich, daß ich kreatives Talent besäße, aber ich habe diesen Gedanken aufgegeben; eine Frau darf sich nicht zum Komponieren versteigen – keine hat es je gekonnt, warum sollte ausgerechnet ich es können?"

Am 13. September 1819 kam Clara als zweites Kind des Musikpädagogen und Klavierhändlers Friedrich Wieck und dessen Ehefrau Marianne Tromlitz in Leipzig zur Welt. Als Clara fünf Jahre alt war, begann ihr Vater mit dem Klavierunterricht. Schon vor der Geburt hatte er beschlossen, aus dem erwarteten Kind einen brillanten Pianisten zu machen und damit gewissermaßen einen Beweis für die von ihm entwickelte Lehrmethode zu erbringen. Nach einigen privaten Konzerten trat Clara am 20. Oktober 1828 erstmals öffentlich im Leipziger Gewandhaus auf. Zwei Jahre später gab sie dort ihr erstes selbständiges, mit großem Beifall aufgenommenes Konzert. Während der Konzertsaison 1831/1832 unternahm Wieck mit seiner Tochter eine größere Konzerttournee, die bis nach Paris führte, wo sie Chopin kennenlernte. Nach der Rückkehr trat das als Wunderkind bejubelte Mädchen fast regelmäßig im Leipziger Gewandhaus auf. In diesen Jahren veröffentlichte sie auch eine Anzahl von ihr komponierter Klavierstücke. Weitere erfolgreiche Konzertreisen folgten. Der österreichische Kaiser ernannte sie 1838 zur k. k. Kammervirtuosin, eine Ehre, die bis dahin noch keiner Ausländerin widerfahren war. Im selben Jahr wurde sie von der Wiener Gesellschaft der Musikfreunde zum Mitglied gewählt.

Gegen den erbitterten Widerstand ihres Vaters heiratete Clara am 12. September 1840 den Komponisten Robert Schumann. Erst ein Gerichtsbeschluß hatte die Eheschlie-

*„Sie ist die unenthronte
Königin unter
den Pianistinnen."*

**Hans von Bülow,
Komponist und Dirigent**

ßung ermöglicht. Zwar trat nach der Heirat Claras Konzerttätigkeit zunächst zurück, da ein Teil ihrer Zeit mit Haushaltspflichten und Kindererziehung ausgefüllt war; immerhin brachte Clara acht Kinder zur Welt. Trotzdem erwirtschaftete sie in den kommenden Jahren durch ihre Konzerte weitgehend die finanzielle Basis der Familie. Daneben gab sie noch Unterricht und fand Zeit für eigene Kompositionen. Das Trio für Pianoforte, Violine und Violoncello (op. 17) gilt als Höhepunkt ihres kompositorischen Schaffens.

Nach Robert Schumanns 1854 ausgebrochener geistiger Erkrankung und vor allem nach dessen Tod im Jahre 1856 mußte Clara allein für den Unterhalt und die Ausbildung ihrer Kinder sorgen. In dieser schwierigen Zeit war der Komponist Johannes Brahms ein treuer Freund. Die sehr enge Freundschaft mit ihm sollte bis zu Claras Tod dauern. Clara Schumann unternahm weiterhin mit großem Erfolg Konzertreisen in das In- und Ausland. Allein neunzehnmal bereiste sie England, zweimal machte sie eine Rußlandtournee, sie konzertierte in Paris, Wien, Holland, Belgien und Italien. War sie in früheren Jahren vor allem als Interpretin von Beethoven, Mendelssohn und Chopin hervorgetreten, galt ihr Interesse später vor allem den Werken von Schumann und Brahms. Ihre rege Konzerttätigkeit beendete sie erst 1891. 1878 übernahm sie am Hochschen Konservatorium in

Frankfurt am Main die Stellung einer Professorin. Außerdem betreute sie die Herausgabe der Robert-Schumann-Gesamtausgabe und veröffentlichte die Jugendbriefe Schumanns. Am 20. Mai 1896 starb Clara Schumann in Frankfurt am Main.

189

Anna Maria von Schurmann

*1607 in Köln † 1678 in Wiewerd (Friesland)

Sprachgenie und Wissenschaftlerin
Vorkämpferin für das Frauenstudium

ANNA MARIA
von
SCHURMAN

Anna Maria von Schurmann galt unter ihren Zeitgenossen als „das Wunder ihres Zeitalters" und als ein europäisches Universalgenie. In Köln 1607 als Kind reformierter niederländischer Eltern geboren, zog sie 1623 nach einer umfassenden Bildung durch ihren Vater nach Utrecht. Sie blieb unverheiratet. Ihre Sprachkenntnisse waren enorm, ebenso ihre Veröffentlichungen in den Sprachen französisch, deutsch, englisch, italienisch, griechisch, hebräisch, syrisch, chaldäisch, arabisch und äthiopisch. Daneben besaß sie ausgesprochen künstlerische Fähigkeiten zu Stickerei, Glasmalerei, Zeichen- und Bossierkunst, Musik und Poesie.

Als dreißigjährige Frau feierte sie die Einweihung der Universität Utrecht mit lateinischen Versen. Und sie kämpfte vehement für die Zulassung von Frauen zum Studium. Sie selbst als „Stern von Utrecht", „holländische Sappho", aber auch als „holländische Minerva" verehrt, blieb allerdings im Hörsaal der Universität Leiden aufgrund einer Sonderregelung die einzige Hörerin, für die eine „loge grillé", ein vergitterter Kasten, eingebaut wurde, um die Studenten durch den ungewohnten Anblick einer Frau in der Alma mater nicht abzulenken. Sie hatte nämlich durchgesetzt, an den Vorlesungen des französischen Theologen André Rivet teilnehmen zu dürfen. Dieser war Hofkaplan bei Friedrich Heinrich von Oranien in Den Haag und Erzieher seines Sohnes Wilhelm II. von Oranien, Kurator der „Illustre School" in Breda, ein einflußreicher orthodoxer Calvinist. Der Briefwechsel zwischen ihm und der „zehnten Muse" wurde schon 1638 veröffentlicht. Anna Maria von Schurmann vertrat die These, daß der christlichen Frau das Studium der Wissenschaft zustehe: „Jedem Menschen sind von Natur die Prinzipien oder die Potenzen der Prinzipien aller Künste und Wissenschaften eingegeben. Auch den Frauen ist dies alles eingegeben. Wem von Natur ein Verlangen nach Wissenschaften und Künsten innewohnt, dem kommen diese auch zu. Frauen haben als Individuen der Spezies Mensch dieses Verlangen."

In den letzten Jahren des 30jährigen Krieges erschien die erste Sammlung ihrer Gedichte in lateinischer, hebräischer und griechischer Sprache, die in drei Jahren vier Auflagen erlebte.

Die Wissenschaftlerin stand im Briefwechsel mit einer Reihe von Persönlichkeiten ihrer Zeit, darunter der Physiker Christiaan Huygens, der Philosoph René Descartes und der Kardinal Richelieu. Auch die Französin Marie de Jars de Gournay, Verfasserin der Schrift „Die Gleichheit von Männern und Frauen", stand mit Schurmann in Verbindung. Sie erhielt den Besuch der gebildeten, wenngleich exzentrischen Königin Christine von Schweden, der Herzogin Anne Geneviève de Longueville und der Marie-Louise von Gonzaga.

Religiös stand sie unter dem Einfluß von Gisbert Voetius und Ezechiel Spanheim. Im Alter von 60 Jahren gab sie aus Weltentsagung und Mystik ihre Kunst und gelehrten Studien auf und und schloß sich Jean de Labadie an. Er gilt als Hauptvertreter der mystischen Spiritualisten französischer Sprache. Er sah es als seine Lebensaufgabe, die Kirche nach dem Modell des Urchristentums wiederherzustellen. Als er aber eine „urchristliche" Separation begründete, wies ihn der Stadtrat von Genf aus. 1670 zog er durch Vermittlung seiner Schülerin Anna Maria von Schurmann in das Stift Herford. Von dort gingen beide in die Mennonitenfreistatt Altona, dann nach Schloß Walta in Wiewerd in Friesland, wo Anna Maria 1678 starb.

Eine, die ihr nahestand, war für kurze Zeit Maria Sibylla Merian, die ebenfalls mit ihren beiden Töchtern auf Schloß Walta in Wiewerd lebte. Maria Schurmann galt als die „Mama" der sehr frommen pietistischen Gemeinde. Nach dem Tod des „Gottgesandten", wie Anna Maria von Schurmann de Labadie sah, verfaßte sie für ihn eine Rechtfertigungsschrift, die ein Stück weit ihre letzten Lebensjahre aufzeigt. Diese Schrift ist das bedeutende religiös-philosophische Werk „Eukleria".

Scherenschnitt von Anna Maria v. Schurmann

Madame de Staël, Anne-Louise Germaine

1766 in Paris   † 1817 in Paris

Schriftstellerin von großem literarischen Ruhm
Von ihr stammt die Redewendung:
„Deutschland, das Land der Dichter und Denker"

*Madame de Staël.
Gemälde von
Marguérite Gérard*

„Sie denkt wie ein Mann, aber sie fühlt wie eine Frau", so charakterisierte Lord Byron Madame de Staël. Weniger charmante Zeitgenossen nannten sie einen „elenden Hermaphrodit", eine „ganz unmögliche Person", die von Politik spreche, von der sie nichts verstehe, von Moral, die sie nicht übe, und von weiblichen Tugenden, die ihr abgingen.

Anne-Louise Germaine Necker stammte aus einer sehr interessanten Familie. Der Vater war der berühmte Genfer Bankier Jacques Necker, Minister von Ludwig XVI., ihre Mutter die protestantische Schweizer Schriftstellerin Louise Suzanne Necker, geb. Curchod (1739–1794). Anne-Louise Germaine, von frühester Jugend auf in Geschichte, Literatur und Philosophie unterwiesen, wurde sehr geprägt durch all die illustren Gäste, die im Salon ihrer Mutter verkehrten. Nach ihrer Heirat (1786) mit dem siebzehn Jahre älteren schwedischen Botschafter Baron Magnus von Staël-Holstein, eröffnet sie selbst einen Salon. Ihren Mann verließ sie zugunsten von Talleyrand, diesen wiederum, um mit dem Comte de Narbonne zu leben, von dem sie zwei Kinder hatte. Schließlich heiratete sie den wesentlich jüngeren französischen Offizier John de Rocca. Ein inniges Freundschaftsband umgab Madame de Staël und Juliette Récamier, eine weitere Intelektuelle, die Napoleon die Stirn zu bieten wagte. Von ihm aus Paris verbannt, war sie zeitweise Gast bei ihrer Freundin de Staël. Von 1802 bis 1815 lebte diese, von Napoleon aus Frankreich verbannt, im Ausland. Napoleon wußte keine andere Antwort auf die Schrifstellerin als Brutalität. In Gesellschaft schrie er sie nieder. Er war sich seiner eigenen Schwäche bewußt, als er sagte: „Auf lange Sicht wird das Schwert immer vom Geist besiegt."

Das erste Aufsehen als Schriftstellerin erregte die junge Frau durch ihre Briefe über Rousseaus' Schriften 1788. Zuvor hatte sie das Lustspiel „Sophie" und zwei Trauerspiele „Johanna Grey" und „Montmorency" 1787 verfaßt. Ihren literarischen Ruhm begründete der dreibändigen Briefroman „Delphine", gefolgt von dem Roman „Corinne ou l'Italie", das Ergebnis einer Italienreise,

auf der sie August Wilhelm Schlegel begleitete. Sie hatte ihn während ihres Exils in Berlin (1803–1804) kennengelernt. Friedrich Schlegel übersetzte 1807 den Roman ins Deutsche ("Corinna"). Die Idee des Gegensatzes zwischen der fessellosen Genialität eines Weibes in vollkommener Freiheit und dem echten Reiz einer sich auf den engen Kreis häuslichen Glücks beschränkender Jungfräulichkeit bildet die geistige Basis dieses Buches. Ein erneuter Aufenthalt in Deutschland ermöglichte es Madame de Staël den Schlußpunkt unter ihr zweibändiges Werk "De l'Allemagne" ("Über Deutschland") zu setzen; es ist geistvoll geschrieben, allerdings nicht frei von Fehlurteilen. Sie prägte darin das bekannte Wort "Deutschland, das Land der Dichter und Denker". Sie hatte alle ihre Begegnungen – vor allem in den Jahren 1803 und 1804 – mit Johann Wolfgang von Goethe, Friedrich Schiller, Johann Gottlieb Fichte,

Christoph Martin Wieland und anderen in dieses Buch eingebracht. Der französische Polizeiminister Joseph Fouché ließ es in Frankreich einstampfen.

Im Jahr 1806 reiste sie mit John de Rocca durch Rußland und Schweden und traf mit Marschall Bernadotte und Zar Alexander I. zusammen. Die geführten Gespräche sollen von großem politischen Einfluß gewesen sein.

Von einem Krebsleiden und einer Lähmung gezeichnet, so sah sie der Dichter François Chateaubriand, als er sie besuchte, kurz bevor sie 1817 starb. Ihr Tod erregte große Teilnahme und Trauer. In dem bleiernen Sarg wurde ein Spie-

Zar Alexander I., auf den Madame de Staël großen politischen Einfluß ausgeübt haben soll.

> *"Alles verstehen bedeutet, alles verzeihen."*
>
> Madame de Staël

gelglas über dem wohl erhaltenen Gesicht angebracht. Dann wurde die Leiche nach Coppet in der Schweiz in die Familiengruft ihrer Eltern überführt. Die fünf Kinder dieser brillanten Schriftstellerin und Kämpferin für die Emanzipation der Frauen veröffentlichten nach ihrem Tod ihr dreibändiges Buch über die französische Staatsumwälzung "Considération sur la Révolution française" sowie "Dix Années d'Exil" ("Zehn Jahre im Exil").

Madame de Staël im Gespräch mit dem Ersten Konsul Bonaparte

Giuseppina Strepponi

1818 in Lodi † 1897 in Busseto

Sopranistin
Lebensgefährtin Verdis

Guiseppina Strepponi in einem Kostüm für ein Benefizkonzert in Venedig

Der junge italienische Komponist Giuseppe Verdi, verheiratet und 1836 zum Kapellmeister von Busseto ernannt, stand am Anfang einer großen Karriere. Und dennoch nahm für ihn persönlich damals eine Unglücksserie ihren Anfang. Seine einjährige Tochter Virginia starb 1838 und ein Jahr später sein ebenfalls nur einjähriger Sohn Icilio; ihnen folgte bereits 1840 ihre Mutter Margherita ins Grab. Verdi war völlig gebrochen.

Im Frühjahr 1841 spielte ihm sein kluger Agent Merelli das Textbuch zur Oper „Nabucco" zu, und im Herbst des gleichen Jahres war die Oper vollendet. Die Uraufführung am 9. März 1842 in der Mailänder Scala gestaltete sich zu einem ungeheuren Erfolg. Zum ersten Mal sang die Primadonna Giuseppina Strepponi in einer Verdi-Oper. Sie trug entscheidend zum großen Erfolg bei, denn ihr Auftritt als Abigail muß unvergleichlich gewesen sein. Allerdings galt der Zenit der Sängerin zu diesem Zeitpunkt schon als überschritten. Sie trat nur noch selten auf und dann ausschließlich in Opern von Verdi.

Schließlich zog sie sich 1846 nach Paris zurück und ließ sich dort als Gesangspädagogin nieder. Bei vielen Besuchen in Paris kamen sich der einsame Komponist und die Sängerin näher, und sie beschlossen, ihren Lebensweg gemeinsam zu gehen.

Die Sopranistin war am 8. September 1818 in Lodi als Tochter des Musikers und Opernkomponisten Feliciano Strepponi geboren. Mit fünfzehn Jahren erfolgte ihre Aufnahme in das Konservatorium in Mailand. Sie gewann einen ersten Preis bei einem Sängerwettbewerb. Schon im Frühjahr 1835 feierte sie in Triest einen großen Triumph in der Rolle der Matilde in Rossinis Oper „Matilde di Shabran", gefolgt von Adalgisa in „Norma" und der Heldin in

„Die Nachtwandlerin" (Bellini) am Wiener Kärntnertortheater. Jeder Impresario riß sich um sie, ebenso um ihren Partner und Geliebten, den Tenor Napoleone Moriani, von dem sie einen Sohn bekam. Der Vater eines weiteren Sohnes war der Intendant der Mailänder Scala Bartolomeo Merelli. Für den Unterhalt hatte sie alleine aufzukommen, was ihr sehr schwer fiel. Die Kinder kamen in Pflege, mehr ist über sie nicht bekannt.

Von 1849 an lebten Giuseppe und Giuseppina auf Verdis Landgut Sant' Agata bei Busseto beisammen. Doch erst am 29. August 1859 ließ sich das Liebespaar in Colonges-sous-Salève in Savoyen trauen; Zeugen waren der Glöckner und der Kutscher. Im Leben des Paares änderte sich durch

diesen Schritt nichts, denn Giuseppina war dem Komponisten längst eine kongeniale Gefährtin geworden. Selbst Künstlerin, verstand sie sein Künstlertum, übersah seine menschlichen Schwächen, vor allem sein autoritäres Gehabe. Unentbehrlich machte sie sich als seine Mitarbeiterin, die die gesamte Korrespondenz übernahm. Verdi – von ihr liebevoll „der so gestrenge und stolze Bär von Busseto" genannt – bewunderte ihren praktischen Sinn. Sie kleidete ihre Zuneigung zu ihm in die Worte: „Ohne Dich

bin ich nur ein Körper ohne Seele."

Ein Wermutstropfen in ihrem Glück dürfte die Tatsache gewesen sein, daß Kindersegen ausblieb. So adoptierte das Ehepaar Verdi die verwaiste siebenjährige Maria Filomena, spätere Ehefrau von Alberto Carrera, die Enkelin des jüngsten Onkels des Komponisten. Sie wurde die Alleinerbin. Gelegentliche Hinneigungen des Maestro zu Sängerinnen, wie etwa zu Teresia Stolz bei der Aufführung der „Aida" in Paris, überspielte die kluge Giuseppina elegant.

Von den vielen gemeinsamen Reisen freute sich Giuseppina ganz besonders auf Sankt Petersburg, das „Venedig des Nordens". Dort fand in Anwesenheit des Zaren Alexander II. die glanzvolle Uraufführung der „Macht des Schicksals" statt. Am 14. November 1897 schloß die einstige Primadonna, die über 50 Jahre an der Seite des größten italienischen Opernkomponisten gelebt hatte, die Augen für immer. Verdi folgte seiner Frau am 21. Januar 1901 in den Tod. Seine und Giuseppinas sterbliche Überreste wurden in die Kapelle der „Casa di riposo per musicisti" – ein von Verdi gestiftetes Altersheim in Mailand – überführt.

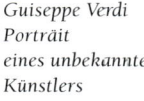

Guiseppe Verdi Porträit eines unbekannten Künstlers

Bertha von Suttner

1843 in Prag † 1914 in Wien

Kämpferin gegen Militarismus und Antisemitismus
Autorin des Romans „Die Waffen nieder!"
Als erste Frau 1905 mit dem Friedensnobelpreis ausgezeichnet

Bertha von Suttner erhielt am 10. Dezember 1905 als erste Frau den Friedensnobelpreis zuerkannt, und zwar für ihren pazifistischen Roman „Die Waffen nieder", der damals schon in der 37. Auflage erschienen war. Die Verleihung des Preises fand am 18. April 1906 in Christiania, dem heutigen Oslo, statt. Das Preiskomitee begründete seine Wahl damit, daß sie den Mut gehabt habe, in einem Militärstaat als erste den Ruf „Die Waffen nieder" zu erheben.

Bertha von Suttners Roman erschien 1889 und beschreibt das Schicksal einer Frau, die vier Kriege auf so grauenvolle Weise miterlebt hat, daß sie zur überzeugten Friedenskämpferin wird. Die Frau hatte zwei Ehemänner und einen Sohn in den Kriegen verloren. Der Roman wurde in fast alle europäischen Sprachen übersetzt. Die Autorin hatte den Schweden Alfred Nobel, für den sie einige Zeit tätig war, schon 1905 in Paris zur Stiftung eines Friedensnobelpreises angeregt.

Bertha von Suttner, am 9. Juni 1843 als Gräfin Kinsky von Chinic und Tettau in Prag geboren, hörte 1887 von der britischen Friedensbewegung und begann ihren Kampf gegen den Militarismus und Antisemitismus. Viele, die sich der Friedensbewegung anschlossen, hatten den Roman „Die Waffen nieder!" gelesen. Bertha von Suttner war 1891 die Mitbegründerin der Österreichischen Gesellschaft der Friedensfreunde, 1892 der deutschen Friedensbewegung; außerdem war sie die Vizepräsidentin des „Internationalen Friedensbureaus" in Bergen. Von 1892 bis 1914 gab sie die Zeitschrift „Die Waffen nieder" heraus, in der sie als Pazifistin die Zeitgeschichte kommentierte. Sie nahm an fast allen Friedenskonferenzen teil, verhandelte mit Staatsoberhäuptern und hielt unermüdlich Vorträge auf der ganzen Welt.

Im Mai 1899 überreichten Bertha von Suttner und Margarethe Selenka dem Präsidenten der Haager Friedenskonferenz, Herrn von Staal, die erste internationale Friedensresolution der Frauen. Von Staal meinte: „Es ist gut, daß die Frauen sich für diese große Sache einsetzen; sie werden an ihrer Verwirklichung mithelfen." Als Huldigung an Zar Nikolaus II., der die Konferenz einberufen hatte, wurde sie am 18. Mai, dem Geburtstag des Zaren, eröffnet. Zu dieser feierlichen Eröffnung war Suttner als einzige Frau zugelassen. Bei den Verhandlungen hatten allerdings weder die Presse noch sie Zutritt. Von einem befreundeten Delegierten erhielt sie Stenogramme der Verhandlungen, die sie der Presse weitergab. So war sie die meistinterviewte Persönlichkeit

in Den Haag und der „inoffizielle Mittelpunkt".

Bertha von Suttner war zutiefst von der Gleichwertigkeit von Frauen und Männern überzeugt, wehrte sich energisch gegen jede Diffamierung der Frau. Zum Thema „Frau und Frieden" erklärte sie in ihrer Zeitschrift „Die Waffen nieder": „Soweit meine persönlichen Erfahrungen reichen, besteht mit Bezug auf ihre Stellung zur Friedensfrage kein Unterschied zwischen den Menschen männlichen und weiblichen Geschlechts. Begeisterung für Kriegstaten und Kriegshelden findet man bei Frauen so gut wie bei Männern … "

Mit ihrem Romanerfolg und der Organisation der Friedensvereine war Bertha von Suttner eine bekannte Persönlichkeit geworden. Sie wurde verehrt, aber auch verhöhnt und mußte mit den Licht- und Schattenseiten ihrer Popularität fertigwerden. Dazu kam die desolate finanzielle Lage der Familie Suttner, die zwar stolz auf Schloß Harmannsdorf lebte, aber in Wirklichkeit bettelarm war. Bertha mußte deshalb meist unter großem Zeitdruck Novellen und Fortsetzungsromane für Wochenzeitschriften schreiben. Die einst so romantische Liebe zu ihrem neun

DIE WAFFEN NIEDER!
VON BERTHA VON SUTTNER

Jahre jüngeren Mann Arthur von Suttner, mit dem sie, wegen Anfeindungen seitens seiner Familie, von 1876 bis 1882 im Kaukasus lebte, war zerbrochen. Arthur Suttner starb im Dezember 1902. Damals schrieb Bertha die Fortsetzung von „Die Waffen nieder", nämlich „Marthas Kinder". Ihren Mann überlebte sie um zwölf Jahre und starb 1914. Den Ausbruch des Ersten Weltkriegs hat die „Friedensbertha", wie die große Pazifistin oft spöttisch genannt wurde, nicht mehr miterleben müssen. Der Weltfriede, für den Bertha von Suttner bis zu ihrem Tod gekämpft hatte, blieb aus.

> „Besonders in unserer Aristokratie betrachtet man mich als Abtrünnige und nennt ‚Die Waffen nieder' ein schlechtes, ein gefährliches Buch."
>
> Bertha von Suttner

Teresa von Ávila, Teresa de Jesús

1515 in Avila † 1582 in Alba de Tormes

Größte Mystikerin der katholischen Kirche
Reformfreudige Ordensschwester
1970 zur Kirchenlehrerin erhoben

Teresa von Ávila. Portrait von Fray Juan de la Miseria, 1576

Unweit von Salamanca liegt das Städtchen Alba de Tormes, einer der meistbesuchten Wallfahrtsorte Spaniens, da sich dort in der Klosterkirche der Sarkophag der heiligen Teresa befindet. Sie gilt als die größte Mystikerin der katholischen Kirche und wurde von Papst Paul VI. am 28. September 1970 zur Kirchenlehrerin erhoben, eine Ehre, die sie nur noch mit der heiligen Katharina von Siena zu teilen hat. Die Seligsprechung erfolgte am 24. April 1614; drei Jahre später folgte dann die Ernennung zur Patronin Spaniens. Die Heiligsprechung nahm Papst Gregor XV. am 12. März 1622 vor. Teresas Todestag, der 4. Oktober 1582, sollte nicht ihr Gedenktag werden, da an diesem Tag bereits das Fest des heiligen Franz von Assisi gefeiert wird. So bestimmte man den 5. Oktober zu dem Tag, an dem innerhalb des Karmelitenordens das Fest begangen wird. Da jedoch in Teresas Todesjahr der Gregorianische Kalender in Kraft trat, der das laufende Jahr um zehn Tage verkürzte, folgte auf den 4. Oktober der 15. Oktober, der heutige Gedenktag für die große Mystikerin.

In Avila, das angeblich nur aus „Steinen und Heiligen" besteht, wurde Teresa am 28. März 1515 in eine kinderreiche Familie hineingeboren. Ihre Eltern, Alfonso Sanchez de Cepeda und Beatrix de Ahumanda, ließen sie in der Kirche San Juan taufen. Nach dem frühen Tod der Mutter brachte der Vater Teresa zur Erziehung in das Augustinerinnenkloster von Avila. Mit 18 Jahren konnte sie sich aber noch nicht für einen Klostereintritt entscheiden: „Ich wünschte mir immer noch nicht, Nonne werden zu müssen, doch ich fürchtete mich auch sehr vor dem Heiraten."

Nach der intensiven Lektüre der Briefe des Kirchenvaters Hieronymus trat sie dann am 2. November 1535 in das Karmelitinnenkloster „Santa Maria de la Encarnacion" bei Avila ein, in dem sie bis 1560 blieb. Sie hatte sehr oft schwere gesundheitliche Krisen durchzustehen; immer häufiger überwältigten sie Visionen und Ekstasen. Nach der Niederschrift ihres „Gewissenberichtes", der ersten autobiographischen Beschreibung in spanischer Sprache, kam Teresa zu dem Entschluß,

> *„Ich bin ein Weib und obendrein kein gutes."*
>
> Teresa von Avila

ihren Orden zu reformieren. So begründete sie vor den Toren Avilas 1562 das erste Reformkloster der Unbeschuhten Karmelitinnen. Zentrale Prinzipien der neuen Kongregation waren das Armutsgelübde, der Wechsel zwischen Kontemplation und Arbeit und die reine Liebe. Bösartige Angriffe der Beschuhten Karmeliten führten dazu, daß 1578 die reformierten Klöster aufgelöst wurden und man Teresa in das Kloster Toledo verbannte. Der Nuntius Sega betrachtete sie als „unruhiges Frauenzimmer, herumstreunend, ungehorsam und verstockt. Unter dem Schein der Frömmigkeit denkt sie sich falsche Lehren aus. Sie doziert wie ein Theologieprofessor, obgleich der heilige Paulus sagt, daß Frauen nicht lehren dürfen."

Auf der anderen Seite förderten Seelenführer wie Francisco de Osuna, Baltasare Alvarez sowie Domingo Banez die mystische Entfaltung der Nonne. Als besonders fruchtbar erwies sich die Zusammenarbeit zwischen Teresa und Johannes vom Kreuz, der seinerseits den männlichen Zweig der Ordensgemeinschaft reformierte. Beiden gelang es, oft unter größten Anfeindungen, insgesamt 17 Frauen- und 15 Männerklöster von strengster Observanz ins Leben zu rufen, worüber Teresa in ihrem Werk „Das Buch der Gründungen" ausführlich berichtet.

Teresas glänzende Geistesgaben und ihre große sprachliche Kunst sind überliefert in ihren Werken „Das große Buch von

den Erbarmungen Gottes", „Der Weg zur Vollkommenheit", „Die Seelenburg" sowie in dem aus knapp fünfhundert Briefen bestehenden Briefwechsel mit Persönlichkeiten ihrer Zeit. König Philipp II. von Spanien, der sie sehr verehrte, verwahrte Teresas Schriften zusammen mit den Werken des Kirchenlehrers Augustinus in seiner mönchischen Kammer im Escorial. Der König war es auch, der schon bald nach dem Tod der „seraphischen Mutter und Doctora mystica" ihre Heiligsprechung in die Wege leitete.

Verzückung der hl. Teresa von Ávila von Gian Lorenzo Bernini in Santa Maria della Vittoria, Rom, 1644–1652

Königin Theodelinde

* unbekannt † 627 in Modena

Langobardische Königin
Fürsprecherin der katholischen Kirche und „Friedensfürstin"

Geschichte der Theolinde. Fresko von Zavaratti im Dom zu Monza, 1444

Königin Theodelinde gilt als die Lieblingsgestalt in der Geschichte der Langobarden. Im Dom zu Monza, dessen Bau auf Theodelinde zurückgeht, finden sich in der Theodelinden-Kapelle Fresken, die Szenen aus dem Leben der Königin zeigen. Ihr Sarkophag ist ebenso im Dom wie die eiserne Langobardenkrone, die sich heute im Tabernakel befindet, einst ein Geschenk Theodelindes an ihren Gemahl Agilulf.

Das ursprüngliche Grab der Königin wurde im Dom zu Modena entdeckt.
Theodelinde war die Tochter des Bayernherzogs Garibald und Waltrada, der Tochter des Langobardenkönigs Wacho. Die stolze Herzogin ging auf Wunsch des Vaters nach 584 die Ehe mit König Authari ein, eine für beide Seiten politisch wichtige Verbindung. Es wird erzählt, daß Authari angeblich als Brautwerber an den bayeri-

schen Hof kam und sich von Theodelinde einen Becher mit Wein reichen ließ. Als Authari ihr den Becher zurückgab, berührte er ihre Hand mit dem Finger und strich ihr mit seiner Rechten von der Stirn über Nase und Wangen. Aufgeregt erzählte sie diese Begebenheit ihrer Hofdame, die richtig vermutete: „Wenn dieser Mann nicht selbst der König und Bräutigam wäre, so hätte er auf keinen Fall dich zu berühren gewagt."
Schon ein Jahr nach der Hochzeit in Verona starb Authari (Frühjahr 590). Da Theodelinde als Witwe das Reich allein nicht halten konnte, heiratete sie 590 den Schwager ihres verstorbenen Mannes, Agilulf, Herzog von Turin, der die Herrschaft übernahm.
Angeblich war Agilulf schon bei Theodelindes erster Vermählung geweissagt worden, daß sie einmal seine Gemahlin würde. Agilulf, der durch die Heirat mit Theodelinde die königliche Würde erhielt, gelang es, ein stabiles Herrschaftsgeflecht

„Friedenskönigin der Langobarden."

zu schaffen und die Einheit des Langobardenreiches wiederherzustellen. Durch seine katholische Gemahlin wurden die Spannungen zwischen Arianern und Katholiken entschärft. Theodelinde konnte ihren Mann, der allerdings selbst nie katholisch wurde, so beeinflussen, daß er den seit Jahrzehnten beschlagnahmten Kirchenbesitz zurückgab. Mit Papst Gregor dem Großen stand Theodelinde in engem Kontakt. Er widmete ihr vier Bücher, beschenkte sie reich, etwa mit einem Kreuz, das im Domschatz von Monza zu besichtigen ist. Die Königin und ihr Gemahl förderten die Klostergründung Bobbio durch den irischen Missionar Columban. 616/617 erreichte Theodelinde einen Friedensschluß mit dem fränkischen König Chlothar I.

Sie wurde immer mehr zur „Friedensfürstin" im langobardischen Reich; sie verstand es, sowohl mit den Römern als auch mit den Byzantinern zu verhandeln. Die katholische Taufe ihres Sohnes und Thronfolgers Adaloald zeigte die neue Religionspolitik des Herrscherpaares. Bereits der zweijährige

Adaloald wurde zum König der Langobarden ausgerufen; mit vier Jahren wurde der Knabe in Mailand als Mitkönig inthronisiert und zur Sicherung der Dynastiefolge mit einer Tochter des austrasischen Frankenkö-

nigs Theudebert II. verlobt. Im Jahr 616 starb Theodelindes Gemahl. Als Königinmutter übernahm die „Friedenskönigin der Langobarden" die Regentschaft bis zur Volljährigkeit ihres Sohnes.

Kaiserin Theodora

* um 500 in Syrien   † 548 in Konstantinopel

Beispiellose Aufsteigerin: von der Schauspielerin zur Kaiserin
Politisch einflußreiche Mitregentin
Kämpferin für die Verbesserung der Stellung der Frau

*Kaiserin Theodora
Mosaik in der Kirche
San Vitale
zu Ravenna, 547*

Die Beurteilung der Kaiserin Theodora schwankt bis heute zwischen Haß beziehungsweise Abscheu einerseits und hoher Bewunderung für ihre Zielstrebigkeit, Intelligenz und Willenskraft andererseits. Der am Hof der Kaiserin lebende Historiker Prokopios von Caesarea zeigt in seinem Werk "Anekdota", das erst 1623 wiedergefunden wurde, ihren Lebensweg auf.

Sie stammte aus Syrien und war die Tochter des Bärentierwärters Akadius beim Hippodrom in Konstantinopel. Mit sieben Jahren schon verwaist, folgte sie später ihrer älteren Schwester Komito in ein ausschweifendes Leben. Sie trat als Schauspielerin und Nacktänzerin auf. Hekebolos, der Gouverneur von Pentapolis in Lydien, nahm sie einige Zeit als Gespielin zu sich, setzte sie eines Tages allerdings völlig mittellos vor die Tür. Sie fand Hilfe bei einer Christengemeinde.

Möglicherweise hat dieses Erlebnis und das Zusammentreffen mit dem monophysitischen Patriarchen Timotheos in Alexandria die radikale

Umkehr in ihr bewirkt. In Byzanz lernte sie, unter welchen Umständen auch immer, den zukünftigen Kaiser Justinian kennen. Prokopius meinte, daß Theodora „durch magischen Zauber" den 40jährigen Kronprinzen verführt habe. Trotz des erbitterten Widerstands seiner Mutter, der Kaiserin Euphemia, entschloß sich Justinian, Theodora zu heiraten.

Der Kaiser ließ 522 ein Gesetz ändern, das die Eheschließung von höhergestellten Personen mit Schauspielerinnen verbot. Theodora wurde nun in den Patrizierstand erhoben, und so konnte 525 die Heirat stattfinden. Zwei Jahre später fand in der Hagia Sophia die Kaiserkrönung statt, bei der Theodora zur Augusta erhoben wurde. Sie galt offiziell als Inhaberin der Kaiserwürde, vor ihr mußte die Proskynese (kniefällige Verehrung) vollzogen werden, ihre Mitarbeit bei der Gesetzgebung wurde ausdrücklich hervorgehoben, und die Beamten wurden auch auf sie vereidigt. Ihre Mitwirkung bei der Regierung des Reiches war so selbstverständlich, daß jeder, der etwas erreichen wollte, außer mit dem Kaiser auch mit ihr zu verhandeln hatte. Justinian teilte in Gesetzestexten gelegentlich mit, daß er das Gesetz aufgrund der Beratung mit „der

allerfrömmsten, von Gott verliehenen Gattin" erlassen habe. Theodora engagierte sich für eine Verbesserung der Stellung der Frauen, half vor allem den von ihren Ehemännern Verstoßenen und schuf ein Asyl für Hunderte von Prostitutierten sowie für junge ledige Mütter. „Wir haben Behörden geschaffen, um Räuber und Diebe zu bestrafen. Müßten wir nicht mit viel größerem Recht die Ehrabschneider und Schurken verfolgen, die sich gegen die Unschuld vergehen?" ließ die Kaiserin verlauten – und handelte auch danach.

Wenn direkte Personalpolitik nicht möglich war, intrigierte sie zusammen mit ihrer Freundin Antonina, der Gattin des Feldherrn Belisar – so etwa erfolgreich gegen Johannes den Kappadokier, den bedeutendsten Staatsmann des Kaisers, den sie mit einer atemberaubenden Intrige stürzte und damit Papst Silverius in den Tod trieb. An seine Stelle setzte sie ihren Günstling Vigilius (537–555). Als Monophysitin betrieb sie sogar eine Kirchenpolitik, die gegen die ihres Mannes gerichtet war. Ohne jeden Skrupel setzte sie die von ihr favorisierten Staatsmänner Barsymes und Narses in Schlüsselpositionen des Reiches ein.

Theodora wird bis heute wegen

Kaiser Justinian, Mosaik in der Kirche San Vitale zu Ravenna, um 547

ihrer Tapferkeit, die sie anläßlich des Nika-Aufstandes im Jahre 532 zeigte, bewundert. Es gab eine Revolution in Konstantinopel gegen die Zentralgewalt des Kaisers. Als dieser schon fliehen wollte und der Pöbel bereits „Sieg" („nika") schrie, hielt Theodora im Kriegsrat eine zündende Rede und ließ den Aufstand mit Hilfe der Feldherren Belisar und Narses blutig niederschlagen.

Theodora lebte im Palast von Heraion am Ufer des Bosporus, umgeben von Frauen und Eunuchen. Sie führte mit Justinian eine vorbildliche, leider kinderlos gebliebene Ehe. Von Rom gehaßt als „Dämonodora", von ihren Untertanen verehrt als „Erdgeist des Volkes", starb die knapp 50jährige Kaiserin am 28. Juni 548. Der Kaiser überlebte sie um siebzehn Jahre.

> „... ich halte mich an die alte Maxime, daß der Thron das schönste aller Leichentücher ist."
>
> Theodora

Anne-Josèphe Théroigne de Méricourt (Terwagne)

* 1762 in Marcourt (Belgien) † 1817 in Paris

Revolutionärin und Frauenrechtlerin

anne josephe theroigne

Théroigne de Méricourt, genannt Anne-Josèphe Terwagne, entstammte einer vermögenden belgischen Bauernfamilie. Mit 16 Jahren wurde sie für einige Jahre die Gesellschafterin einer Dame in Anvers, die ihr eine gute Erziehung angedeihen ließ. Einige Jahre reiste sie durch Europa und lebte reichlich mondän. 1789 zog es sie nach Paris, wo sie sofort wegen ihrer Schönheit Aufsehen erregte; man nannte sie „la Belle Liégeoise" („Die Schöne aus Lüttich").
Ihre Begeisterung für die Revolution in Frankreich war groß. In ihrem literarischen Salon in Paris in der Tournonstraße gründete sie mit einem späteren Mitglied des Konvents, Gilbert Romme, die „Gesellschaft der Freunde des Rechts", die es sich zur Aufgabe machte, das Volk über die Beschlüsse des Konvents zu informieren. In ihrem Salon empfing sie wichtige Politiker und Revolutionäre, wie etwa Emmanuel Joseph Graf Sieyès, der die auflagen-

stärkste Flugschrift der Französischen Revolution verfaßte. Im Deutschen ist sie bekannt unter dem Titel „Was ist der dritte Stand?". Die junge Frau bot ihre ganze Redekunst auf, um für die Rechte der Frau zu kämpfen. Man nannte sie „Amazone der Freiheit". Ein besonderes Anliegen war es ihr, den Frauen das Recht zu erkämpfen, in den Krieg ziehen zu dürfen. So hielt sie eine Rede an die Frauen: „Laßt uns zu den Waffen greifen; wir haben dazu das Recht, von Natur aus und sogar vor dem Gesetz, laßt uns den Männern zeigen, daß wir ihnen weder an Mut noch an Tugend unterlegen sind ... Haben sie allein den Anspruch, ein Recht auf Ruhm zu haben?" Im August 1789 wurde den Frauen klar, daß die „Erklärung der Menschen- und Bürgerrechte" nur für Männer galt. Noch nicht einmal das Wahlrecht wurde den Frauen zugestanden, da sie zu den „Passivbürgern" zählten: als „Aktivbürger" galten weiße begüterte Franzosen, die über 21 Jahre alt waren. Die Frauenrechtlerin Olympe de Gouges brachte damals ihre Streitschrift „Rechte der Frau und Bürgerin" heraus. Die Forderung in Artikel 1 hieß: „Die Frau ist frei geboren und bleibt dem Manne ebenbürtig in allen Rechten ..." Davon sind Frauen auf der ganzen Welt heute noch weit entfernt.

Als Théroigne de Méricourt 1791 für kurze Zeit nach Belgien zurückging, wurde sie wegen des Verdachts auf Spionage festgenommen. Damals schrieb sie ihre „Confessions"

(„Bekenntnisse"), die allerdings erst 1892 publiziert wurden. Mangels Beweises freigelassen, ging sie wieder nach Paris zurück. In Anerkennung ihrer Verdienste beim „Sturm auf die Tuillerien" (1792), der den Sturz der Monarchie einleitete, erhielt Théroigne de Méricourt aus der Hand der Sieger eine Bürgerkrone. Über ihre Taten an dem besagten Tag kursierten wilde Gerüchte. Angeblich habe sie den royalistischen Journalisten François Suleau, der sie in seinen Schriften angegriffen

hatte, ermordet. Die Revolutionärin verschrieb sich völlig den Girondisten. Im Mai 1793 wurde sie von den Jakobinerinnen öffentlich ausgepeitscht, da sie den Anwalt Brisot, einen Führer der Linken in der Versammlung, unterstützt hatte. Alle diese Aufregungen zehrten an ihren Nerven. Sie begann an Verfolgungswahn zu leiden. Ihr Bruder ließ sie für verrückt erklären. Sie lebte 23 Jahre lang in verschiedenen Irrenhäusern, arm und schnell vergessen, ehe sie 1817 starb.

> „... laßt uns den Männern zeigen,
> daß wir ihnen weder an Mut
> noch an Tugend unterlegen sind ..."
>
> Anne-Josèphe Théroigne de Méricourt

Marie Tussaud

*1761 in Straßburg † 1850 in London

Im Alter von 19 Jahren bereits Lehrerin für Wachsbildnerei
1835 Gründerin eines Wachsfiguren-Museums
in der Londoner Baker Street

Madame Tussaud „Selbstbildnis in Wachs"

Eine der touristischen Attraktionen in London ist seit 1835 das Wachsfigurenkabinett der Madame Tussaud. Damals eröffnete die 74jährige französische Wachsbildnerin und Schaustellerin Marie Tussaud eine feste Ausstellung ihrer Figuren in der Londoner Baker Street.

Marie Tussaud, geborene Grosholtz, kam 1761 in Straßburg zur Welt. Sie war die Tochter einer Schweizerin und eines elsässischen Offiziers, der als Adjutant im Stabe des Generals Wurmser im gleichen Jahr fiel. Die verwitwete Mutter zog mit ihren Kindern zuerst nach Bern und dann 1766 zu ihrem unverheirateten älteren Bruder Dr. Philipp Curtius, einem Wachsbossierer und Schausteller, nach Paris. Dieser unterrichtete Marie in der Wachsbildnerei.

Mit 19 Jahren wurde Marie bereits Lehrerin für Wachsbildnerei bei Madame Elisabeth, der Schwester Ludwigs XVI.; diese war eine Mäzenin von Dr. Curtius, und so lernte sie Marie in seiner Werkstatt kenne. Da Marie in der königlichen Familie sehr beliebt wurde, bekam sie am Hof in Versailles sogar eine eigene Wohnung zugewiesen. Angehörige des Hochadels ließen sich und ihre Kinder von der Künstlerin in Wachs verewigen. Als 1789 die Französische Revolution ausbrach, mußte

Marie zusehen, wie die von ihr modellierten Köpfe von Politikern oder Royalisten auf Stangen aufgespießt durch die Straßen getragen und verspottet wurden.

Doch es sollte noch schlimmer kommen. In der Schreckenszeit der Revolution zwang man sie, die Totenmasken prominenter Opfer der Guillotine, darunter die von Ludwig XVI. und der von ihr so geliebten Marie Antoinette, dann auch diejenige von Danton und Robespierre anzufertigen. Sie sollte die Masken ursprünglich direkt neben der Guillotine abnehmen, hätte sie nicht der befreundete Maler Jacques Louis David vor dieser blutigen Arbeit bewahrt. Er befahl ihr aber, den Kopf des von Charlotte Corday in der Badewanne ermordeten Marat unmittelbar nach dem Vorfall nachzuformen. Die so entstandenen Köpfe der Revolutionsopfer waren für das Revolutionsmuseum bestimmt. Diese Jahre waren für Marie selbst sehr gefährlich, da sie einst eine begeisterte Royalistin war.

Im Jahr 1795 heiratete sie mit 34 Jahren einen Ingenieur aus Mâcon (Burgund), Francois

Katalog zum Wachsfigurenkabinett der Madame Tussaud (1890)

Tussaud. Sie war 48 Jahre alt, als sie sich offiziell von ihrem ständig in Geldnot lebenden Ehemann trennte. Als die Revolution zu Ende war, bat man sie 1801 in die Tuillerien, um auf Wunsch von Joséphine eine Maske von Napoleon abzunehmen. 1802 übersiedelte Marie mit der von ihrem Onkel Christoph Curtius ererbten Wachsfigurenschau nach Lon-

don. 27 Jahre lang war sie nun ständig mit ihrer Wachsfigurenschau unterwegs. Es waren unglaubliche Strapazen, die sie auf ihren Reisen durch England, Schottland und Irland durchlebte: im Winter, wenn die Wege in dickem Schnee versanken, im Sommer, wenn der Staub durch die Planen ihres Wagens kroch und die wertvollen Figuren und Kostüme angriff. Sie stellte

überall aus, in Gasthäusern und Versammlungsräumen, Rathäusern und Theatern. Sie selbst saß tagsüber an der Kasse, nachts arbeitete sie an neuen Figuren, damit die Schau ihre Aktualität nicht verlor. Ihr Sohn Nini war immer dabei und erlernte ihre Kunst. 1835 eröffnete Madame Tussaud endlich ihr eigenes Museum in der Baker Street in London. 1842 gestaltete sie die letzte Figur ihres Kabinetts: sie stellte sich selbst dar. Dann übergab sie das Unternehmen, das großen Anklang fand und auch heute noch findet, ihren Söhnen und verbrachte ihren Lebensabend friedlich und hochgeehrt in den Privaträumen des Museums.

> *„Dankt Gott, daß er mich für Euch so lange erhalten hat.*
> *Ich vermache mein Eigentum*
> *zu gleichen Teilen Joseph und Francis.*
> *Ich bitte euch, streitet nie."*
>
> Marie Tussaud an ihre Söhne

Heilige Ursula

* im 3. Jh. in England † an der Wende vom 3. zum 4. Jh. in Köln

Britannische Prinzessin und Märtyrerin
Schutzheilige der Jugend, der Lehrerinnen
und der Tuchhändler

Die ersten Zeugnisse einer Ursulaverehrung stammen aus dem 8. Jahrhundert. Der Ursprung liegt in einer Legende über jungfräuliche Märtyrerinnen und geht auf eine Inschrift in der Ursulakirche in Köln aus dem 5. Jahrhundert zurück. Sie besagt, daß der vornehme Römer Clematius an dieser Stelle eine Basilika zu Ehren eines Martyriums von Jungfrauen errichtet hat. Der Name Ursula verknüpft sich erst spät mit dieser Überliefung.

Unter der Bedingung, daß er sich taufen ließe und drei Jahre wartet, willigte die britannische Prinzessin Ursula, einzige Tochter des Königs Denotius, in die Heirat mit dem heidnischen Königssohn Aetherius ein. Doch zuvor unternahm sie mit ihren 11000 (es handelt sich hier wohl um einen Lesefehler und muß heißen: elf) Jungfrauen eine Pilgerreise nach Italien. Auf ihrer Schiffsreise gelangten sie zunächst nach Köln und dann nach Basel. Von hier aus zogen sie zu Fuß nach Rom. Auf ihrem Rückweg schloß sich ihnen auch Papst Cyriacus an. Mit seinen Familienangehörigen kam ihnen der getaufte Aetherius entgegen. Weiter wird erzählt, daß Ursulas Bräutigam damals vom Kaiser ein Stück Land geschenkt bekam, die heutige Bretagne.

Während der Reise erschien Ursula ein Engel und weissagte ihr, bei der Rückkehr nach Köln würden sie und alle ihre Begleiterinnen den Märtyrertod erleiden. Und wirklich: Colonia war von Hunnen belagert, deren König Ursula zur Frau begehrte. Sie weigerte sich, den Hunnenkönig zum Mann zu nehmen, und mußte zusammen mit ihren Gefährtinnen sterben.

Je mehr Gebeine aus der Zeit der frühen Christengemeinde in Köln gefunden wurden, desto intensiver wurde die Verehrung der Märtyrerin Ursula und der mit ihr Umgekommenen. Anfang des 12. Jahrhunderts entstand die Emporenbasilika, die noch immer Grundbestandteil des heutigen Kirchenbaus Sankt Ursula ist. Während des Dreißigjährigen Krieges entstand ein einzigartiges Zeugnis barocker Heiligenverehrung in Köln: die Goldene Kammer der heiligen Ursula als Anbau an der Westseite des Südschiffs. Wer heute durch die schwere, eisenbeschlagene Tür den Raum betritt, der am 16. September 1644 feierlich eingeweiht wurde, empfindet Schauder, den die Gegenwart der heiligen Gebeine einflößt. Ganz in ein barockes Rankenwerk eingefaßt, von fröhlichen Putti mit Füll-

hörnern gekrönt, finden sich hier Schädel über Schädel hinter Glas, in kostbaren Samt mit Reliefstickerei aus Gold- und Silberfäden gebettet, verziert mit Pailletten und Perlen. Reliquienbüsten aus vielen Jahrhunderten bergen die Heiligtümer. Es sind auch aus Gebeinen gelegte Ornamente, Kreuze, Pfeile, Wirbelknochen in Rosettenform und Armknochen und vieles mehr zu sehen. Eine fromme Knocheninschrift bittet: MARIA / S. URSULA PRO NOBIS ORA / S. AETHERIUS ORA PRO NOBIS / JESUS CORONA MARTIRUM. (Maria / Heilige Ursula, bitte für uns / Heiliger Aetherius, bitte für uns/ Jesus, Krone der Märtyrer.) Man steht inmitten der Reliquien, zwischen den Heiligen, an deren englische Herkunft die barocke Haube des Turms mit ihrer Krone erinnern soll.

Die Heilige Ursula wird als Patronin von Köln und als Beschützerin der Universitäten Paris und Coimbra verehrt. Sie ist Schutzheilige der Jugend, der Lehrerinnen und Erzieherinnen und der Tuchhändler; sie steht für eine gute Heirat und Ehe, ebenso wie für einen ruhigen Tod und gilt als Helferin für kranke Kinder. Ihr Namensfest wird am 21. Oktober gefeiert.

Stirnseite des Ursulaschreins aus dem Jahr 1156, der im 19. Jahrhundert umgestaltet wurde. Kirche St. Ursula, Köln

Pauline Viardot-García

1821 in Paris † 1910 in Paris

Gefeierte Sängerin und Mittelpunkt eines Künstlersalons

Pauline Viardot-García (Kostüm in „Tankred")

Der Name García hat in der Musikgeschichte einen guten Klang. Der aus Spanien stammende Vater Manuel del Popolo García war ein bedeutender Gesangsvirtuose, ein strahlender Tenor, die Mutter lehrte Gesang, Bruder Manuel war ein berühmter Gesangspädagoge, die ältere Schwester war die weltberühmte Maria-Felicia Malibran, und die dreizehn Jahre jüngere Schwester Pauline, ebenfalls eine gefeierte Sängerin, übertraf als Lehrerin Vater und Bruder.

Als Pauline elf Jahre alt war, starb ihr Vater. Pauline hatte als Klavierlehrer Franz Liszt; in Komposition unterrichtete sie A. Reicha. Mit 16 Jahren sang sie in Brüssel und Paris, zwei Jahre später glänzte sie in der Rolle der Desdemona in der Oper „Othello" von Giuseppe Verdi, zuerst in London, dann in Paris.

Pauline wurde die Ehefrau des 20 Jahre älteren Theaterdirektors Louis Viardot. Ihr Salon galt als der anspruchsvollste im kunstsinnigen Paris. Zusammen mit ihrem Mann ging sie auf Tourneen nach London, Wien und Madrid. Sie reiste auch nach Rußland, sang dort nicht nur ihr italienisches Repertoire, sondern sogar russische Lieder. Damit wurde sie zur ersten ausländischen Sängerin, die in russischer Sprache sang. Die in Berlin und London umjubelte Primadonna kehrte 1848 an die Oper nach Paris zurück. Sie sang dort die eigens für sie von Meyerbeer komponierte Rolle der Fides in der Oper „Der Prophet". Zu dem überwältigenden Erfolg meinte Berlioz: „Madame Viardot ist eine der größten Künstlerinnen der Vergangenheit und Gegenwart in der Musikgeschichte."

1859 bearbeitete Gluck seine Oper „Orphée" neu, damit sie die Titelrolle singen konnte. Bei allen 150 Vorstellungen stand Pauline Viardot vor vollem Haus. Sie war die erste Sängerin, die die „Rhapsodie op. 45" von Brahms, Auszüge aus den „Trojanern" von Berlioz, sowie aus „Samson und Delila" von Saint-Saëns sang. Während der Jahre, die sie in Paris lebte, wurde sie eine enge Freundin von Musset, Gautier und Schumann, aber vor allem von George Sand. Interessant ist der erhaltene Briefwechsel zwischen der Primadonna und der Schriftstellerin, der die Jahre von 1839 bis 1849 umfaßt.

Als Richard Wagner 1860 von Frau von Kalergis 10 000 Franken geschenkt bekam, um das Defizit seiner Pariser Konzerte zu decken, veranstaltete er eine Klavieraufführung des zweiten „Tristan"-Aktes im Hause von Pauline Viardot-García; sie selbst sang die Isolde, Richard Wagner den Tristan, Karl Klindworth begleitete am Flügel. Im November 1863 kam es zu einer erneuten Begegnung zwischen

*Pauline Viardot-
García am Klavier
mit Chopin (1844)*

Richard Wagner und Pauline Viardot-García, diesmal in Baden-Baden. Dorthin hatte sich die Künstlerin nach Beendigung ihrer Bühnenlaufbahn (1860) zusammen mit ihrer Familie zurückgezogen. Sie transkribierte dort die „Mazurkas" von Chopin für Gesang und komponierte drei Opern zu Texten von Turgenjew; diesen hatte sie 1843 in Sankt Petersburg kennengelernt, und er hatte sich unsterblich in die strahlende junge 22jährige Sängerin verliebt, ja sie regelrecht verfolgt. Der Briefwechsel zwischen den beiden ist erhalten geblieben.

In ihrem Haus in Baden-Baden trafen sich die Musiker und Komponisten Gioacchino Rossini, Frédéric Chopin, Charles Gounod, der Maler Eugen Delacroix sowie der Schriftsteller Heinrich Heine. Hatte sie schon Franz Liszt für eine der feinsinnigsten und geistvollsten Komponistinnen gehalten, so zollte ihr Felix Mendelssohn-Bartholdy ebenfalls höchste Verehrung. Der Ehemann der Sängerin verschwand 1883 spurlos. Ihre drei Kinder Louise, Paul und Marianne erzog sie zu ausgezeichneten Künstlern. Louise, verheiratete Chamerote, wurde Malerin, Paul Geiger und Dirigent, Marianne, verheiratete Duvernoy, Pianistin.

*Matinée in der Villa
Viardot-García.
Die Sängerin
Pauline an der Orgel*

Victoria I. Alexandrina, Königin von England

1819 in London   † 1901 in Osborne House (Insel Wight)

Letzte wahre Vertreterin großer britischer Königsmacht
Kaiserin von Indien

Königin Victoria I. bei ihrer Thronbesteigung. Gemälde von George Hayter, 1837

erfolgreiche Regierungszeit, die bis heute längste Regentschaft in der britischen Geschichte. Das nach ihr benannte Victorianische Zeitalter war geprägt von wirtschaftlichem Aufschwung, imperialistischer Expansion und einem festgefügten, von bürgerlichen Moralprinzipien bestimmten Gesellschaftsbild. Am 24. Mai 1819 wurde Victoria Alexandrina im Londoner Kensington Palace als Tochter des Herzogs Edward von Kent und der Prinzessin Marie Louise Victoire von Sachsen-Coburg-Gotha geboren. Neben einer guten sprachlichen Ausbildung eignete sie sich gewisse Kenntnisse in Geographie, Geschichte und Politik an.

Königin Victoria war eine gewissenhafte Regentin. Als ihre herausragende Eigenschaft kann ihr gesunder Menschenverstand bezeichnet werden. Ungeachtet ihres großen Selbstbewußtseins und ihrer Selbständigkeit verschloß sie sich männlichem Rat nicht. Das Verhältnis der Königin zu ihren offiziellen Ratgebern, den Premierministern, war jedoch ganz unter-

Als Prinzessin Victoria 1837 als Königin von Großbritannien und Irland die

Nachfolge ihres Onkels König Wilhelm IV. antrat, begann eine mehr als 60 Jahre dauernde,

schiedlich. Während sie etwa für den charmanten Benjamin Disraeli eine Schwäche hatte, hegte sie gegen den eher langweiligen und äußerst pedantischen William Edward Gladstone einen ausgeprägten Widerwillen.

Trotz konstitutioneller Regierungsform versuchte Victoria den Regierungskurs mitzubestimmen. Ihre wesentliche Macht bestand in der Hauptsache darin, daß die Minister ihren Wünschen nachkamen und sich ihrem Willen beugten. In entscheidenden politischen Fragen hat die Königin aber immer die Grundsätze des Parlamentarismus beachtet.

Am 10. Februar 1840 heiratete Victoria ihren Vetter, den Prinzen Albert von Sachsen-Coburg-Gotha. Er wurde ihr engster Berater und übte großen Einfluß auf sie aus. Victoria überließ ihm zunehmend die führende Rolle in der Politik. Namentlich war es das Verdienst Alberts, daß am victorianischen Hof strenge moralische Maßstäbe aufgestellt wurden. Das Privatleben der britischen Königsfamilie, das unter Victorias Vorgängern in Verruf gekommen war, wurde zum Inbegriff von Häuslichkeit und Anstand. Die wohl bedeutendste Leistung Alberts bestand in der Neubestimmung der Funktion der konstitutionellen Monarchie: Er erhob die Krone zu höchstem Ansehen und machte sie populär.

Nach Prinz Alberts Tod 1861 zog sich die untröstliche Victoria jahrelang fast völlig aus dem öffentlichen Leben

zurück, worunter ihre Beliebtheit litt. Trotz ihrer Zurückgezogenheit ließ sie sich über alle Regierungsmaßnahmen genau unterrichten und machte aus ihren Ansichten keinen Hehl, wenn sie mit dem jeweiligen politischen Kurs nicht einverstanden war. Sie drohte sogar mit ihrer Abdankung, als ihr konservativer Premierminister Disraeli im russisch-türkischen Konflikt (1877/1878) nicht entschieden genug Stellung gegenüber Rußland bezog. Zu den bedeutendsten Ereignissen in den letzten 25 Jahren ihrer Regierungszeit gehörten

die Erhebung Victorias zur Kaiserin von Indien (1876) und der Erwerb der Suezkanal-Aktien für Großbritannien. Dadurch, daß ihre neun aus der Ehe mit Albert stammenden Kinder, ihre Enkel und Urenkel in die europäischen Königshäuser eingeheiratet hatten, war sie zur „Großmutter Europas" geworden und erlangte einen nachhaltig wirkenden dynastischen Einfluß auf die europäische Politik. Am 22. Januar 1901 starb Königin Victoria in Osborne House auf der Insel Wight. Sie ruht im Mausoleum von Frogmore.

Elisabeth-Louise Vigée-Lebrun

*1755 in Paris † 1842 in Paris

Berühmte Portraitmalerin
Mitglied der Akademien von Paris, Bologna, Parma und St. Petersburg

Die Porträtmalerin Elisabeth-Louise Vigée-Lebrun gehört zu den wenigen berühmt gewordenen Frauen auf dem Gebiet der Malerei. Am 16. April 1755 wurde sie in Paris als Tochter des Pastellmalers Louis Vigée geboren. Da sie schon als Kind Talent und Liebe zur Malerei erkennen ließ, unterwies sie ihr Vater in den Anfangsgründen dieser Kunst. Nach dem frühen Tod des Vaters (1767) bildete sie sich bei den Malern Doyen, Davesne und Briard weiter. Lehrer im eigentlichen Sinne hatte sie nie. Auf Anregung des bekannten Malers Joseph Vernet studierte sie die Werke der großen Meister und fertigte Naturstudien an. Um rasch Geld für den Unterhalt von Mutter und Bruder zu verdienen, spezialisierte sich Elisabeth-Louise Vigée auf die Porträtmalerei. 1776 heiratete sie den Kunsthändler Jean-Baptiste Pierre Lebrun. Der 1794 geschiedenen Ehe entstammte ihre einzige Tochter Julie.
Ihre große künstlerische Karriere begann, als sie 1779 erstmals

die französische Königin Marie-Antoinette malte. Zwischen Vigée-Lebrun und der Königin, deren Lieblingsmalerin die Künstlerin wurde, entstand eine freundschaftliche Beziehung. In der Folgezeit ließen sich vor allem die weiblichen Mitglieder des Königshauses und des Adels gern von der hübschen und liebenswürdigen Malerin porträtieren.

Die von Vigée-Lebrun in ihren Bildnissen gewählten Ausdrucksmittel entsprachen den Wünschen der Bestellerinnen: die vornehm-elegante Haltung, die sensible Darstellung von Gefühlen in Verbindung mit einem seelenvollen Blick, die zarten Halbtöne des Inkarnats (Hautfarbe in Gemälden) und die meisterliche Stoffmalerei. Die Künstlerin wurde mit Bildnisaufträgen so überhäuft, daß man – wie sie selbst sagte – Mühe hatte, „sich in meine Liste aufnehmen zu lassen; mit einem Worte, es schien, als ob alles sich vereinigte, mich in Mode zu bringen." 1783 wurde Vigée-Lebrun in die Académie Royale aufgenommen. Bei Ausbruch der Französischen Revolution zwang die enge Verbindung zum Königshaus die Malerin zur Emigration.

So ging Vigée-Lebrun im Oktober 1789 nach Italien. In Bologna wurde sie zum Mitglied der Accademia Clementina ernannt. In Florenz forderte man sie auf, ihr Bildnis für die Sammlung der Künstlerporträts in den Uffizien zu malen. Zeitweise lebte und arbeitete sie in Rom und Neapel. Über Parma, wo sie 1792 zum Mitglied der Akademie ernannt wurde, Venedig, Verona und Mailand reiste sie nach Wien. Nach einem zweieinhalbjährigen Aufenthalt in Wien brach Elisabeth-Louise Vigée-Lebrun 1795 nach Sankt Petersburg auf. Wie überall wurde sie auch dort glänzend aufgenommen. 1800 wurde sie Mitglied der Sankt Petersburger Akademie.

Aus gesundheitlichen Gründen verließ sie 1801 nach sechsjährigem Aufenthalt Sankt Petersburg und kehrte über Berlin, wo sie ebenfalls in die Akademie aufgenommen wurde, und Dresden im Januar 1802 nach Paris zurück. Im April 1802 reiste sie nach England, wo sie fast drei Jahre blieb. 1808 und 1809 zog es sie in die Schweiz. Nach ihrer Rückkehr aus der Schweiz erwarb sie ein Landgut in Louveciennes, wo sie als eine der am meisten verehrten Frauen ihrer Zeit ihren Lebensabend verbrachte. 1835/37 erschienen ihre „Souvenirs", die wiederholt neu aufgelegt und in mehrere Sprachen übersetzt wurden. Am 30. März 1842 starb sie in Paris. Laut ihrer eigenhändigen Aufstellung hinterließ sie 662 Porträts und etwa 200 Landschaften.

*Die tanzende Fürstin
Pelagia Sapieha
mit Schal. Gemälde
von Elisabeth-Louise
Vigée-Lebrun, 1794*

*Gegenüberliegende
Seite:
Selbstbildnis mit
Tochter, 1796*

215

Cosima Wagner

*1837 in Como † 1930 in Bayreuth

Richard Wagners große Liebe
„Theure Freundin" des bayerischen Königs Ludwig II.
Die Herrin von Bayreuth

*Cosima Wagner.
Portraitaufnahme
von 1911*

So resümierte der 69jährige Komponist über seine Ehe, bevor er am 13. Februar 1881 im Palazzo Vendramin in Venedig einen Herzanfall erlitt und verstarb.

Cosima Francesca Gaetana kam am 24. Dezember 1837 im Hotel del'Angelo in Como zur Welt. Ihr Geburtstag wurde später jeweils am 25. Dezember gefeiert. Ihre Eltern waren Franz Liszt und Marie Gräfin d'Agoult, deren Mutter Marie Elisabeth, verheiratete Flavigny, aus der Frankfurter Bankiersfamilie Bethmann stammte. Das Kind erhielt den Namen Cosima nach dem von George Sand, einer Freundin der Gräfin d'Agoult, verfaßten Drama „Cosima". Zunächst trug diese den Mädchennamen ihrer Mutter, de Flavigny. Cosimas Vater, Franz Liszt, setzte viele Jahre später in Budapest durch, daß Cosima sowie ihre Geschwister Blandine (*1835) und Daniel (*1839) als seine Kinder auch seinen berühmten Namen trugen.

Die knapp zwei Jahre alte Cosima kam mit ihren Geschwistern in die Obhut ihrer Großmutter Anna Liszt nach Paris. Die Kinder sahen ihren Vater von 1844 bis 1853 überhaupt nicht, danach tauchte er wieder auf. Zwanzig Jahre später zog Cosima die bittere Bilanz: „... lese alte Briefe vom Vater, die mir klar zeigen, daß ich weder Vater noch Mutter gehabt. Alles ist mir Richard gewesen". Mit dem Vater war damals auch Richard Wagner zu Besuch nach Paris gekommen. Sein Eindruck von der 15jährigen Cosima war vor allem der „anhaltender Schüchternheit".

Cosimas Mutter, unter dem Pseudonym Daniel Stern erfolgreich schriftstellerisch tätig, führte einen großen literarischen Salon. Damit die Kinder nicht immer wieder mit ihr zusammenkommen konnten, beschloß Franz Liszt 1855, sie in die Obhut der geschiedenen, alleinlebenden Franziska Elisabeth von Bülow nach Berlin zu geben. Ihr Sohn Hans von Bülow – der spätere große Wagnerdirigent – fungierte als Musik- und Klavierlehrer. Er machte am 19. Oktober 1855 der noch nicht 17jährigen jungen Frau einen Heiratsantrag, bei Liszt hielt er am 20. April

Am Vorabend seines Todes umarmte Richard Wagner seine Frau Cosima und sagte zu ihr: „Alle 5000 Jahre glückt es!"

1856 offiziell um die Hand seiner Tochter an, der zunächst entschieden gegen diese Verbindung war. Doch am 18. August 1856 fand in der Sankt Hedwigskirche in Berlin die Trauung statt.

Es begann eine sehr unglückliche Ehe. Die Hochzeitsreise führte das junge Paar zu Richard Wagner nach Zürich. Cosima war so verzweifelt, daß sie zusammen mit Karl Ritter den Freitod suchen wollte. Richard Wagner schrieb darüber an seine „Seelenfreundin" Mathilde Wesendonck: „Bei ihrer Rückkunft zeigte sich Cosima auffallend erregt, und dies äußerte sich namentlich in krampfhaft heftigen Zärtlichkeiten gegen mich. Noch beim Abschied am folgenden Tage fiel sie mir zu Füßen, bedeckte meine Hände mit Tränen und Küssen."

Der alles entscheidende Tag sollte der 28. November 1863 in Berlin werden. An diesem milden Herbsttag schmolz bei einer gemeinsamen Kutschenspazierfahrt beider bisherige

Zurückhaltung. Die Leidenschaft füreinander war stärker als alles andere. „Unter Tränen und Schluchzen besiegelten wir das Bekenntnis, uns einzig anzugehören." Cosima von Bülow-Liszt und Richard Wagner wurden ein Liebespaar. Wagner lebte seit langem getrennt von seiner Ehefrau Minna, die 1865 starb.

Am 4. Mai 1864 wurde der damals völlig mittellose

Komponist Richard Wagner erstmals von König Ludwig II. von Bayern empfangen, der ihm versprach, ihn von nun an jeder Unbill des Schicksals zu entziehen, damit er ohne finanzielle Not sich vollkommen seinen Werken widmen könne. Auf Wunsch Wagners kam Familie Bülow aus Berlin ebenfalls nach München. Cosima verband ihr Leben bedingungslos mit dem des Genies. Sie wurde ihm Geliebte, Beraterin und Sekretärin. Ihr diktierte Richard Wagner seine Autobiographie „Mein Leben". Als der König unter dem Druck seiner Regierung und seiner Familie Richard Wagner im Dezember 1865 aus München ausweisen mußte, wurde Cosima zur Mittlerin zwischen Wagner in Tribschen in der Schweiz und dem königlichen Mäzen in München. Der erstaunliche Briefwechsel zwischen Cosima, „der theuren Freundin", und König Ludwig II., der Wagner abgöttisch liebte, wurde erst-

Links:
Cosima von Bülow und ihr Vater Franz Liszt, 1867. Photographie von Franz Hanfstaengl

Rechts:
Cosimas Mutter, Gräfin Marie d'Agoult. Gemälde von Henri Lehmann

Cosima, Siegfried und Richard Wagner

malig 1996 veröffentlicht. Cosima hatte aus ihrer Ehe mit Hans von Bülow zwei Töchter, Daniela (*1860) und Blandine (*1863). Im April 1865 brachte sie Isolde, das erste gemeinsame Wagner-Kind, in München zur Welt; 1867 folgte die Tochter Eva und 1869 der heißersehnte Sohn Siegfried. Endlich, am 25. August 1870, am Geburtstag des Königs Ludwig II. von Bayern wurde in der protestantischen Kirche von Luzern der Lebensbund zwischen dem verwitweten Richard Wagner und Cosima eingesegnet, wahrlich eine „Erlösung durch Liebe". Cosima schrieb in ihr Tagebuch: „... möge ich würdig sein, R.s Namen zu tragen!" Die Krönung einer großen Liebe und eines großen musikalischen Werkes war schließlich der Bau des Festspielhauses auf dem grünen Hügel und eines eigenen Wohnhauses in Bayreuth, der Villa Wahnfried (1873). Am Reformationstag 1872 trat Cosima zur protestantischen Kirche über.

Der Witwe Cosima Wagner gelang es, die Festspiele in Bayreuth zu einer bis heute weltweit beachteten Institution auszubauen und zu erhalten. Von der Universität Berlin erhielt sie 1910 die Ehrendoktorwürde. Im Jahre 1906 gab sie nach der 251. Festspielaufführung die künstlerische Leitung offiziell in die Hände ihres Sohnes Siegfried Wagner. Am 1. April 1930 schloß die

92jährige Cosima, „La Dieudonnée" („die Gottgesandte"), wie sie Richard Wagner nannte, ihre Augen für immer. Sie ruht an der Seite ihres Mannes im gemeinsamen Grab im Garten der Villa Wahnfried in Bayreuth. Ihr einziger Sohn folgte ihr – erst 61 Jahre alt – bereits am 4. August 1930 in den Tod. Er hinterließ seine Ehefrau Winifred und die Kinder Wieland, Friedelind, Wolfgang

und Verena Wagner. Cosima Wagner schrieb von 1869 bis 1883 Tagebuch. Darin zeigt sich ganz besonders, wie unerschütterlich treu sie ihrem Mann zur Seite stand und wie abgöttisch sie ihn liebte.

„... alles ist mir Richard gewesen."

Cosima Wagner

Im Haus Wahnfried: v. links n. rechts Richard und Cosima Wagner, Heinrich v. Stein, Paul v. Jawkowsky, Daniela und Blandine v. Bülow)

Links oben: Hans von Bülow im Alter von 25 Jahren, 1855, Gemälde von W. Streckfuss

Richard und Cosima Wagner

Links unten: Villa Wahnfried

Mary Ward

1585 Mulwith (England)   † 1645 Hewarth (England)

Ordensstifterin der „Englischen Fräulein"
Pionierin der Mädchenschulbildung

Ignatius von Loyola gewählt. Allerdings wollte sie auf keinen Fall nur einen weiblichen Zweig des Jesuitenordens gründen. Von den neuen Ordensschwestern sagte ein mit ihnen befreundeter Jesuitenpater: „Sind voll Eifer, diese Damen! Doch der Eifer wird eines Tages erlahmen! Sind ja nur Frauen." Marys Antwort darauf: „Vielleicht hat er recht. Vielleicht erkaltet eines Tages unser Eifer, aber dann nicht deswegen, weil wir Frauen sind, sondern nur unvollkommene Frauen, so wie es auch unvollkommene Männer gibt! ... Welcher Unsinn von dem Pater, zu sagen ‚Sind ja nur Frauen!' Geschöpfe Gottes sind wir genauso gut wie die Männer. Zwischen ihnen und uns unterscheidet Gott nicht." Mary Wards Ziel war die Schulbildung für Mädchen. Mit 21 Jahren reiste sie 1606 gegen den Willen ihres Vaters nach Flandern, um dort drei Jahre später aus eigenen Mitteln ein Institut, eine religiöse Gemeinschaft zu gründen. Es wurde ein Orden, der keine Klausur kannte, sich nicht auf ein bestimmtes Ordenskleid festlegte, ein Gemeinschaftsleben in christlicher Freiheit und Ver-

Die „Englischen Fräulein", eine katholische Schwesternkongregation, die sich der Erziehung der weiblichen Jugend widmet, hießen ursprünglich „Ordensgemeinschaft der Jesuitinnen". Die Ordensstifterin, die Klarisse Mary Ward, hatte als Ordensregel die Konstitutionen des

antwortung führte, vor allem aber das unbeschränkte Recht beanspruchte, Mädchen zu unterrichten und zu erziehen. Mary Ward lebte mit ihren Mitschwestern in Saint Omer; weitere Klostergründungen schlossen sich an, so auch in Bayern, Österreich und Italien. Doch geschah dies alles ohne Erlaubnis aus Rom. Schließlich wurde Mary Ward zu Papst Urban VIII. zitiert. Das Gespräch verlief ohne Erfolg; außerdem ließ sie der Papst neun Jahre in Unklarheit darüber, ob er mit der Ordensgründung einverstanden war oder nicht.

Aus Rom brachte Mary Ward ein Empfehlungsschreiben für den bayerischen Kurfürsten Maximilian I. und seine Gemahlin Elisabeth Renata mit. Der Kurfürst bat tatsächlich Mary Ward, in München zu bleiben und im sogenannten Paradeiser-Haus bei der Liebfrauenkirche eine Schule zu errichten. Sieben Jahre nach der ersten Romreise unternahm Mary eine zweite. Am 13. Januar 1631

erließ Papst Urban VIII. seine Bulle „Pastoralis Romani Pontificis". Diese Bulle besiegelte Mary Wards Schicksal. Sie wurde verhaftet und ins Klarissenkloster am Anger in München gebracht. Sie kam jedoch wieder frei und entschloß sich zu einer dritten Romreise. Der Papst empfing sie als seine „verlorene Tochter". Sie erhielt für die gute Führung des Ordens zwar eine Belobi-

gung, um die päpstliche Anerkennung ihres Stiftungswerkes kämpfte sie allerdings zeitlebens vergebens.

Obwohl sie Papst Urban VIII. eine „Frau von großer Klugheit, von außerordentlichem Mut und hoher Begabung" nannte, galt sie für die Katholiken als große Sünderin, Schismatikerin, ja sogar als eine Aufrührerin gegen den Heiligen Stuhl. Enttäuscht zog sie sich in ein Dorf der englischen Grafschaft York zurück, wo sie einsam und verbittert 1645 starb. Viele Schulen der „Englischen Fräulein" erinnern heute noch an die tapfere Frau; allerdings unterscheiden sich die heutigen Institute von der Ursprungsgründung. Das Generalat befindet sich in Rom, darüberhinaus gibt es 14 Provinzialate. Seit 1909 darf Mary Ward als Stifterin der „Englischen Fräulein" bezeichnet werden. Papst Pius XI. leitete den Seligsprechungsprozeß ein, der nun seit 1931 läuft.

Im Jahre 1626 kam Marie erstmals nach München. Sie sagte ihren Gefährtinnen, daß seine kurfürstliche Durchlaucht ihnen in dieser Residenzstadt eine bequeme Wohnung und jährlichen Unterhalt gewähren werde.

Die Wohnung der Englischen Geselllschafft in München.

„Institutum Beatae Mariae Virginis" in München

Philippine Welser

*1527 Augsburg † 1580 Schloß Ambras

Augsburger Patriziertochter und Gemahlin Erzherzogs Ferdinand II.
Beliebte Landesmutter Tirols
Kundige Sammlerin von Heilmitteln
und medizinischen Kochrezepten

Philippine Welser

Zwei Augsburgerinnen des 15. und 16. Jahrhunderts sind durch ihre unstandesgemäßen Heiraten bekannt geworden. Das war zunächst die Augsburger Baderstochter Agnes Bernauer, die im Jahr 1435 den Tod durch Ertränken in der Donau bei Straubing durch ihren herzoglichen Schwiegervater, Herzog Ernst von Bayern, erleiden mußte, weil ihre Liebe zu dem bayerischen Herzog Albrecht als teuflisch galt und sie der Hexerei verdächtigt wurde. Einen sehr viel charmanteren Schwiegervater bekam Philippine Welser durch ihre Heirat mit Erzherzog Ferdinand II. Doch so ohne weiteres duldete man keine zwar gebildete, aber nicht ebenbürtige Patriziertochter aus einem Augsburger Handelshaus am Habsburger Hof.

Philippine Welser war die Tochter von Franz und Anna Welser, ihr Vater wiederum war der Bruder des berühmten Bartholomäus, der von Kaiser Karl V. Venezuela zur Kolonisierung bekam. Philippine, damals schon 29 Jahre alt, war im Jahr 1556 bei ihrer Tante, Katharina von Loxan, der Herrin von Burg Bresnitz, zu Besuch. Dort lernte sie Ferdinand, der damals böhmischer Statthalter des Hauses Habsburg war, kennen und lieben. Schon im Januar 1557 fand in der Burgkapelle von Bresnitz heimlich die unstandesgemäße Trauung statt, die Ferdinands Beichtvater, Johann de Cavaleriis, vollzog. Am 15. Juni 1558 gebar Philippine ihren Sohn Andreas, den man kurz nach der Geburt vor das Burgportal legte und der Mutter dann als Findelkind brachte; denn von der Ehe durfte niemand erfahren. Nach der Übersiedlung auf das Königsschloß Bürglitz kam am 22. November der zweite Sohn, Karl, zur Welt, der spätere Markgraf von Burgau. Die am 7. August 1562 geborenen Zwillinge, Philipp und Maria, starben zum großen Leidwesen des Paares schon kurz nach der Geburt. Der Kaiser selbst hatte damals angeordnet, daß die beiden kleinen Toten in die kaiserliche Burg nach Prag überführt und dort im Dunkel der Nacht beigesetzt werden mußten.

Philippines Schwiegervater, Kaiser Ferdinand I., genehmigte

eine Verpflichtungserklärung seines Sohnes Ferdinand, die auch Philippine am 6. September 1561 in Prag unterschrieb: Die Ehe mußte absolut geheimgehalten werden, die Söhne wurden von der Erbfolge ausgeschlossen, allerdings mit einer hohen finanziellen Ausstattung versehen.

Im Jahr 1567 übersiedelten Philippine und Ferdinand, nun Erzherzog von Tirol, nach Innsbruck. Philippine bekam dort Schloß Ambras von ihrem Gemahl zum Geschenk, das sie zu einem wahren Kleinod ausstatten ließ. Der nunmehrige Erzherzog Ferdinand II. von Tirol erhob Philippines Vater in den Freiherrnstand mit dem Titel „Freiherr von Zinnenburg". Nun konnte Philippine das Prädikat Freiin von Zinnenburg führen.

Vier Jahre vor Philippines Tod entband Papst Gregor XIII. die beiden Eheleute vom Gelübde der Geheimhaltung der Ehe, die damals schon 18 Jahre währte. Der Grund dafür war die Ernennung des ältestens Sohnes Andreas zum Kardinal. Für die Erlangung dieser hohen kirchlichen Würde war nur die „eheliche" Geburt gegeben. Vier Tage nach ihrem Tod am 24. April 1580 wurde Philippine in einem feierlichen Leichenbegängnis in der Silbernen

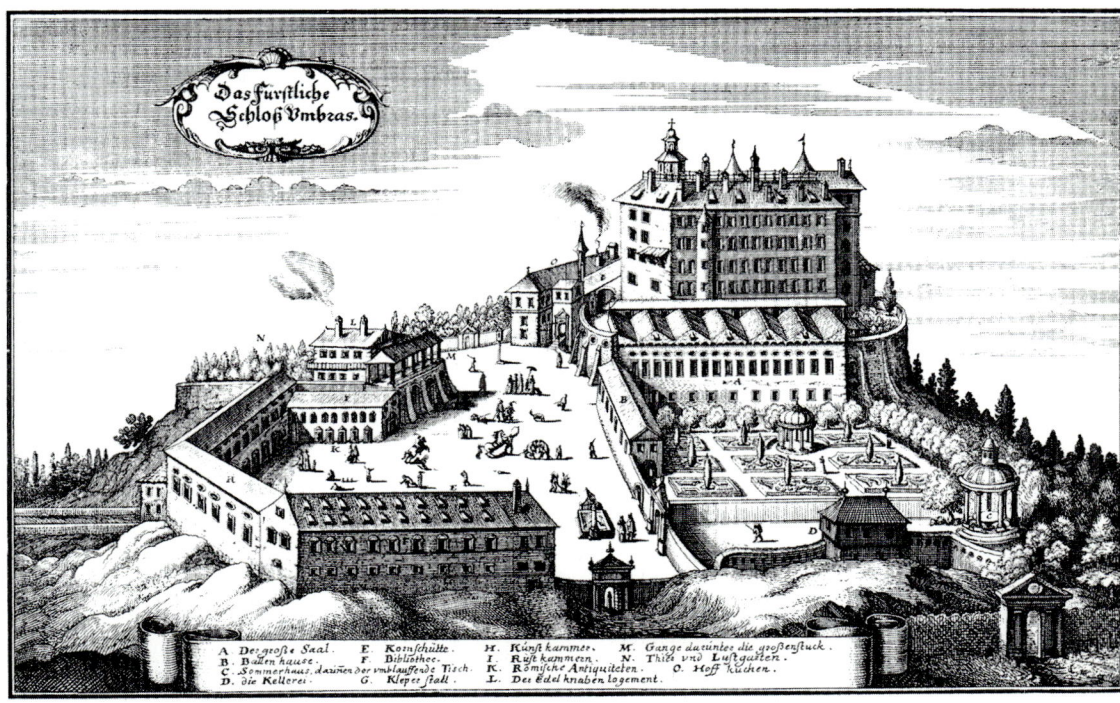

Kapelle, in der großartigen Hofkirche in Innsbruck, beigesetzt. Alles, was in Tirol Rang und Namen hatte und viel Tiroler Volk begleitete sie auf ihrem letzten Weg. Das Grabmal schuf der berühmte Bildhauer Alexander Collin. Die Tugenden, die „die Mutter Tirols" am meisten schätzte, sind darauf symbolisch dargestellt: der Glaube und die Barmherzigkeit.

Philippine Welser gilt bis heute als eine äußerst beliebte Landesmutter. Da sie eine Sammlung von Kochrezepten hinterlassen hat, wird sie immer wieder als besonders gute Köchin bezeichnet. Nach ihren Rezepten wird zwar heute in der „Welser Kuche" in Augs-

burg und München gekocht, sie selbst dürfte aber kaum für einen Hofstaat von oft über 300 Personen selbst am Herd gestanden haben. Weniger beachtet wird leider ihr Arzneibuch, das eine Zusammenstellung von medizinischen Ratschlägen sowie Aufzeichnungen zum Aufbereiten von Heilkräutern und Salben enthält. Ein Öl für die Gebärmutter und das Bauchgrimmen, eine Pomade aus dem Nierenfett von einem männlichen Schwein wird ebenso beschrieben wie auffallend viele Mittelchen für Zahnweh, Husten, Lungensucht und ein Mittel gegen Pest und Syphillis, dazu viele Ratschläge zur Versorgung kranker Kinder. Das Arnzeimittelbuch ist ein einzigartiges Dokument der Volksheilkunde jener Zeit. Philippines soziales Wirken für ihre Untertanen, und da wiederum besonders für Arme, Kranke und Gefangene, war bewundernswert.

Schloß Ambras. Stich von Matthäus Merian, Top. Austriae 1649

„Ich hoff zu gott. ph. w."

Eintrag der Philippine Welser in das „Trinkbuch" auf Schloß Ambras

Marianne Wladimirovna von Werefkin

*1860 in Tula † 1938 in Ascona

Als „russischer Rembrandt" bezeichnete Malerin
Mitbegründerin der Künstlergruppe „Blauer Reiter"

Marianne von Werefkin. Selbstbildnis I. um 1908

Marianne von Werefkin war eine ungewöhnliche Malerin. In ihrer Heimat Rußland als „russischer Rembrandt" bezeichnet, schloß sie sich 1907 im Alter von 47 Jahren in Paris der Gruppe von Malern um Henri Matisse an, die die „Fauves" genannt wurden. „Ich fing nun an, einen neuen Weg in der Kunst zu suchen ... Ich verstand, daß ich nicht das malen mußte, was ich sah, sondern nur das, was in mir, in meiner Seele lebte, und die Natur, die vor mir war, soufflierte mir nur. Und das war ein Schlüssel."

Marianne Werefkin, 1860 im Gouverneurs-Palais in Tula geboren, entstammte dem Moskauer Uradel. Einen Teil ihrer Jugend verbrachte Marianne in der Residenzstadt Sankt Petersburg. Sie wurde Privatschülerin bei dem bekanntesten russischen Realisten, Ilja Repin, den sie sehr bewunderte. Durch diesen Lehrer lernte sie 1891 den 27jährigen Alexej Jawlensky kennen. Sie verliebten sich. Gemeinsam verließen sie Rußland und zogen nach München.

224

„In Moskau wie in Barcelona hieß die Sehnsucht der Maler: München."
Marianne von Werefkin mietete eine Doppelwohnung in der Giselastraße 23 im Stadtteil Schwabing. Die finanzielle Grundlage bildete die von ihrem Vater geerbte zaristische Pension, die jährlich 7000 Rubel ausmachte.

In München bildete der Salon der Baronin Werefkin einen großen Anziehungspunkt für die bunte Welt der Maler, Musiker, Literaten und Philosophen. 1907 wurde Marianne von Werefkin Mitglied der „Münchner Sezession" und der Künstlergruppe „Der Sturm", vier Jahre später Mitbegründerin des berühmten „Blauen Reiter". Werefkin gründete die Künstlervereinigung „Sankt Lukas", eine Vereinigung „einiger weitherzig fühlender, denkender und liebender Menschen. Die Kunst hat uns vereint ... Kunst, Freundschaft und Sympathie für alles, was schön, gut und edel ist, das ist unser Losungswort."

Eine besonders schöne Zeit erlebten die eng befreundeten Künstler Werefkin, Alexej Jawlensky, Gabriele Münter und Wassily Kandinsky in Murnau, wo sie im „Russenhaus" der Münter wohnten und arbeiteten. Marianne von Werefkin stellte ihre Werke in Schweden, Holland, Rußland, Österreich und in der Schweiz aus.
1901 kam es zu einer tiefen Entfremdung zwischen Werefkin und Jawlensky. Aus Moskau war das fünfzehnjährige Mädchen Helene zur persönlichen

„Ein Leben ist viel zuwenig für alle die Dinge, die ich in mir spüre."

Marianne von Werefkin

Bedienung der Werefkin nach München mitgekommen, wurde von Jawlensky schwanger und brachte auf Schloß Anspacki in Rußland „sehr heimlich" den Sohn Andreas zur Welt. Jawlensky wandte sich Helene und dem Sohn so nachhaltig zu, daß die Werefkin darüber vereinsamte. Neben ihrem Tagebuch schrieb sie ihre „Lettres à un Inconnu" („Briefe an einen Unbekannten"). Sie klagt darin: „Es ist doch traurig, in die absolute Einsamkeit zurückzukehren ... Ich wollte alles hingeben für den von mir geliebten Menschen. Ich half Jawlensky sich auf die Füße zu stellen ... Ich trage auf meinen Schultern eine erdrückende Last; Liebe ohne Liebe, Ehe ohne Ehe ..."
Bei Ausbruch des Ersten Weltkriegs wurden alle „Russen" in die Schweiz abgeschoben. Über Saint Prex ging es nach Zürich, wo Marianne von Werefkin unter anderem Rilke, Lehmbruck und Busoni kennenlernte. In Ascona sollte sie ihr endgültiges, sehr ärmliches Zuhause finden. Sie klagte Paul Klee ihre Not. Die Pension aus Rußland gab es nicht mehr, so nahm sie vorübergehend eine Stellung als Pharmavertreterin an. Wenngleich oft bettelarm, konnte sie sich nicht entschließen, ihre Bilder zu verkaufen. Sie wurde

1918 Mitglied der Künstlervereinigung „Der große Bär" und nahm 1920 an der Biennale in Venedig teil.
Als Marianne von Werefkin am 6. Februar 1938 in Ascona starb, gestaltete sich die Beerdigung zu einer ungewöhnlich bewegenden Abschiedsfeier für die „Nonna von Ascona". Nach russisch-orthodoxem Ritus zelebrierte der eigens aus Mailand angereiste Priester die Feierlichkeiten am Grab in russischer,

französischer und italienischer Sprache. Ihre Werke können in Ascona bewundert werden.

Marianne von Werefkin. Gemälde von Gabriele Münter, 1909

Wilhelmine Friederike Sophie, Markgräfin von Bayreuth

1709 in Berlin   † 1758 in Bayreuth

Schöpferin des „Bayreuther Rokoko"
Gartengestalterin und Schriftstellerin

*Markgräfin
Wilhelmine von
Bayreuth.
Gemälde von A. Pesne*

Markgräfin Wilhelmine von Bayreuth, Lieblingsschwester Friedrichs des Großen, darf zu den geistreichsten Fürstinnen ihrer Zeit gerechnet werden. Am 3. Juli 1709 in Berlin als älteste Tochter des späteren Königs Friedrich Wilhelm I. von Preußen und der Welfin Sophie Dorothea geboren, waren ihre Kindheit und Jugend ähnlich wie die ihres jüngeren Bruders Friedrich von höfischen Intrigen, Richtungskämpfen und persönlichen Auseinandersetzungen der Eltern überschattet. Zwischen Wilhelmine und Friedrich, die die gleichen geistigen Interessen und Neigungen entwickelten, entstand von klein auf ein besonders inniges Verhältnis. Beide hatten unter dem Erziehungskonflikt zwischen dem harten und jähzornigen Vater und der geistvollen, aber intriganten Mutter zu leiden.
Nach dem Scheitern der von Sophie Dorothea gewünschten

Heirat mit dem Prince of Wales wurde Wilhelmine, von Friedrich Wilhelm I. vor die Alternative zwischen Festungshaft oder Heirat mit dem Bayreuther Prinzen gestellt, am 20. November 1731 mit dem Erbprinzen Friedrich von Brandenburg-Bayreuth verheiratet. Statt an den Londoner Hof zu kommen, sah sich Wilhelmine an einen der vielen kleinen deutschen Fürstenhöfe versetzt. Aus der anfänglich glücklichen Ehe stammte die am 30. August 1732 geborene Tochter Friederike, die nach der Scheidung ihrer Ehe mit Herzog Karl Eugen von Württemberg am 6. April 1780 kinderlos verstarb.

Nach dem Regierungsantritt ihres Mannes 1735 begann Wilhelmine trotz finanzieller Schwierigkeiten einen Musenhof in Bayreuth zu etablieren. Sie zog bedeutende Persönlichkeiten an den Hof und war an der Gründung der Erlanger Universität beteiligt. Sie malte, musizierte, komponierte und verfaßte Operntexte und Schauspiele, die unter ihrer Mitwirkung einstudiert wurden. Außerdem veranlaßte sie eine Reihe hervorragender Bauten in und um Bayreuth: die Eremitage, das Markgräfliche Opernhaus und das Neue Schloß. Das

„Bayreuther Rokoko" ist im wesentlichen eine Schöpfung Wilhelmines. Einen besonderen Rang nimmt die Markgräfin als Gartenkünstlerin ein. Ihren Gärten kommt in der Geschichte der deutschen und kontinentalen Gartenkunst eine Sonderstellung zu, da sie die ältesten Landschaftsgärten auf dem Kontinent sind. Besonders in der vorromantischen Anlage des Felsengartens „Sanspareil" bei Bayreuth finden sich bereits charakteristische Züge der Gartenkunst der deutschen Romantik vorgebildet.

Ebenso bedeutend wie als Gartengestalterin ist Wilhelmine als Schriftstellerin. Der Briefwechsel mit ihrem Bruder Friedrich II. von Preußen ist ein wichtiges geistesgeschichtliches Dokument. Seit 1743 gehörte auch der französische Philosoph und Schriftsteller Voltaire zu ihren Briefpartnern. Ihre französisch geschriebenen Memoiren, erstmals 1810 veröffentlicht, bieten ein sehr kritisches Bild des preußischen Hofes unter Friedrich Wilhelm I.

Trotz zwischenzeitlicher Zerwürfnisse zwischen Wilhelmine und ihrem Bruder Friedrich blieb die Zuneigung beider Geschwister bis zu Wilhelmines Tod am 14. Oktober 1758 in Bayreuth erhalten. Als der König wenige Tage nach seiner Niederlage bei Hochkirch die Todesnachricht erhielt, rief er verzweifelt aus: „Das ist der entsetzlichste Schlag, der mich treffen konnte." Im Park seines Schlosses Sanssouci ließ er zum Andenken an die Schwester den Freundschaftstempel errichten.

> *„Das Glück, von Dir geliebt zu werden, geht mir über Reiche und Kronen, und wenn ich längst vermodert bin, will ich keine andere Grabschrift als diese: Meine Schwester hat mich geliebt."*
>
> Friedrich II. von Preußen

Iulia Aurelia Zenobia

3. Jh. n. Chr.

Königin des syrischen Wüstenreiches Palmyra
Machthungrige Herrscherin
Begründerin einer Schule für griechische Medizin

*Königin Zenobia.
Bronzemünze aus Alexandria*

*Zenobia befehligt
ihre Truppen.
Gemälde von
Giambattista Tiepolo*

Reiches unter ihre Gewalt zu bringen und erwies sich als gefährliche Gegnerin Roms. Sie drang bis Ankyra vor, nahm Arabien ein und eroberte einen Teil von Mesopotamien. Im Jahr 269 befahl sie ihrer Armee unter dem Feldherrn Zabdas

Zenobia, syrisch Bath-Zabbai, eine überragende Herrscherin und Königin von Palmyra in Syrien, regierte von 267 bis 272 n. Chr. Palmyra, ein kleines Reich in der syrischen Wüste. Es gehörte offiziell zum römischen Weltreich, gab sich aber sehr unabhängig. Die Bevölkerung lebte vom Handel. Ihre Handelsverbindungen reichten von Indien bis Rom. Zenobia war die zweite Gemahlin des Stadtfürsten von Palmyra, Septimius Odaënathus. Da dieser zu mächtig geworden war, ließ ihn Kaiser Gallienus im April 267 ermorden. Nun trat seine Frau, Iulia Aurelia Septimia Zenobia, Tochter des Iulius Aurelius Zenobius, seine Nachfolge an, zunächst als Regentin für den Sohn Vaballathus Athenodorus. Ihr Tatendrang war unerschöpflich. Sie hatte sich vorgenommen, den Ostteil des Römischen die Eroberung Ägyptens. Der ägyptische Vizekönig wurde erschlagen, und das Niltal, die größte Getreidekammer Roms, kam in Zenobias Hand. Nach dem Regierungsantritt Kaiser Aurelians (270) betrieb Zenobia die vollständige Loslösung des Palmyrischen Reiches von Rom durch Annahme der Titel „Augusta" und „Augustus" für sich beziehungsweise ihren Sohn.

> *„Ich vergrößerte mein Reich noch mehr, nicht so sehr durch Gewalt als durch den Ruf einer gerechten und staatsmännischen Lenkung, die alle Menschen in eine solche Bewunderung versetzte, daß einzelne unserer Feinde sich entschlossen, lieber untertänig zu bleiben, als in ihr eigenes Land zurückzukehren."*
>
> Zenobia

„Die alte Stadt Palmyra, wie sie noch stehet". Kupferstich von Georg Balthasar Probst, um 1720

Palmyra, geschmückt durch prächtige Tempel und Säulenstraßen, wurde unter Zenobia zur kulturellen und wirtschaftliche Metropole des Orients. Zenobia war eine vielseitig gebildete Frau und beschäftigte sich mit Naturwissenschaften und Geschichte. In Edessa (heute in Griechenland) gründete sie eine Schule für griechische Medizin. An ihrem Hof wirkte unter anderen der Neuplatoniker Cassius Longinos. Dieser war von 250–267 Schulhaupt der Akademie in Athen; ab 267 fungierte er als Erzieher der Söhne Zenobias. Auch der Theologe Paulus von Samosata zählte zu ihren Günstlingen. Longinos, der Zenobia sehr gedrängt hatte, die Autonomie für Palmyra zu erreichen, wurde von Kaiser Aurelian um 270 wegen seiner politischen Agitation hingerichtet.
Ethnisch war Zenobia wohl Araberin und stammte aus einer romanisierten Familie. In ihrer Politik wollte sie an die der

großen Kleopatra anknüpfen und beanspruchte, von Kleopatra abzustammen, nahm sogar deren Namen an. Sie hat möglicherweise versucht, in dieser Eigenschaft als ptolemäische Königin die berühmten Memnonskolosse in Theben wiederherzustellen, zwei knapp 18 Meter hohe Sitzfiguren Amenophis III. (sein Thronname war Memnon) aus verkieseltem Sandstein, entstanden um 1400 v. Chr. Wenn bei Sonnenaufgang die Sonnenstrahlen

die Figuren trafen, tönten sie. Dies deutete man als „Singen" des Memnon zur Begrüßung seiner Mutter Eos, der Göttin der Morgenröte. In Folge eines Erdbebens (um 27 v. Chr.) war eine der Figuren geborsten, seit einer unter Kaiser Septimius Severus erfolgten Restaurierung hatte das Phänomen des „Singens" aufgehört.
Zenobia wurde dem römischen Kaiser Aurelian zu mächtig. Im Jahre 271 zog er gegen sie zu Felde; trotz des erbitterten Widerstands ihrer Truppen verlor Zenobia eine Schlacht nach der anderen. Palmyra wurde im Sommer 272 eingenommen. Auf der Flucht zu den Persern geriet die einst so überragende Herrscherin am Euphrat in römische Gefangenschaft und wurde nach Rom verschleppt. Der Kaiser inszenierte dort ein demütigendes Schauspiel: Er führte Zenobia und ihre beiden Söhne in goldenen Ketten gefesselt vor seinem Triumphwagen durch die Stadt.

Königin Zenobia Skulptur aus Palmyra. 3. Jh.

Clara Zetkin

*1857 in Wiederau (Kreis Rochlitz) † 1933 auf Schloß Archangelskoje

Sozialistin, Pazifistin und Kämpferin für das Frauenwahlrecht
Nach dem Ersten Weltkrieg KPD-Abgeordnete im Deutschen Reichstag

Clara Zetkin

Clara Zetkin, geb. Eißner, erblickte am 5. Juli 1857 in dem kleinen Ort Wiederau (Kreis Rochlitz) das Licht der Welt. In Leipzig besuchte sie das von Auguste Schmidt geleitete Steybergsche Lehrerinnenseminar. 1878 schloß sie sich den Sozialdemokraten an. Als Clara Zetkins Lebensgefährte, der russische Revolutionär Ossip Zetkin, dessen Namen sie wohl nach der Geburt ihres Sohnes Kostja annahm, aufgrund behördlicher Repressalien Deutschland verlassen mußte, ging sie mit ihm 1882 nach Paris.

Ossip Zetkin starb bereits 1889. Clara heiratete nun Georg Friedrich Zundel (1875–1958), Meisterschüler an der Stuttgarter Kunstschule, der wegen Beteiligung an Streiks der Studierenden 1896 entlassen wurde. Die Eheleute trennten sich 1928 wieder. Clara Zetkin trug nie den Namen ihres Ehemannes. Diese Tatsache veranlaßte den bayerischen Dichter Ludwig Thoma, der sie als „russisches Mannweib" bezeichnete, 1920 zu folgendem Gedicht:

> *Die Zundel*
> *Frau Klara Zetkin, USP,*
> *Geschah ein unerwartet Weh.*
> *Ein Raunen geht von Neuß*
> * bis Nakel:*
> *An ihrem Namen hängt ein*
> * Makel.*
> *Sie war Herrn Zetkins holde*
> * Braut*
> *Und sang mit Strauß:*
> * „Wer uns getraut …?"*
> *Doch diese Ehe, mystisch-*
> * düster,*
> *Vermerkt kein Standesamts-*
> * Register.*
> *Kaum zieht sie in den Reichs-*
> * tag ein,*
> *Mengt sich der Prüfungsaus-*
> * schuß drein.*
> *Sogar die Zietzen zieht das*
> * Mundel:*
> *„Kiek an; die Zetkin heißt ja*
> * Zundel."*
> *Die kommunistische Partei*
> *Durchhallt ein schriller*
> * Schreckensschrei.*
> *Wenn alle Schleier man erst*
> * lüftet –*
> *Soll sehen, wie's dann lieblich*
> * düftet!*

Zum ersten Mal trat Clara Zetkin mit ihren Anschauungen zur proletarischen Frauenbewegung bei dem Gründungskongreß der II. Internationale in Paris im Juli 1889 vor die Öffentlichkeit. „Wie der Arbeiter vom Kapitalisten unterjocht wird, so die Frau vom Manne; und sie wird unterjocht bleiben, solange sie nicht wirtschaftlich unabhängig dasteht."
Clara Zetkin blieb ihr Leben lang ihren Lehrmeistern Marx, Engels und später Lenin treu. Sie setzte sich mit der bürgerlichen Frauenbewegung in aller Schärfe auseinander. Von 1891 bis 1917 leitete Clara Zetkin die Redaktion der sozialistischen Frauenzeitschrift „Die Gleichheit". „Heraus mit dem Frauenwahlrecht!" lautete der

Kampfruf des 4. Internationalen Frauentages, für den die Sozialistinnen auf wirkungsvollen Plakaten und Flugblättern (2,5 Mio. Stück) warben, die von der Polizei prompt verboten wurden. Clara Zetkin veröffentlichte eine spezielle Agitationszeitung für das Frauenwahlrecht.

Am 19. März 1911 fand dann zum ersten Mal im Deutschen Reich ein internationaler sozialistischer Frauentag statt, ebenso in Österreich, Dänemark und der Schweiz. Mehr als eine Million Frauen gingen auf die Straße. Der Erfolg übertraf alle Erwartungen. Im März 1915 veranstaltete Clara Zetkin in Bern eine internationale sozialistische Frauenkonferenz gegen den Krieg. Von Juni bis Oktober 1915 war sie wegen versuchten Landesverrats in Haft. 1917 trat Clara Zetkin der Unabhängigen Sozialdemokratischen Partei Deutschlands (USDP) bei, 1919 der Kommunistischen

„Mein Leben ist das Leben der Partei, der revolutionären proletarischen Vorhut, und das ist nicht angenehm. Ich stehe als Soldat der Revolution auf Posten und halte aus."

Clara Zetkin
zu ihrem Sohn

Partei Deutschlands (KPD); sie gehörte zuerst der Zentrale der Partei, dann dem Zentralkommitee, schließlich auch dem Exekutivkommitee der Komintern an. Ab 1920 saß sie als Abgeordnete der Kommunisten im Deutschen Reichstag. Während des Amsterdamer Internationalen Antikriegskongresses, der am 27./28. August 1932 stattfand, wurde sie zusammen mit Heinrich Mann und Albert Einstein in das Weltkommitee gegen den imperiali-

stischen Krieg gewählt. Im Jahr vor ihrem Tod eröffnete sie am 30. August 1932 als Alterspräsidentin den Deutschen Reichstag in Berlin. Einem Josef Goebbels machte es sichtlich Vergnügen, die Greisin mit Beschimpfungen und Verleumdungen zu überschütten. In ihrer Eröffnungsrede forderte sie die Einheitsfront aller Werktätigen im Kampf gegen den Faschismus. Bei den 6. Reichstagswahlen war die NSDAP stärkste Fraktion geworden. Das Leben der Frau, die unermüdlich für den Frieden kämpfte und eine selbstlose Führerin der proletarischen Frauenbewegung war, endete 1933. Clara Zetkin wurde an der Kremlmauer in Moskau beigesetzt. Auf ihrem letzten Weg begleiteten sie über 600 000 Arbeiter, Arbeiterinnen, Studentinnen und Studenten zusammen mit Rotarmisten. Ihr Abschied war so ungewöhnlich wie ihr ganzes Leben.

Zeitungsmeldung vom 16.9.1913 über Clara Zetkin

*Links:
Die Politikerinnen Lore Agnes (1876–1953), Clara Zetkin (1857–1933) und Mathilde Wurm (1874–1935) vor dem Reichstag in Berlin, 1920*

*Rechts:
Die deutsche feministische Sozialistin Clara Zetkin (links) mit der russischen Revolutionärin Natascha Krupskaja (1869–1939), um 1929.*

231

Literaturhinweise

Angelika Kauffmann und ihre Zeitgenossen. Ausstellungskatalog des Vorarlberger Landesmuseums, Bregenz 1968
Anzelotti, L., Maria Gaetana Agnesi, Milano, 1900
Appignanesi, L. u. Forretser, J., Die Frauen Sigmund Freuds, München 1994
Arndts, B.(Hg.), Sonette der Vittoria Colonna, Schaffhausen 1858
Badinter, E., L'ambition féminine au XVIIIe siècle, Paris 1983
Baumgärtel, B., Angelika Kauffmann (1741–1807). Bedingungen weiblicher Kreativität in der Malerei des 18. Jahrhunderts, Berlin-Weinheim-Basel 1990
Baumgärtel, B., u. Neysters, S., Die Galerie der Starken Frauen, Düsseldorf 1995
Benrath, H., Die Kaiserin Galla Placidia, 1964
Bernardy, F. de, La reine Hortense, Paris 1968
Berry, A.J., Henry Cavendish. His life and scientific work, London 1962
Bertini, F. (Hg.), Heloise und ihre Schwestern. Acht Frauenporträts aus dem Mittelalter. München 1991
Beutter, H., u. Fehle, J., Töchter Europas, Sigmaringen 1996
Bissell, R.W., Artemisia Gentileschi. A New Documented Chronology. In: Art Bulletin, Nr. 50, 1968
Borchard, B., Clara Schumann. Ihr Leben, Frankfurt/Main 1991
Bourgeois, J., Giuseppe Verdi, Hamburg 1980
Brinker-Gabler, G. (Hg.), Deutsche Literatur von Frauen, 2 Bde., München 1988
Brinker-Gabler, G. u.a. (Hg.), Lexikon deutsch-sprachiger Schriftstellerinnen 1800–1945, München 1986
Broglie, G. de, Madame de Genlis, Perrin 1985
Brooks, V. W., Helen Keller, 4. Aufl., New York 1956
Brost, E. (Hg.), Abaelard. Die Leidensgeschichte und der Briefwechsel mit Heloisa. 4. Aufl., 1979, mit einem Nachwort von Walter Berschin
Bubenik-Bauer u. Schalz-Laurenze, U. (Hg.), Frauen in der Aufklärung „...ihr werten Frauenzimmer, auf!", Frankfurt/Main 1995
Bugge, G. (Hg.), Das Buch der großen Chemiker, o.O. 1929, Nachdruck 1965
Caffin, Ph., Galla Placidia, Paris 1977
Coles, R., Anna Freud oder der Traum der Psychoanalyse, Frankfurt/Main 1992
Colet, I., Madame du Châtelet, Paris 1854
Colonna, Vittoria, Ausgewählte Sonette. Übersetzt und hg. von H. Mühlenstein, Celerina/Graubünden 3. Aufl. 1951
Craze, Sophie, Mary Cassatt, New York-Avene 1990
Cruysse, Dirk van der, Madame Palatine, princesse européenne. Paris 1988
Curie, E., Madame Curie, ihr Leben und Werk, 1937
Davidis, H., Praktisches Kochbuch, Augsburg 1996 (Reprint)
Delbée, A., Der Kuß. Kunst und Leben der Camille Claudel, München 1985
Diccionario de mujeres célebres, Madrid 1994
Diehl Ch., Théodora, impératrice de Byzance, Paris 1931
Doormann, L., Ein Feuer brennt in mir. Die Lebensgeschichte der Olympe de Gouges, Weinheim 1993
Drewitz, I., Bettina von Arnim, München 1969
Dorival, B., Sonia Delaunay, Leben und Werk (1885–1979), Raben-Verlag München 1985
Duda, S. u. Pusch, L. F. (Hg.), Wahnsinns Frauen, Frankfurt/Main 1996
Duby, G., u. Perrot, M., Geschichte der Frauen im Bild, Frankfurt/Main 1995
Elsner, G., Clara Zetkin 1857–1933, in: Schultz, H.-J. (Hg.), Frauenporträts aus zwei Jahrhunderten, Stuttgart 1981, S. 158–171
Evers, U., Deutsche Künstlerinnen des 20. Jahrhunderts. Malerei, Bildhauerei, Tapisserie. Hamburg 1983
Fäthke, B., Marianne von Werefkin, Leben und Werk 1860–1938, München 1988
Feyl, R., Der lautlose Aufbruch. Frauen in der Wissenschaft, 3. Aufl., Frankfurt/Main 1989
Fölsing, U., Nobel-Frauen. Naturwissenschaftlerinnen im Porträt, 3. Aufl., München 1994
Franzén, N.-O., Jenny Lind – Die schwedische Nachtigall. Eine Biographie, Berlin 1990
Gallet, Danielle, Madame de Pompadour, ou le Pouvoir féminin, Paris 1985
Gössmann, E.(Hg.), Ob die Weiber Menschen seyn, oder nicht? Archiv für philosophie- und theologiegeschichtliche Frauenforschung, Bd.4, München 1988
Grau, E. (Hg.), Leben und Schriften der heiligen Klara von Assisi, 1952
Greer, G., Das unterdrückte Talent, Frankfurt/Main 1980
Grillandi, M., Madame de Pompadour, Mailand 1986
Große Frauen der Weltgeschichte, Klagenfurt 1987
Größing, S.-M., Starke Frauen, Schwache Männer. Wien 1995
Günzel, K., Die Brentanos. Eine deutsche Familiengeschichte, Zürich 1993
Gunzert, W., Henriette Caroline. Persönlichkeit und Umwelt einer berühmten Darmstädterin am Vorabend der europäischen Revolution, Darmstadt 1971
Haase, A. u. Kieser, H, (Hg.), Können, Mut und Phantasie. Porträts schöpferischer Frauen aus Mitteldeutschland, Weimar, Köln, Wien 1993
Hahn, B., Frauen in der Kulturwissenschaft. Von Lou Andreas-Salomé bis Hannah Arendt, München 1994
Hamann, B., Bertha von Suttner, München 1991
Hartmann, H., Luise – Preußens Königin, 2. Aufl., Berg 1985
Hassauer, F., Tribüne und Schafott. Olympe de Gouges und die Erklärung der Frauenrechte, in: Iris Bubenik-Bauer u. Ute Schalz-Laurenze (Hg.), Frauen in der Aufklärung. „...ihr werten Frauenzimmer, auf!" Frankfurt/Main 1995
Hausherr, R., Michelangelos Kruzifixus für Vittoria Colonna, Opladen 1971
Hays, E. R., Those Extraordinary Blackwells, London 1967
Hoffmann, G., Frauen machen Geschichte, Bergisch-Gladbach 1991
Honke, G., Katharina Kepler (1547–1622) In: Mütter berühmter Männer, hrsg. v. L. F. Pusch, Frankfurt/Main 1994, S.9–44
Jaedicke, M., Helen Keller, Berlin 1979
Jongh, J. de, Margarete von Österreich, 1946
Keitel, E., Lyrik, Inzest und Liebe zur Mathematk. Ein schwieriges Erbe für Lord Byrons Töchter. In: Töchter berühmter Männer, hrsg. v. L. F. Pusch, Frankfurt/Main 1988, S.155–207
Kelly, A., Eleanor of Aquitaine and the four Kings, Cambridge, Massachusetts 1963
Keppler, U., Die Mutter des Astronomen, Esslingen am Neckar 1980
Kerner, A., Lise Meitner, Atomphysikerin, 5. Aufl. 1988
King, M.L., Frauen in der Renaissance, München 1993
Klumpke, A.E., Rosa Bonheur, sa vie, son oeuvre, Paris 1908
Kohut, A., Die Gesangsköniginnen in den letzten drei Jahrhunderten, 2 Bde., Berlin o.J.
Krahmer, C., Käthe Kollwitz, Hamburg 1985
Kronenberg, K. Roswitha von Gandersheim und ihre Zeit, 4. Aufl., Bad Gandersheim 1978
Kruse, K., Das große Puppenspiel – Mein Leben, 3.Aufl., Duisburg 1992

Kühner, H., Große Sängerinnen der Klassik und Romantik. Ihre Kunst – ihre Größe – ihre Tragik, Stuttgart 1954
Kuhn, A. (Hg.), Die Chronik der Frauen, Dortmund 1992
Lebigre, Arlette, Liselotte von der Pfalz. Eine Biographie. Hildesheim 1992
Lainati, C.A., Die heilige Klara von Assisi, 1987
„La prima donna del mondo". Isabella D'Este, Fürstin und Mäzenin der Renaissance. Ausstellungskatalog des Kunsthistorischen Museums Wien, Wien 1994
La Mara, P., Viardot-García, Leipzig 1911
Lang, J., Elisabeth von Thüringen. Eine Bildbiographie, Freiburg 1993
La reine Hortense. Une femme artiste. Ausstellungskatalog der Réunion des musées nationaux, Paris 1993
Lasch, J.P., Helen and teacher. The story of Helen Keller and Anne Sullivan-Macy, New York 1980
Lauts, J., Isabella d'Este. Fürstin der Renaissance. 1474–1539, Hamburg 1952
Lavater-Sloman, M., Jeanne d'Arc. Die Heilige in Waffen, München 1977
Lebigre, A., Liselotte von der Pfalz, Hildesheim 1992
Leitner, Th., Habsburgs verkaufte Töchter, Wien 1987
Lindenlaub, G., Florence Nightingale, eine Vorkämpferin in der Krankenfürsorge, Weinheim/Bergstr. o.J.
Loerzer, S., Große Frauen unserer Zeit, Bindlach 1992
Mafai, M., Le donne italiane il chièdel '900, Milano 1993
Mallet, F., George Sand, Paris 1981
Maletzke, E., Das Leben der Brontës. Eine Biographie, Frankfurt/Main 1988
Maletzke, E. und Schütz, Chr. (Hg.), Die Schwestern Brontë. Leben und Werk in Texten und Bildern, Frankfurt/Main 1986
Mazenod, L. u.Schoeller, G., Dictinnaire des Femmes célèbres de tous le temps et de tous les pays, Paris 1992
Mechtel, A., Die Prinzipalin, Frankfurt am Main 1997
Meingast, Fritz, Glanz und Elend der Frauen, Prien am Chiemsee 1988
Neumann-Hoditz, R., Katharina II. die Große in Selbstzeugnissen und Bilddokumenten, Reinbek bei Hamburg 1988
Nolhac, P. de, Madame Vigée-Lebrun, peintre de Marie Antoinette, Paris 1912
Oost, S. A. J., Galla Placidia Augusta, Chicago u. London 1968
Panzer, M. A., Barbara Blomberg (1527–1597), Bürgerstochter und Kaisergeliebte, Regensburg 1995
Pernoud, R., Christine de Pisan, München 1990
Pernoud, R., Königin der Troubadoure. Eleonore von Aquitanien, Düsseldorf, Köln 1966
Pernoud, R., Johanna von Orléans, Paris 1981
Pfeiffer, I., Reise nach dem skandinavischen Norden. 2 Bde. Marburg 1846
Pfeiffer, I., Eine Frauenfahrt um die Welt 1850, 3 Bde., Wien 1992
Pfeiffer, I., Reise nach Madagaskar 1861, 2 Bde., Marburg 1980
Pontiero, G., Eleonora Duse. In: Life and Art, Frankfurt/Main, Bern, New York 1986
Pörnbacher, H., Die Heilige Elisabeth von Thüringen, 2. Aufl., Regensburg 1995
Pusch, L.F. (Hg.), Mütter berühmter Männer, Frankfurt/Main und Leipzig 1994
Pusch, L.F .(Hg.), Töchter berühmter Männer, Frankfurt/Main 1988
Pusch, L.F. (Hg.), Schwestern berühmter Männer, Frankfurt/Main 1985
Pusch, L.F. (Hg.), Berühmte Frauen, Kalender 1990–1997
Pusch, L.F. (Hg.), Handbuch für Wahnsinnsfrauen, Frankfurt/Main 1994
Reinhardt, E.A., Das Leben der Eleonora Duse 1943
Reynolds, E., Margaret Roper, Eldest daughter of St. Thomas More, London 1960
Rimscha, H. v., Katharina II. Von der preußischen Generalstochter zur Kaiserin von Rußland, 2. Aufl., Göttingen 1977
Roudinesco, E., Théroigne de Méricourt, une femme mélancolique sous la Révolution, Le Seuil 1989
Russell, M., Vom Segen eines guten festen Rocks, Bern-München-Wien 1987
Sani, B., Rosalba Carriera, Turin 1988
Schad, M., Cosima Wagner und Ludwig II. von Bayern – Briefe. Bergisch Gladbach 1996
Schad, M., Bayerns Königinnen, 3. Aufl., Regensburg 1995
Schad, M., Bayerns Königshaus – Bildband, Regensburg 1994
Schad, M. u. Dallmeier, M., Das Fürstliche Haus Thurn und Taxis, Regensburg 1996
Schad, M., Die Frauen des Hauses Fugger, Augsburg 1997
Schad, M., Kaiserin Elisabeth und ihre Töchter, München 1997
Schad, M., Ludwig Thoma und die Frauen. Regensburg 1995
Schauber, V. u. Schindler, M., Heilige und Namenspatrone im Jahreslauf, Augsburg 1992
Schiebinger, L., Schöne Geister. Frauen in den Anfängen der Wissenschaft, Stuttgart 1993
Schiel, I., Kronprinzessin im Schatten der Tragödie von Mayerling, Stuttgart 1978
Schlientz, G., George Sand. Leben und Werk in Texten und Bildern, Frankfurt/M. 1987
Schmale, I., Grosse Frauengestalten der abendländischen Geschichte, Düsseldorf 1987
Schmitz, R. (Hg.), Henriette Herz in Erinnerungen, Briefen und Zeugnissen, Stuttgart 1984
Schuhmann, R., Ein starkes Weib. Das Leben der Hedwig von Schlesien, Augsburg 1996
Schuller, W., Frauen in der römischen Geschichte, München 1992
Schultz, H.-J. (Hg.), Frauen-Porträts aus zwei Jahrhunderten, Stuttgart 1981
Schuster, P., Das Frauenhaus. Städtische Bordelle in Deutschland 1350 bis 1600, Paderborn 1992
Steegmann, M. u. Rieger, E. (Hg.), Frauen mit Flügeln, Frankfurt am Main und Leipzig 1996
Strachey, L., Queen Victoria, London 1921
Unger, H., Mechthild von Magdeburg (um 1207/1210–1282) S.13–20 in: Können, Mut und Phantasie
Utrio, K., Evas Töchter. Die weibliche Seite der Geschichte. Hamburg-Zürich 1987
Wagner, R., Heimat bist Du großer Töchter. Österreicherinnen im Laufe der Jahrhunderte, Wien 1993
Walther, A., Rosalba Carriera, Dresden 1984
Walter, J., Wilhelmine von Bayreuth. Die Lieblingsschwester Friedrichs des Großen, München 1981
Wegele, L., Anna Maria Thekla Mozart, Augsburg
Weissensteiner, F., Schicksalstage Österreichs, Wien 1990
Weissweiler, E., Clara Schumann. Eine Biographie, Hamburg 1990
Westhoff-Krummacher, H., Als die Frauen noch sanft und engelsgleich waren. Die Sicht der Frau in der Zeit der Aufklärung und des Biedermeier. Münster 1995
Wetter, Mater Immaculata, Mary Ward, Augsburg 1991
Windisch-Graetz, G., Kaiseradler und rote Nelke. Das Leben der Tochter des Kronprinzen Rudolf. Wien-München, 3. Aufl. 1992
Wocker, K.-H., Königin Victoria. Die Geschichte eines Zeitalters. Düsseldorf 1978
Woodham-Smith, C., Florence Nightingale, London 1962